《公路钢筋混凝土及预应力混凝土桥涵设计规范》应用指南

中交公路规划设计院有限公司　主编

人民交通出版社股份有限公司
China Communications Press Co.,Ltd.

图书在版编目(CIP)数据

《公路钢筋混凝土及预应力混凝土桥涵设计规范》应用指南／中交公路规划设计院有限公司主编. — 北京：人民交通出版社股份有限公司，2018.9

ISBN 978-7-114-14991-7

Ⅰ. ①公… Ⅱ. ①中… Ⅲ. ①公路桥—钢筋混凝土桥—设计规范—中国 Ⅳ. ①U448.142.5

中国版本图书馆 CIP 数据核字(2018)第 201748 号

书　　名：	《公路钢筋混凝土及预应力混凝土桥涵设计规范》应用指南
著　作　者：	中交公路规划设计院有限公司
责任编辑：	吴有铭　李　沛
责任校对：	刘　芹
责任印制：	张　凯
出版发行：	人民交通出版社股份有限公司
地　　址：	(100011)北京市朝阳区安定门外外馆斜街 3 号
网　　址：	http://www.ccpress.com.cn
销售电话：	(010)59757973
总　经　销：	人民交通出版社股份有限公司发行部
经　　销：	各地新华书店
印　　刷：	北京市密东印刷有限公司
开　　本：	720×960　1/16
印　　张：	19.25
字　　数：	260 千
版　　次：	2018 年 8 月　第 1 版
印　　次：	2019 年 3 月　第 3 次印刷
书　　号：	ISBN 978-7-114-14991-7
定　　价：	70.00 元

(如有印刷、装订质量问题的图书由本社负责调换)

关于加强《公路钢筋混凝土及预应力混凝土桥涵设计规范》宣贯工作的函

(交公便字〔2018〕223号)

中交公路规划设计院有限公司：

为提升公路混凝土桥梁建造技术，推动公路建设高质量发展，今年部颁布了公路工程行业标准《公路钢筋混凝土及预应力混凝土桥涵设计规范》（JTG 3362—2018）。这是一本重要且普遍通用的强制性技术规范，在混凝土桥梁的空间效应分析、极限状态验算、应力扰动区配筋、箱梁抗倾覆等结构理论和设计方法方面提出了很多新的要求，充分体现了技术进步，对提高混凝土桥梁的质量和技术水平具有重要意义。

你单位作为主编单位，在规范编制过程中做了大量卓有成效的工作。为大力宣传和推广桥梁新技术，请你单位认真做好规范发布后的宣贯工作，通过组织技术研讨、培训等多种方式，加快新规范在全行业的普及和应用，进一步提升混凝土桥梁的设计技术水平，确保桥梁质量和安全。宣贯组织应严格执行国家有关规定。

交通运输部公路局
2018年8月22日

序 言 XUYAN

混凝土结构是现代土木工程最伟大的发明之一，在其诞生的150余年间，极大地推动了人类社会的发展。时至今日，混凝土结构仍然是各类土木工程应用最为广泛的结构。据不完全统计，我国目前已建成的80余万座公路桥梁中，混凝土桥梁占比达90%以上。

工程建设标准是工程建设和项目投资的重要制度和依据，对确保工程质量安全、促进工程科学发展、落实国家和行业技术经济政策等具有不可替代的作用，是行业治理体系的重要拼图。设计是工程的灵魂，设计的合理性将直接影响工程全寿命周期的性能表现。因此，《公路钢筋混凝土及预应力混凝土桥涵设计规范》(JTG 3362—2018)是确保行业主体桥涵质量和安全的重要抓手，是行业内一部极为重要的强制性技术规范。

从1961年起，本规范的编制和历次修订，均由中交公路规划设计院有限公司负责。期间，随着设计理念的提升、设计理论的改进、技术内容的完善、技术要求的提高，已逐步发展成为一部体系完善、内容翔实的通用性结构设计规范，在行业内具有广泛影响力。近年来，在建设需求的推动下，公路混凝土桥涵在结构方案、分析计算、性能要求、构造措施等方面的要求逐步提升、成果日趋丰富，2004版《公路钢筋混凝土及预应力混凝土桥涵设计规范》的部分技术要求已不能完全适应和满足公路混凝土桥涵的建设需求，迫切需要总结实践经验、吸纳新技术成果、贯彻新的理念，以规范和引导公路混凝土桥涵的发展。为此，交通运输部在2011年启动了2004版《公路钢筋混凝土及预应力混凝土桥涵设计规范》的修订工作。在为期7年的修订过程中,编写组开展了大量的基础工作,并依托行业标准管理体系和中交公路规划设计院有限公司的科技管理体系开展了多阶段、多层次的全方位技术论证工作。编写组共组织开展了7个省区的实地调研,座谈人员超过300人;全面分析了欧、美、日相关标准规范,开展了13项专题研究;前后召开各类工作会议30余次,对不同阶段的技术成果进行了充分论证。全面系统的过程管理和严格科学的技术管理确保了规范的修订质量。

本规范重点针对实际工程中存在的突出问题,从结构方案、效应分析、性能验算、构造措施等四个方面进行了系统修订,补充了空间效应分析模型、应力扰动区设计方法、体外预应力梁设计方法、箱梁抗倾覆设计方法等技术要求,完善了材料选用、结构方案、耐久性设计、计算参数等技术要求,对推动桥梁建设技术进步、提高混凝土桥梁的质量具有重要意义。

标准规范是成熟经验的总结,重在科学理解和应用,强化新规范的宣贯工作也是行业标准化工作的重要内容。为便于设计人员更好地理解新规范,中交公路规划设计院有限公司作为主编单位,组织主要起草人员编写了本书,重点阐述了主要修订内容的技术背景、基本原理,并通过应用示例对相关条文的规定进行了更为直观的解读,以方便相关技术人员正确领会修改意图,科学认识修改内容,合理运用修改条款,把标准规范的新理念、新技术、新方法真正落实到实际工程中,以进一步提升混凝土桥梁的设计技术水平。

党的"十九大"提出了建设"交通强国"的宏伟目标,为新时代的交通运输发展指明了方向。"桥梁强国"是"交通强国"的重要内容,而桥梁建养的高质量发展则是建设"桥梁强国"的必由之路。相信以《公路钢筋混凝土及预应力混凝土桥涵设计规范》(JTG 3362—2018)的颁布实施为契机,通过设计理念和设计水平的提升,将进一步推进公路混凝土桥梁的品质提升,为建设"交通强国"奠定坚实的技术基础。

衷心希望交通运输部和各相关单位继续支持中交公路规划设计院有限公司的标准规范工作,我们将一如既往地秉承"工于创新、规以致远"的发展理念,及时总结规范使用中的问题和建议,积极跟踪国外先进成果,并适时将自身优势技术融入到行业标准中,以此来推动我国公路桥梁标准规范的技术提升和革新,践行好服务行业的使命。

2018 年 9 月 3 日

前 言

交通运输部2018年7月第59号公告发布由中交公路规划设计院有限公司主编的《公路钢筋混凝土及预应力混凝土桥涵设计规范》(JTG 3362—2018)(简称"新《规范》"),作为公路工程行业强制性标准,自2018年11月1日起施行。

新《规范》立足于国内公路混凝土桥涵建设的工程经验、事故教训、科研成果,开展了大量的调研和专题研究工作,并适当吸取了国外经验及成果,从结构方案、分析计算、性能要求、构造措施等方面对《公路钢筋混凝土及预应力混凝土桥涵设计规范》(JTG D62—2004)进行了全面修订。

新《规范》作为指导量大面广混凝土桥涵设计的重要技术标准,系统总结提升了混凝土桥涵设计的原则方法和技术要求,易于理解操作、便于推广应用、利于高质高效,对保障公路桥梁的质量安全、引导公路桥梁的技术发展、助力公路行业的高质量发展具有重要意义。

本书针对新《规范》的主要修订条文,阐述了其技术背景、基本原理,并编制了相关算例,避免拘泥于条文字面、斤斤计较于枝节、忽略影响安全的重大原则等突出问题,通过明晰机理,使广大工程技术人员加深对新《规范》的理解和认识。

本书的章节编排与新《规范》基本对应,编写人员分工如下:

第1章:袁　洪、赵君黎、李会驰

第2章:袁　洪、赵君黎、徐国平、冯　苡

第3章:袁　洪、李会驰、李文杰

第4章:吕建鸣、徐　栋、赵　瑜、冯　苠、李会驰、李文杰

第5章:徐　栋、刘　超、李会驰、贡金鑫、赵艳华

第6章:徐　栋、赵　瑜、贡金鑫、赵艳华

第7章:李会驰、李文杰

第8章:刘　钊、贺志启

第9章:袁　洪、赵君黎、冯　苠、李会驰、李文杰

本书成稿较为仓促,存在一定纰漏,如有发现欢迎指正(邮箱:sssohpdi@163.com)。

编　者
2018年7月

目 录 MULU

第1章 概述 ... 1
1.1 《规范》的发展历程 ... 1
1.2 《规范》的修订概况 ... 6
本章参考文献 ... 8

第2章 混凝土桥涵结构设计的基本内容 ... 10
2.1 结构设计的基本内容 ... 10
2.2 公路桥梁结构方案 ... 11
2.3 极限状态验算 ... 13
本章参考文献 ... 15

第3章 材料 ... 17
3.1 主要修订条文 ... 17
3.2 设计参数 ... 17
3.3 选用原则 ... 24
3.4 淘汰 HPB235 和 HRB335 钢筋的影响分析 ... 28
本章参考文献 ... 34

第4章 结构设计基本规定 ... 36
4.1 主要修订条文 ... 36
4.2 预应力桥梁的分析方法 ... 37
4.3 桥梁结构的实用精细化分析方法 ... 58
4.4 箱梁桥的抗倾覆设计方法 ... 96
4.5 耐久性设计 ... 111
本章参考文献 ... 116

第5章 持久状况承载能力极限状态计算 ... 119
5.1 主要修订条文 ... 119
5.2 体内体外混合预应力受弯构件的承载力计算 ... 119
5.3 圆形截面构件的承载力计算 ... 137
5.4 受压构件的承载力计算 ... 152
本章参考文献 ... 169

第6章 持久状况正常使用极限状态计算 ... 171
6.1 主要修订条文 ... 171
6.2 箱梁的应力验算指标体系 ... 171
6.3 裂缝宽度的计算方法 ... 185
本章参考文献 ... 196

第7章 持久状况与短暂状况构件的应力验算 ... 198

第8章 构件计算的规定 ... 199
8.1 主要修订条文 ... 199
8.2 混凝土桥梁的应力扰动区设计方法 ... 200
8.3 后张预应力构件的锚固区 ... 203
8.4 支座处横隔梁 ... 241
8.5 墩台盖梁 ... 246
8.6 桩基承台 ... 255
本章参考文献 ... 260

第9章 构造规定 ... 263
9.1 主要修订条文 ... 263
9.2 基本构造规定 ... 264
9.3 装配式桥梁的技术现状 ... 268
9.4 大跨径预应力混凝土梁桥的开裂下挠防治技术 ... 279
本章参考文献 ... 286

后记 ... 289

第1章 概　　述

1.1 《规范》的发展历程

标准规范是工程结构设计的依据,反映了国家在有关技术领域的科学技术发展水平,是相关行业对社会公开的技术承诺。标准规范既应该包含国家的宏观政策要求,也应该体现相关行业用于约束自身健康发展的技术法规作用,同时反映行业发展的成熟经验。截至2017年底,我国已建成桥梁约83万余座,其中约90%为混凝土结构。《公路钢筋混凝土及预应力混凝土桥涵设计规范》(简称《规范》)面向量大面广的公路混凝土桥梁,是指导其设计的基础性标准规范,在我国公路桥梁建设中发挥了重要的作用。

伴随我国公路桥梁60多年的建设历程,《规范》多次修编,其技术内容不断更新。在中华人民共和国成立初期,交通部通过工程实践积累经验后,分别于1956年和1961年颁布《公路工程设计细则》和《公路桥梁设计规范》(试行),这两版规范是综合性规范,内容涵盖"总体设计要求、荷载、圬工结构、混凝土结构、钢结构、木结构和地基基础",在"混凝土结构"一章规定了钢筋混凝土结构的技术要求。在总结经验、吸纳相关科研成果的基础上,《公路桥涵设计规范》于1975年颁布实施,仍采用综合性规范的形式,是我国第一部指导公路桥涵设计的正式技术性文件。1978年,《公路预应力混凝土桥梁设计规范》颁布实施,是我国第一部预应力桥梁设计规范。1985年,《公路钢筋混凝土及预应力混凝土桥涵设计规范》(JTJ 023—85)颁布实施,合并了1975版《公路桥涵设计规范》中"混凝土结构"一章和1978版《公路预应力混凝土桥梁设计规范》,并对设计原理和计算公式进行了较大修改。《公路砖石及混凝土桥涵设计规范》(JTJ 022—1985)、《公路桥涵地基与基础设计规范》(JTJ 024—1985)和

《公路桥涵钢结构及木结构设计规范》(JTJ 025—1986)、《公路桥涵设计通用规范》(JTJ 021—1989)相继颁布实施,形成指导公路桥涵设计的标准规范体系,摆脱了靠一本综合性规范"包打天下"的局面。2004年,《公路钢筋混凝土及预应力混凝土桥涵设计规范》(JTG D62—2004)颁布实施,其总结了我国改革开放20多年公路混凝土桥涵建设的实践经验,吸收了可靠度等研究的相关成果,借鉴了国际上先进的标准规范,完善了混凝土桥涵的设计方法和设计要求。

在《规范》的发展历程中,其技术进步主要体现在以下几个方面:

1)设计理论不断完善

1956版《公路工程设计细则》、1961版《公路桥梁设计规范》(试行)和1975版《公路桥涵设计规范》采用容许应力法进行结构设计。容许应力法将材料视为理想弹性体,用线弹性理论方法,得到结构在荷载作用下的应力,并要求构件任何截面上任意点的应力不得超过材料的容许应力(材料的容许应力由材料的极限强度除以单一的经验安全系数得到)。

1978版《公路预应力混凝土桥梁设计规范》采用荷载系数法验算结构在使用阶段的极限承载力;采用容许应力法进行应力计算,按弹性阶段计算构件在施工阶段和使用阶段的应力,以验算结构物的强度和抗裂性。

《规范》(JTJ 023—85)将钢筋混凝土桥梁的设计方法由容许应力法改为极限状态法,规定了用于承载能力极限状态和正常使用极限状态验算的计算公式和计算参数,同时改进了预应力混凝土桥梁的两个极限状态计算方法。《规范》(JTJ 023—85)采用以经验为主的极限状态设计方法,其中荷载分项系数和工作条件系数依据经验确定,仅材料分项系数根据试验数据经概率统计确定。

20世纪90年代,我国开展了"公路桥梁可靠度"研究,将影响结构可靠性的各主要因素均视为不确定的随机性变量,从荷载和结构抗力(包括材料性能、几何参数和计算模式不定性)两个方面进行了全国性的调查实测试验及统计分析,运用统计数学的方法寻求各随机变量的统计特性(统计参数和概率分布类型),进而探讨《规范》(JTJ 023—85)隐含的可靠度,确定适合于当前我国公路桥涵设计总体水平的失效概率;再从这个总体失效概率出发,通过优化分析或直接从各基本变量的概率分布中求得设计所需要的各相关参数。《规范》(JTG D62—2004)以"公路桥梁可靠度"研究为基础,以调查统计分析和对结构可靠性分析为依据,由经验极限状态设计法转变为概率极限状态设计法,使设计思想和设计方法前进一步,使结构设计源于客观实际,更具有科学性和合理性。

2)材料性能趋于提高

随着建材工业的技术进步和工程结构的建设需求,混凝土桥涵结构用混凝土、普通钢筋和预应力钢筋的性能逐步提高,如强度等级。历次设计规范修订,混凝土、普通钢筋和预应力钢筋强度等级的下限值、上限值和常用等级范围逐步提升,如图1.1-1所示。材料性能的提高,有利于提高工程结构的安全性、耐久性和适用性,提高材料性能价格比和利用效率,如图1.1-2所示,提高工程建设的经济效益和社会效益。

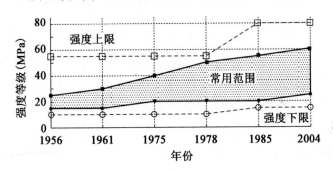

图1.1-1 历次修订混凝土强度等级的提高(至2014年)

3)技术内容趋于翔实

1956版《公路工程设计细则》、1961版《公路桥梁设计规范》(试行)和1975版《公路桥涵设计规范》是综合性规范,仅在"混凝土结构"一章规定了钢筋混凝土结构的技术要求,包括材料、容许应力、各类构件(轴压构件、偏压构件、偏拉构件和受扭构件)的验算要求、各类构件(板、梁、柱、墩台、涵洞等)的计算要求和构造要求。

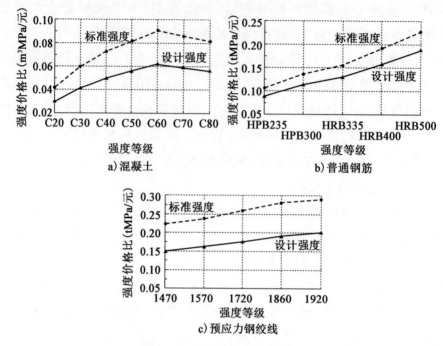

图 1.1-2　材料的强度价格比

1978 版《公路预应力混凝土桥梁设计规范》在构件验算要求方面,细分为强度计算、应力计算和变形验算。强度计算采用荷载系数法,进行构件(受弯构件、轴压构件、偏压构件、偏拉构件和局部承压构件)的承载力计算,用于验算结构物在荷载作用下是否发生破坏或丧失稳定性。应力计算采用容许应力法,按弹性阶段计算构件在施工阶段和使用阶段的应力,以验算结构物的强度和抗裂性。

《规范》(JTJ 023—85)按"总则、材料、桥梁计算的一般规定、钢筋混凝土构件计算(两个极限状态和施工阶段验算)、预应力混凝土构件计算(两个极限状态和施工阶段验算要求)和构造要求"6 章编制,构建了混凝土桥梁设计规范的验算体系。

《规范》(JTG D62—2004)按《公路工程结构可靠度设计统一标准》(GB/T 50283—1999)的规定,要求桥涵设计应考虑三个设计状况及相应的极限状态:

①持久状况:桥涵建成后承受自重、车辆荷载等持续时间很长的状况。该状况桥涵应作承载能力极限状态和正常使用极限状态设计。

②短暂状况:桥涵施工过程中承受临时性作用(或荷载)的状况。该状况桥涵应作承载能力极限状态设计,必要时才作正常使用极限状态设计。

③偶然状况:在桥涵使用过程中偶然出现的如罕遇地震的状况。该状况桥涵仅作承载能力极限状态设计。

《规范》(JTG D62—2004)按三个设计状况,包括"总则、术语和符号,材料、桥梁计算的一般规定、持久状况承载能力极限状态计算、持久状况正常使用极限状态计算、持久状况和短暂状况构件的应力计算、构件计算的规定、构造规定"9章内容。

4)设计方法不断完善

《规范》(JTG D62—2004)增加了耐久性设计的技术要求,提出了公路桥涵结构应根据所处的环境条件进行耐久性设计的概念。具体的耐久性设计要求,包括混凝土的强度等级、最大水灰比、最小水泥用量、最大碱含量、最大氯离子含量、抗冻等级和抗渗等级,钢筋混凝土构件和B类预应力混凝土构件的裂缝宽度限值,钢筋的混凝土保护层厚度等。

5)技术要求针对性强

在编制《规范》(JTG D62—2004)时,编制组调研了大跨径预应力箱形截面连续梁和连续刚构的使用状况,了解到大量该类桥梁出现了腹板斜裂缝,病害原因为:大跨径预应力混凝土梁桥普遍设置竖向预应力钢筋,对克服主拉应力起到很大作用;当这些竖向预应力钢筋不能充分发挥作用时,箱梁腹板的主拉应力就将超过限值、出现斜裂缝。调查表明,竖向预应力钢筋一般施工质量较难控制,甚至发现几乎失效的情况,由此引起的混凝土竖向压应力很可能达不到计算值。考虑到这些现实情况,同时也考虑竖向预应力较困难的施工条件,《规范》(JTG D62—2004)规定在计算由竖向预应力钢筋的预加力产生的混凝土竖向压应力σ_{cy}时,应乘以0.6的折减系数。

1.2 《规范》的修订概况

1.2.1 修订依据

2011年,交通运输部以厅公路字〔2011〕115号文《关于下达2011年度公路工程标准制修订项目计划的通知》下发,要求中交公路规划设计院有限公司主持,会同有关单位,对《公路钢筋混凝土及预应力混凝土桥涵设计规范》(JTG D62—2004)进行修订。目前,我国正处于经济社会高速发展时期,桥梁工程建设规模大、速度快,其中混凝土桥涵所占比重极大,本次《规范》修订既考虑国家的宏观技术经济政策,也考虑到现代桥梁建设的技术进步,拟定的修订原则如下:

1)一致性:与现行相关法律法规、方针政策、标准规范,保持协调一致。

2)系统性:以规范设计、安全高效为目标,规定混凝土结构的系统性设计要求。

3)成熟性:总结成功成熟的实践经验和成果,剖析典型风险及防治措施。

4)科学性:客观体现桥梁建设的新理念、新方法、新成就和新要求。

5)编制具有适用性、可操作性和适当引领性的技术法规文件。

1.2.2 修订内容

根据上述情况,编写组提出了如下的修订内容:

1)为提高资源利用率,推广使用高强高性能材料,调整了混凝土桥梁用混凝土和钢筋的强度等级。

2)为有效保证桥梁结构的安全耐久,增加了桥梁结构设计的基本要求,强调结构设计应考虑结构和构件两个层次,包括结构方案、内力分析、截面设计、连接构造、耐久性及工程的特殊性能设计。

3)吸收相关科研成果,强化了混凝土桥梁的耐久性设计要求,细化环境作用分类、混凝土材料要求、结构构造要求等规定。

4)针对公路混凝土桥梁存在的突出问题及发展情况,完善补充设计方法：

①箱梁空间效应显著,简化分析造成斜桥、弯桥、多室箱梁的计算偏差,本次修订补充了完整的验算指标和实用的分析模型。

②公路独柱墩桥梁发生多起侧向倾覆事件,结构破坏猝然发生、危害大,本次修订补充了抗倾覆验算方法和构造措施。

③节段预制拼装桥梁广泛应用于城市桥梁和越江跨海通道,具有良好的综合效益,本次修订补充了体外预应力箱梁的设计方法。

④混凝土桥梁存在众多应力扰动区,其受力复杂、多存在局部病害,本次修订补充了应力扰动区的受力分析及配筋方法。

5)为提高《规范》的适用性,本次修订调整了圆形截面受压构件的正截面承载力计算方法,增加了不同边界条件下确定受压构件计算长度系数的计算公式,调整了钢筋混凝土及B类预应力混凝土结构裂缝宽度计算方法。

1.2.3 编写组单位及成员

遵照《公路工程行业标准制修订管理导则》（JTG A02—2013）,主编单位邀请相关的科研、高校、设计等部门的技术人员,组成了《规范》编写组,主要单位及成员如下：

主编单位：中交公路规划设计院有限公司

主编：袁洪

参编单位及人员：

中交公路规划设计院有限公司——赵君黎、徐国平、冯苊、李会驰、李文杰

同济大学——徐栋

东南大学——刘钊

交通运输部公路科学研究院——吕建鸣

大连理工大学——贡金鑫

《规范》编写组还邀请了公路桥梁工程的知名专家、学者,在修编过程中对《规范》进行了审查,其中云南省交通规划设计研究院沈永林教授级高级工程师作为《规范》的主审,余培玉、杨耀铨、冯鹏程、席广恒、张少青、李怀峰、马健中、刘俊起、刘东旭、戴本良、徐宏光、韩大章、李正、史方华、钟明全、田波、梁立农、包琦玮、秦大航、徐岳等专家,对《规范》进行了审查,并提出了宝贵的意见和建议。

1.2.4 修订过程

修订过程中,《规范》编写组进行了大量的专题研究工作,吸取了国内其他单位的研究成果和实际工程的设计经验,参考、借鉴了国内外相关标准规范。在规范条文初稿编写完成以后,通过多种方式广泛征求了设计、施工、建设、管理等有关单位和专家的意见,经过反复讨论、修改,最终定稿。

2011年2月,成立《规范》编写组;

2011年4月,组织召开《规范》大纲审查会;

2012年5月~7月,完成《规范》征求意见稿,组织召开《规范》征求意见会;

2014年3月~5月,完成《规范》送审稿,组织召开《规范》送审稿审查会;

2015年3月~5月,完成《规范》总校稿,组织召开《规范》总校会;

2016年3月~2017年10月,完成《规范》报批稿;

2018年11月1日,《规范》颁布实施。

本章参考文献

[1-1] 中华人民共和国行业标准.JTG 3362—2018 公路钢筋混凝土及预应力混凝土桥涵设计规范[S].北京:人民交通出版社股份有

限公司,2018

[1-2] 中华人民共和国行业标准. JTG D62—2004 公路钢筋混凝土及预应力混凝土桥涵设计规范[S]. 北京:人民交通出版社,2004

[1-3] 中华人民共和国行业标准. JTJ 023—85 公路钢筋混凝土及预应力混凝土桥涵设计规范[S]. 北京:人民交通出版社,1985

[1-4] 郑绍珪.《公路钢筋混凝土及预应力混凝土桥涵设计规范》编制情况介绍(上)[J]. 重庆交通学院学报,1985,01:82-93

[1-5] 郑绍珪.《公路钢筋混凝土及预应力混凝土桥涵设计规范》编制情况介绍(下)[J]. 重庆交通学院学报,1985,02:92-96

[1-6] 赵君黎,冯苡,刘晓娣,等. 中国大跨径公路桥梁设计规范关键问题探讨[J]. 公路,2009,05:47-52

[1-7] 赵君黎,李文杰,冯苡. 基于性能的公路桥梁结构设计规范研究[A]//中国土木工程学会桥梁及结构工程分会. 第二十届全国桥梁学术会议论文集(上册)[C]. 中国土木工程学会桥梁及结构工程分会,2012:7

[1-8] 赵君黎. 公路桥梁设计规范的历史、现状和未来[J]. 工程建设标准化,2015,05:17

[1-9] 张树仁. 公路钢筋混凝土及预应力混凝土桥梁设计原理[M]. 北京:人民交通出版社,2004

[1-10] 张树仁. 桥梁设计规范学习与应用讲评[M]. 北京:人民交通出版社,2005

[1-11] 徐有邻. 混凝土结构设计原理及修订规范的应用[M]. 北京:清华大学出版社,2012

[1-12] 贡金鑫,魏巍巍,胡家顺. 中美混凝土结构设计[M]. 北京:中国建筑工业出版社,2007

第2章 混凝土桥涵结构设计的基本内容

2.1 结构设计的基本内容

混凝土桥涵结构设计的基本内容,与《规范》是一一对应的,按照结构设计的流程和层级,这些内容包括:

1)结构方案(见《规范》第4.1节)

根据建设条件和使用功能的要求,遵循安全、适用、耐久、经济、易于养护、利于环保的原则,结合施工和管养,选择结构形式,确定结构体系,布置结构构件。

2)材料选择(见《规范》第3章)

根据结构方案和环境特点,选择合适的混凝土强度等级以及适当的钢筋品种,并确定相应的设计参数。

这两部分应遵循合理性原则,注意总结事故教训,防治关键性风险因素。以箱梁匝道桥为例,为防治倾覆事故,在方案阶段应关注支承形式,控制跨中单支座的数量,增大联端双支座的横向间距。

3)作用分析(见《规范》第4.1节、第4.2节、第4.3节和第4.4节)

根据结构的使用功能,按《公路桥涵设计通用规范》(JTG D60—2015)的规定,确定结构上的作用,建立计算简图,设定基本假定,按计算假定求解结构的作用效应。这部分应遵循精细化原则,力求反映结构受力机理,为性能提升提供理论依据。

4)承载能力验算(见《规范》第5章和第7章)

基于材料屈服的全塑性假定,根据效应(内力)按承载能力极限状态进行计算,确定结构构件的截面尺寸及受力钢筋,并进行配筋布置。对于预应力混凝土受弯构件,其承载性能与初始状态有关;为了避免由于预应力钢筋配置数量过多或过少,造成初始状态下混凝土压应力过高或预应力钢筋拉应力过高的不良影响,还应进行使用阶段应力验算,将其作为承载力验算的重要组成部分。

5)适用性验算(见《规范》第6章)

以弹性受力假定为基础,考虑塑性及裂缝的影响进行修正,按正常使用极限状态进行验算,使结构构件的效应(挠度、裂缝等)符合规定的限值。

6)耐久性设计(见《规范》第4.5节)

以使用年限和环境作用作为耐久性设计的控制标准,通过材料、构造、附加防护措施、施工和管养要求进行全面的耐久性设计。

这三部分应遵循全面性原则,反映工程结构对安全、适用和耐久的综合要求。

7)连接构造措施(见《规范》第9章)

为满足结构体系中构件之间的连接,以及按计算简图及基本假定所确定的状态承载受力,应采取必要的基本连接、构造措施,作为结构受力的有效保证。

上述内容有两点需要说明:

一是结构事故和灾害调查分析表明:上述7项内容对结构安全的影响依次递降。虽然《规范》对后4项的规定占很大篇幅,但忽视前3项重要层次的作用,容易因小失大,产生如结构垮塌的重大安全事故。

二是在作用分析、承载力验算、适用性验算方面,存在一定的矛盾之处:采用弹性方法求解内力;配筋计算安全按照塑性假定进行;使用极限状态验算采用弹性－塑性混合的计算方法。这种做法似乎矛盾,但这种做法是基于试验研究而作的近似和简化处理,具有明晰机理,是完全允许的,也是必要的。

2.2 公路桥梁结构方案

根据相关的技术资料,采用统计分析和专家经验调研相结合的方式,综合考虑桥位处的建设条件、各类结构体系的受力特点、施工的可行性和工程建设的经济性等因素,《规范》给出了典型结构体系的适用范围,如表 2.2-1。

典型结构体系的适用范围　　　　　表 2.2-1

墩高范围 （m）	跨径范围 （m）	结构体系	上部结构	下部结构	施工方法
≤15	10~20	简支梁	装配式板梁	桩柱式桥墩	预制吊装
15~30	20~30		装配式 T 梁	桩柱式桥墩	预制吊装
			装配式组合箱梁		
30~60	30~40	连续梁	装配式 T 梁	Y 形墩或 空心薄壁墩	预制吊装
			装配式组合箱梁		
	30~60		等高度箱梁	薄壁墩	顶推或 支架现浇
	30~70		等高度箱梁	薄壁墩	悬臂施工
	>60		变高度箱梁	薄壁墩	悬臂施工
≥60	>100	连续刚构	变高度箱梁	薄壁墩	悬臂施工
		刚构-连续组合	变高度箱梁	薄壁墩	悬臂施工
		拱桥	—	—	—

公路桥梁优先采用标准化、定型化的预制装配式梁桥。根据截面形式,上部结构可选用装配式板梁、装配式 T 梁和装配式组合箱梁。其中装配式板梁、跨径不超过 30m 的装配式 T 梁和组合箱梁一般采用先简支后桥面连续结构;跨径超过 30m 的装配式 T 梁和组合箱梁一般采用简支后桥面连续结构。简支变结构连续 T 梁桥的负弯矩张拉槽口原则上宜设置在翼板下方,锚具宜采用圆锚。

墩高超过 60m 时,建议采用连续刚构、拱桥等桥型,经充分技术经济比较并通过专项风险评价后择优选用。在地形、地质条件宜于拱桥布置的桥位,充分考虑钢筋混凝土拱桥的可行性。

2.3 极限状态验算

桥梁设计的基本目标是安全、适用、经济和美观。安全性和适用性是优先级的目标。随着力学理论和试验科学的发展、结构设计原理和可靠度理论的结合，目前混凝土桥涵采用概率极限状态的设计方法进行安全性和适用性验算，即承载能力极限状态验算和正常使用极限状态验算。

2.3.1 承载能力极限状态验算

承载能力极限状态，是指桥涵结构或其构件达到最大承载能力或出现不适于继续承载的变形或变位的状态，是结构安全性对应的极限状态。当结构或构件出现下列状态之一时，应认为超过了承载能力极限状态：

1）结构构件或连接因超过材料强度而破坏，或因过度变形而不适于继续承载；

2）整个结构或其一部分作为刚体失去平衡；

3）结构转变为机动体系；

4）结构或结构构件丧失稳定；

5）结构因局部破坏而发生连续倒塌；

6）地基丧失承载力而破坏；

7）结构或结构构件的疲劳破坏。

超过结构承载能力极限状态将导致结构破坏、人身伤亡和经济损失，因此任何结构和结构构件均需避免出现这种状态。《规范》的承载能力极限状态验算内容主要包括：

1）构件的承载力（包括受压失稳），是以钢筋屈服和混凝土破碎为"强度破坏"的标志进行验算的。这部分内容是《规范》相对比较成熟的内容，主要通过计算确定构件的截面、材料的强度、钢筋的布置等，用于解决构件设计的基本问题；对压、弯、剪、扭的不同受力状态以及各种形状的截面（矩形、T形、箱形、圆形等），规范给出了大量的计算公式。

2）结构的抗倾覆验算，是《规范》的新增内容。采用整体式截面（板梁或箱梁)的简支梁桥或连续梁桥,在偏载作用下,存在单向受压支座依次脱空的不利情况;当支承体系失效、主梁变为机动体系后,主梁整体倾覆、垮塌。《规范》从抗倾覆性能验算和构造措施两方面予以规定,以期避免该类事故发生。

在承载能力极限状态,构件的承载力采用"作用效应≤抗力"形式来统一表达,即 $\gamma_0 S \leq R$。式中 γ_0 为结构重要性系数;S 为作用组合的效应设计值;R 为构件的抗力设计值。这里,采用图 2.3-1 来直观地表达影响作用效应和抗力的影响因素。

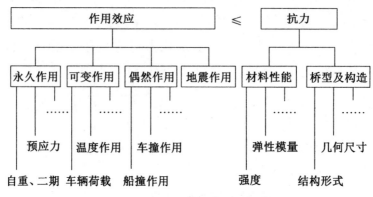

图 2.3-1 影响作用效应和抗力的因素

在承载能力极限状态,主梁的抗倾覆验算采用"稳定作用效应≥稳定性系数×失稳作用效应"的表达式,主梁抗倾覆性能的影响因素包括:主梁材料、结构形式、支承形式、初始平衡状态、偏载的大小和位置等。

2.3.2 正常使用极限状态验算

正常使用极限状态,是指桥涵结构或其构件达到正常使用或耐久性的某项限值的状态,是结构适用性和耐久性对应的极限状态。当结构或构件出现下列状态之一时,应认为超过了正常使用极限状态:

1)影响正常使用或外观的变形;

2)影响正常使用或耐久性的局部损坏;

3)影响正常使用的振动;

第2章 混凝土桥涵结构设计的基本内容

4) 影响正常使用的其他特定状态。

各种结构或构件都有不同程度的结构正常使用极限状态要求。当结构超过正常使用极限状态时,虽然已不能满足适用性和耐久性功能要求,但结构并没有破坏,不会导致人身伤亡,因此,从重要性来讲远不如承载力问题。但是从结构设计的角度,正常使用极限状态也是必须满足的项目,《规范》的正常使用极限状态验算内容主要包括:

1) 变形。桥涵结构承载受力以后都会发生变形,过大的变形会影响结构的使用功能,并引起使用者的心理压力。目前,《规范》要求对受弯构件的变形——挠度进行验算,对拉、压、剪、扭等内力引起的变形不作规定。

2) 裂缝控制。混凝土是脆性材料,抗拉强度低,其开裂是难以避免的,这是由材料本身所决定的特性。肉眼可见的明显裂缝,标志着抗力的消耗程度,会引起使用者的不安,还可能造成耐久性方面的问题。根据构件的受力状态和使用功能,《规范》提出两类裂缝控制要求:

①**裂缝宽度**:B类预应力混凝土构件和钢筋混凝土构件验算受力裂缝宽度。

②**抗裂性能**:全预应力混凝土构件和A类预应力混凝土构件验算混凝土拉应力(主拉应力)。

混凝土桥涵的正常使用极限状态验算,要求在一定作用的条件下,所产生的效应不超过某一规定的限值,采用"$S \leqslant C$"来表达,式中 S 为作用组合的效应(应力、变形、裂缝宽度)设计值;C 为验算规定的限值。

本章参考文献

[2-1] 中华人民共和国行业标准. JTG 3362—2018 公路钢筋混凝土及预应力混凝土桥涵设计规范[S]. 北京:人民交通出版社股份有限公司,2018

[2-2] 中华人民共和国行业标准. JTG D62—2004 公路钢筋混凝土及

　　　　　预应力混凝土桥涵设计规范[S].北京:人民交通出版社,2004

[2-3] 中华人民共和国国家标准.GB 50010—2010 混凝土结构设计规范[S].北京:中国建筑工业出版社,2010

[2-4] 张树仁.公路钢筋混凝土及预应力混凝土桥梁设计原理[M].北京:人民交通出版社,2004

[2-5] 张树仁.桥梁设计规范学习与应用讲评[M].北京:人民交通出版社,2005

[2-6] 徐有邻.混凝土结构设计原理及修订规范的应用[M].北京:清华大学出版社,2012

[2-7] 项海帆.桥梁概念设计[M].北京:人民交通出版社,2011

[2-8] 刘钊.桥梁概念设计与分析理论[M].北京:人民交通出版社,2010

[2-9] 广东省交通运输厅.广东省高速公路工程设计标准化指南[M].北京:人民交通出版社股份有限公司,2017

[2-10] 云南省地方标准.DB 53/T 827.1—2017 山区高速公路建设技术指南 第1部分:滇东北[S].北京:人民交通出版社股份有限公司,2017.

[2-11] 张喜刚.大跨径预应力混凝土梁桥设计施工技术指南[M].北京:人民交通出版社,2012

[2-12] 鲍卫刚,周泳涛.预应力混凝土梁式桥梁设计施工技术指南[M].北京:人民交通出版社,2009

第3章 材　　料

3.1 主要修订条文

《规范》第 3 章条文的主要修订情况见表 3.1-1。

《规范》第 3 章主要修订条文　　　　表 3.1-1

条文	修订情况说明
3.1.2	钢筋混凝土构件的混凝土强度等级提高一级
3.1.3	
3.1.4	删除了 C15、C20 混凝土的设计参数
3.1.5	
3.2.1	1）普通钢筋：增加 500MPa 级热轧带肋钢筋，淘汰 335MPa 热轧带肋钢筋，用 300MPa 级光圆钢筋取代 235MPa 级光圆钢筋；
3.2.2	2）预应力钢筋：增补了高强、大直径钢绞线，列入了大直径的预应力螺纹钢筋，淘汰了锚固性能较差的刻痕钢丝；
3.2.3	
3.2.4	3）根据钢筋等级调整、增补、删减相关设计参数

3.2 设计参数

3.2.1 混凝土

1）强度参数

混凝土强度是混凝土的重要力学性能，是设计钢筋混凝土结构和预应力混凝土结构的重要依据，直接影响结构的安全和耐久。《规范》规定的混凝土强度设计参数包括立方体抗压强度标准值、轴心抗压强度标准值、轴心抗拉强度标准值、轴心抗压强度设计值和轴心抗拉强度设计值。这些强度参数的取值方法及作用如下：

①立方体抗压强度标准值$f_{cu,k}$：按《普通混凝土力学性能试验方法》（GB/T 50081—2016）的规定，取边长150mm的立方体作为标准试件，用标准方法制作、养护至28d龄期，以标准试验方法测得的具有95%保证率的抗压强度（以MPa计）。立方体抗压强度标准值，用于确定混凝土强度等级，是评定混凝土制作质量的主要指标，是判定和计算其他力学性能指标的基础。

②轴心抗压强度标准值f_{ck}：取边长150mm×150mm×450mm的棱柱体作为标准试件，用标准方法制作、养护至28d龄期，以标准试验方法测得的具有95%保证率的抗压强度。轴心抗压强度标准值直接反映混凝土结构的抗压能力。

③轴心抗拉强度标准值f_{tk}：取边长100mm×100mm×500mm的棱柱体作为标准试件，用标准方法制作、养护至28d龄期，通过预埋在试件轴线两端的钢筋，对试件施加拉力，试件破坏时的截面平均应力即为轴心抗拉强度标准值。轴心抗拉强度标准值，用来反映混凝土结构的抗裂性能，间接衡量混凝土结构的冲切强度及其他力学性能。

④轴心抗压强度设计值f_{cd}、轴心抗拉强度设计值f_{td}：由轴心抗压强度标准值、轴心抗拉强度标准值除以混凝土材料分项系数求得，用于混凝土结构的承载力计算。

根据试验数据分析中强度标准值与强度平均值、变异系数的关系，这些强度参数的换算关系如下：

①试验数据的分析表明，混凝土强度标准值服从正态分布，按下式计算

$$f_k = \mu(1 - 1.645\delta) \qquad (3.2\text{-}1)$$

式中：f_k——强度的标准值；

μ——强度的平均值；

δ——强度的变异系数，可按表3.2-1采用。

强度的变异系数 表 3.2-1

强度等级	C25	C30	C35	C40	C45	C50	C55	C60 及以上
δ	0.16	0.14	0.13	0.12	0.12	0.11	0.11	0.10

《规范》的立方体抗压强度标准值 $f_{cu,k}$、轴心抗压强度标准值 f_{ck} 和轴心抗拉强度标准值 f_{tk} 按下列公式计算：

$$f_{cu,k} = \mu_{f150}(1 - 1.645\delta_{f150}) \quad (3.2\text{-}2)$$

$$f_{ck} = \mu_{fc}(1 - 1.645\delta_{fc}) \quad (3.2\text{-}3)$$

$$f_{tk} = \mu_{ft}(1 - 1.645\delta_{ft}) \quad (3.2\text{-}4)$$

$$\delta_{f150} = \delta_{fc} = \delta_{ft} = \delta \quad (3.2\text{-}5)$$

② 立方体抗压强度标准值 $f_{cu,k}$ 与轴心抗压强度标准值 f_{ck} 的换算关系

棱柱体试件抗压强度平均值与边长 150mm 立方体试件抗压强度平均值的关系如下：

$$\mu_{f_{c,s}} = \alpha \mu_{f150} \quad (3.2\text{-}6)$$

式中：α——棱柱体与立方体试件强度的比值，按试验资料和《高强混凝土结构设计与施工指南》建议取值，C50 及以下混凝土 $\alpha = 0.76$；C55~C80 混凝土，$\alpha = 0.78 \sim 0.82$。

实际构件与试件的混凝土因品质、制作工艺、受荷情况和环境条件等不同，有一定差异，按《公路工程结构可靠性设计统一标准》（GB/T 50283—1999）建议，其抗压强度平均值的换算系数 $\mu_{\Omega 0} = 0.88$，则实际构件中混凝土棱柱体抗压强度的平均值为：

$$\mu_{fc} = \mu_{\Omega 0}\mu_{f_{c,s}} = 0.88\alpha\mu_{f150} \quad (3.2\text{-}7)$$

综合考虑式(3.2-2)、式(3.2-3)、式(3.2-5)和式(3.2-7)，混凝土轴心抗压强度标准值为：

$$f_{ck} = \mu_{fc}(1 - 1.645\delta_{fc}) = 0.88\alpha\mu_{f150}(1 - 1.645\delta_{f150})$$

$$= 0.88\alpha \frac{f_{cu,k}}{(1 - 1.645\delta_{f150})}(1 - 1.645\delta_{f150}) = 0.88\alpha f_{cu,k}$$

$$(3.2\text{-}8)$$

考虑 C40 以上混凝土具脆性，C40～C80 折减系数取为 1.00～0.87，中间按直线插入。《规范》中表 3.1.3 的轴心抗压强度标准值就是按式（3.2-8）计算，并乘以脆性折减系数得到的。

③立方体抗压强度标准值 $f_{cu,k}$ 与轴心抗拉强度标准值 f_{tk} 的换算关系

构件混凝土轴心抗拉强度平均值与边长 150mm 立方体试件抗压强度平均值关系为：

$$\mu_{ft} = 0.88 \times 0.395 \mu_{fl50}^{0.55} \qquad (3.2\text{-}9)$$

综合考虑式（3.2-2）、式（3.2-4）、式（3.2-5）和式（3.2-9），混凝土轴心抗拉强度标准值为：

$$\begin{aligned} f_{tk} &= \mu_{ft}(1 - 1.645\delta_{ft}) = 0.88 \times 0.395\mu_{fl50}^{0.55}(1 - 1.645\delta_{fl50}) \\ &= 0.88 \times 0.395 \left(\frac{f_{cu,k}}{1 - 1.645\delta_{fl50}} \right)^{0.55} (1 - 1.645\delta_{fl50}) \\ &= 0.88 \times 0.395 f_{cu,k}^{0.55}(1 - 1.645\delta_{fl50})^{0.45} \end{aligned} \qquad (3.2\text{-}10)$$

混凝土轴心抗拉强度标准值按式（3.2-10）计算后，还应乘以与混凝土抗压强度相同的脆性折减系数，即可得《规范》中表 3.1.3 的数值。

④强度标准值与强度设计值的换算关系

《规范》中混凝土强度设计值是将混凝土强度标准值除以混凝土材料分项系数得到的，即

$$f_{cd} = \frac{f_{ck}}{\gamma_{fc}}, f_{td} = \frac{f_{tk}}{\gamma_{fc}} \qquad (3.2\text{-}11)$$

式中：γ_{fc}——混凝土材料分项系数。该系数通过可靠性分析并结合工程经验确定，与混凝土强度的离散程度有关，反映了混凝土强度偏离标准值的可能性。《规范》规定 $\gamma_{fc} = 1.45$，接近于按二级安全等级结构分析的脆性破坏构件目标可靠指标的要求。

本次修订删除了原规范表注中受压构件尺寸效应的规定。该规定源于苏联规范，新版俄罗斯规范已经取消该规定。

2) 变形参数

试验数据的分析表明,混凝土的弹性模量与其强度等级值对应:

$$E_c = \frac{10^5}{2.2 + \dfrac{34.74}{f_{cu,k}}} \quad (3.2\text{-}12)$$

采用该公式的计算结果见《规范》表 3.1.5。这里需要补充说明的是,表中数值为混凝土弹性模量的平均值而未作任何修正,可用于直接计算变形。而近年来,混凝土原材料变化太大(粉剂含量增加、骨料减少、粒径变小),组成成分不同(如大量掺入粉煤灰),导致变形性能不确定性增加,建议必要时进行试验测定。

3.2.2 钢筋

1) 强度参数

钢筋承担混凝土结构中的全部拉力,是构件全部延性的来源,其强度是影响结构安全最重要的力学性能之一。混凝土结构中受力钢筋分为两类:软钢和硬钢,其强度分为两种:屈服强度和极限强度。

①屈服强度:对于软钢,其受力到一定阶段以后,应变增长而应力停滞,呈现明显的屈服台阶,相应的强度为屈服强度;对于硬钢,因其无明显的屈服台阶,通常取 0.2% 残余应变相应的非比例应力作为条件屈服强度。在设计中,钢筋的屈服强度用于截面的承载力计算,决定构件的配筋和承载力。

②极限强度:钢筋能够承受最大拉力的相应强度。达到极限强度以后,钢筋颈缩拉断、传力中止,往往引发构件解体和结构倒塌。在设计中,钢筋的极限强度用于结构的防灾性能设计。

《规范》规定的钢筋强度设计参数包括抗拉强度标准值、抗拉强度设计值和抗压强度设计值。这些强度参数的取值方法如下:

①抗拉强度标准值:热轧钢筋是软钢,其抗拉强度标准值取屈服强度;预应力钢筋是硬钢,其抗拉强度标准值取极限强度。

②抗拉强度设计值:考虑必要的安全储备,抗拉强度设计值取抗拉强度标准值除以钢筋材料分项系数。对于普通钢筋和预应力螺纹钢筋,钢筋材料分项系数取1.20;对于预应力钢丝和钢绞线,钢筋材料分项系数取1.47。应说明的是,对于钢筋混凝土轴心受拉或小偏心受拉构件,纵向受力钢筋的抗拉强度设计值不应大于330MPa;用作受剪、受扭、受冲切的箍筋,其抗拉强度设计值不应大于330MPa;但用作套箍约束混凝土的间接配筋(如连续螺旋箍筋或封闭焊接箍筋)时,其抗拉强度设计值可不受此限制。

③抗压强度设计值按以下两个条件确定:钢筋的受压应变取混凝土极限变形相应的应变值0.002;钢筋的抗压强度设计值不大于钢筋的抗拉强度设计值。对于HRB500级钢筋,其抗压强度设计值取$0.002 \times 2.0 \times 10^5 = 400$MPa,该值小于钢筋抗拉强度设计值415MPa。

2) 延性与变形参数

延性是钢筋拉断前的变形性能,反映了钢筋断裂时的应变以及构件的破坏性质(延性破坏或脆性破坏)。《规范》不涉及抗震设计的内容,因此《规范》未规定钢筋的延性参数。但考虑到钢筋的延性关系到构件的断裂,甚至结构的倒塌,是不亚于其强度的重要力学性能,这里予以补充说明。钢筋的延性表现为两个方面:均匀伸长率和强屈比。

①均匀伸长率。钢筋极限强度相应的极限应变为其均匀伸长率,亦即钢筋拉伸时应力-应变关系曲线顶点相应的最大应变。相关标准采用断后伸长率A或最大力总伸长率A_{gt}作为力学性能特征值。《钢筋混凝土用钢 第一部分:热轧光圆钢筋》(GB 1499.1—2017)规定未经协议确定时,HPB300钢筋的伸长率按$A = 25.0\%$取用,仲裁检验时采用$A_{gt} = 10.0\%$;《钢筋混凝土用钢 第二部分:热轧光圆钢筋》(GB 1499.2—2018)规定未经协议确定时,HRB400和HRB500钢筋的伸长率分别按16.0%、15.0%取用(公称直径28~40mm的钢筋可降低1%,公称直径大于40mm的钢筋可降低2%),仲裁检验时采用$A_{gt} = 7.5\%$。

②强屈比。钢筋拉断时的极限状态与屈服状态力学参量的比值称为强屈比,其反映了从屈服到断裂之前破坏过程的长短。极限强度和屈服强度的比值称为强度的强屈比,热轧钢筋的强屈比基本在1.2以上;极限应变与屈服应变的比值称为变形的强屈比,也可称为延性,热轧钢筋的应变强屈比都在40以上。强屈比大的钢筋屈服以后很久才被拉断,因此破坏有明显的预兆,延性比较好。《钢筋混凝土用钢 第二部分:热轧光圆钢筋》(GB 1499.2—2018)规定HRB400E、HRBF400E、HRB500E、HRBF500E钢筋的实测抗拉强度与实测屈服强度之比不小于1.25。

钢筋在屈服之前的线性变形性能,取决于其弹性模量。各种钢筋的弹性模量相差不大,其数值稳定在2.0×10^5MPa左右。应说明的是,《规范》表3.2.4列出的弹性模量值是其统计平均值,而非其他特征值;由于基圆面积率、生产钢筋的负偏差、冷拉调直的伸长以及钢绞线捻绞的松紧程度等影响,钢筋的实际受力截面面积可能削弱较多而减少了弹性模量。当有必要时,可采用实测方法确定钢筋的实际弹性模量。

3)外形与几何参数

钢筋的外形不仅决定了与混凝土的黏结锚固性能,还影响其力学性能。我国常用钢筋的外形介绍如下。

①光圆钢筋:基圆面积率最大(1.00),但锚固和裂缝控制性能最差,必须设置弯钩(弯折),或采用机械锚固的方式才能作为受力钢筋持力。

②带肋钢筋:月牙肋钢筋的基圆面积率约0.94,锚固性能尚可,但两条纵肋间分布横肋、引起了劈裂的方向性;两面冷轧带肋钢筋基圆面积率约0.91,两面横肋会导致劈裂的方向性;三面冷轧带肋钢筋的横肋接近极对称分布,不存在劈裂的方向性,锚固性能得到改善。

③螺旋肋钢丝:基圆面积率约0.97,依靠连续螺旋肋间的混凝土咬合。由于混凝土咬合齿比较宽厚,受力后不易被挤压、破碎,锚固性能最好。

④钢绞线:有三股或七股钢丝捻绞而成,基圆面积率约0.97,依靠钢

丝间连续螺旋状凹槽中的混凝土咬合,锚固力属于中等。

⑤刻痕钢丝:基圆面积率约0.97,依靠刻痕凹坑中的少量砂浆咬合,锚固性能很差,《规范》修订时予以淘汰。

⑥光面预应力钢丝和预应力螺纹钢筋:分别采用夹具锚固和螺母锚固,不存在锚固性能的问题,这里不再对其外形进行探讨。

钢筋的几何参数很多,一般在其产品标准中作出规定。这里列出设计人员常用的3个几何参数。

①公称直径:钢绞线按外接圆直径取值,其他钢筋按质量折算的当量直径取值。

②公称截面积:钢绞线按各捻绞钢丝面积的总和取值,其他钢筋按公称直径计算或按质量折算的当量截面积取值。

③理论质量:按照质量折算的当量线密度取值。

3.3 选 用 原 则

3.3.1 混凝土

1)强度等级的提升

随着工程建设的发展、建材工业的技术进步和工程结构的建设需求,混凝土桥涵用混凝土的强度等级逐渐提高。历次设计规范修订,混凝土强度等级的下限值、上限值和常用等级范围逐步提升,如图3.3-1所示。

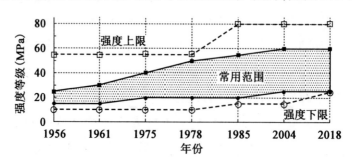

图 3.3-1 历次修订混凝土强度等级的提高(至 2018 年)

《规范》修订限制并基本淘汰了低混凝土强度等级,配筋混凝土均采用 C25 及以上强度等级的混凝土；采用 HRB400、HRB500、HRBF400、RRB400 级钢筋作为受力钢筋的构件，其混凝土强度等级不应低于 C30；预应力混凝土构件采用的预应力钢筋以钢绞线和钢丝为主，其混凝土强度等级取 C40。

2）混凝土选用需考虑的因素

①结构的受力性能。混凝土作为结构中承受压力的主要材料，其强度等级提高，有利于发挥材料优势，节约工程造价。但混凝土是脆性材料，其强度等级提高，构件突然性压溃的风险也增大。因此应根据具体情况，综合考虑结构的力学性能确定混凝土强度等级。

②结构的经济性。混凝土的性能价格比在一定程度上反映了结构的经济性，最主要的指标是强度价格比。图 1.1-2a)是采用近期北京地区混凝土的强度价格比。可以看出：随着强度等级的递增，强度价格比逐渐提高，体现出较好的经济效益；而 C60 以上混凝土对原材料的要求太苛刻，生产工艺比较复杂，存在制作成本太高的问题，其强度价格比随强度等级提高而降低。

3）混凝土强度等级的优化选择

考虑实际工程习惯做法，设计时各种结构构件中混凝土强度等级按表 3.3-1 选取。

混凝土桥涵常用的混凝土强度等级　　　表 3.3-1

结构	构件		混凝土强度等级
基础	基桩		C30、C35
	承台		C30、C35
	系梁		C30、C35
下部结构	桥台		C25、C30、C35
	墩身		C35、C40
	盖梁	钢筋混凝土结构	C35、C40
		预应力混凝土结构	C40

续上表

结　构	构　件	混凝土强度等级
上部结构	钢筋混凝土主梁	C40
	预应力混凝土主梁	C50、C55
涵洞	涵身、盖板	C25、C30
其他	主塔	C50
	拱圈	C40

3.3.2　钢筋

1)强度等级的提升

欧美国家在20世纪末基本形成了300MPa、400MPa、500MPa级普通钢筋并存、以400MPa和500MPa级钢筋为主要受力钢筋的局面;预应力钢筋普遍采用1 570MPa和1 860MPa高强-低松弛的钢丝和钢绞线作为主要受力钢筋。我国在20世纪70年代和80年代采用235MPa和335MPa级钢筋,90年代后提高为235MPa、335MPa和400MPa级钢筋并存。根据我国国情和相关产品标准的更新变化情况,《规范》修订进一步提高了钢筋的强度等级,推广应用高强-高性能钢筋。

①普通钢筋。增加500MPa级的热轧带肋钢筋;推广400MPa、500MPa级高强热轧带肋钢筋作为纵向受力的主导钢筋,淘汰335MPa热轧带肋钢筋的应用;用300MPa级光圆钢筋取代235MPa级光圆钢筋;引入了采用控温轧制工艺生产的HRBF系列细晶粒带肋钢筋。在过渡时期,235MPa级光圆钢筋和335MPa级带肋钢筋的设计值可仍按原规范取值。

②预应力钢筋。增补了高强(1 960MPa)、大直径(21.6mm)钢绞线,列入了大直径的预应力螺纹钢筋,淘汰了锚固性能较差的刻痕钢丝;适当合并、简化了预应力钢筋的规格和强度等级划分。当强度级别为1 960MPa或直径为21.6mm的钢绞线用作预应力配筋时,应注意其与

锚夹具的匹配,应经检验并确认锚夹具及工艺可靠后方可在工程中应用。

2) 钢筋选用需考虑的因素

①受力类型。结构中的钢筋分为:纵向受力钢筋、预应力钢筋(钢丝、钢绞线和螺纹钢筋)、横向钢筋(箍筋、弯筋和约束钢筋)、分布钢筋和辅助钢筋(架立筋、防崩筋)等。根据钢筋在结构中的不同作用,有针对性地选择钢筋类型和强度等级。

②钢筋性能。钢筋的性能包括:力学性能(强度、均匀伸长率、强屈比)、锚固性能(锚固长度、预应力传递长度)、连接传力性能(搭接长度、可焊性、机械连接适应性)、质量稳定性和施工适应性等。应按照结构受力性能和配筋要求,结合钢筋实际性能进行选择。如月牙肋钢筋基圆面积率、锚固性能及施工适应性尚可,可作为主要受力钢筋;光圆钢筋的锚固和裂缝控制性能差,可作为箍筋和焊接钢筋网片。

③技术政策。目前,我国以"四节一环保"为基本国策,倡导减少能源、资源消耗,保护环境、可持续发展。钢筋选材应符合高强-高性能的技术导向和我国的宏观技术政策。

3) 钢筋等级的优化选择

综上所述,考虑实际工程的习惯做法,设计时各种结构构件中钢筋强度等级可按表 3.3-2 取用。

混凝土桥涵常用的钢筋强度等级　　　　表 3.3-2

钢　　筋		适　用　范　围
普通钢筋	HPB300	直径 8mm、10mm 钢筋
	HRB400	直径 12mm、14mm、16mm、18mm、20mm 钢筋
	HRB500	直径 22mm、25mm、28mm、32mm 钢筋
预应力钢筋	预应力螺纹钢筋	竖向预应力钢筋、临时锚固钢筋
	预应力钢丝	先张法预应力钢筋
	预应力钢绞线	后张法预应力钢筋

3.4 淘汰 HPB235 和 HRB335 钢筋的影响分析

3.4.1 技术现状

《规范》(JTG D62—2004)颁布实施后,公路桥梁工程基本采用 HPB235 钢筋和 HRB335 钢筋,其中 HPB235 为热轧光圆钢筋,主要用作直径 12mm 以下的构造钢筋、装配式空心板桥的箍筋和桩基的螺旋箍筋; HRB335 为热轧带肋钢筋,主要用作直径 12mm 及以上的构造钢筋、结构的纵向受力钢筋和箍筋。

根据国家发展改革委发布的《产业结构调整指导目录》(2011 年本),我国将逐步淘汰 HPB235 和 HRB335 两种热轧钢筋。为保证公路工程项目建设的顺利进行,交通运输部下发《关于做好淘汰低强度钢筋过渡期相关技术措施研究工作的通知》(交公便字〔2013〕70 号),组织相关单位按表 3.4-1 的分工,选取典型桥梁工程,进行 HPB300 替代 HPB235、HRB400 替代 HRB335 的技术措施研究。

典型桥梁工程及分工一览表　　　　表 3.4-1

序号	桥　型	承 担 单 位
1	装配式钢筋混凝土空心板桥	湖南省院
2	装配式预应力混凝土空心板桥	湖南省院
3	装配式预应力混凝土组合箱梁桥	中交一公院
4	装配式预应力混凝土 T 梁桥	中交二公院
5	整体现浇钢筋混凝土箱梁桥	山东省院
6	整体现浇预应力混凝土箱梁桥	山东省院
7	大跨径预应力混凝土连续刚构桥	云南省院
8	大跨径预应力混凝土连续梁桥	辽宁省院
9	混凝土拱桥	四川省院
10	斜拉桥混凝土索塔	中交公规院
11	悬索桥混凝土索塔	中交公规院

3.4.2 影响分析

结合《规范》修订和典型桥梁的试算分析工作,从对《规范》修订的影响、对桥梁工程中钢筋布置和用量的影响和过渡期技术措施三个方面予以说明。

1)对《规范》修订的影响

在进行承载能力极限状态验算时,要求作用效应设计值不大于承载力设计值。承载力设计值按照截面的受力平衡、截面的变形协调、材料的应力-应变关系三类方程进行计算。钢筋等级不影响承载力计算理论和计算表达式,仅需调整承载能力极限状态时钢筋的强度设计值取值和相关参数(相对界限受压区高度、偏心受压构件的偏心矩增大系数)的取值。

在进行正常使用极限状态验算时,应进行全预应力混凝土构件和 A 类预应力混凝土构件的抗裂性验算、B 类预应力混凝土构件和钢筋混凝土构件的裂缝宽度验算、挠度验算。钢筋等级调整基本不影响这三类验算的计算公式。

在构造要求方面,与钢筋相关的技术要求分为两类:一类为钢筋的基本构造要求,包括锚固长度、末端弯钩、连接要求等;另一类为结构中钢筋的布置要求,包括箍筋的构造形式、最小配筋率、预制构件的吊环要求等。钢筋等级调整会影响构造要求:钢筋等级提高,要求更长的锚固长度和搭接长度,箍筋的最小配筋率和吊环的容许应力也需进行调整。

2)对桥梁工程中钢筋布置和用量的影响

构造钢筋基本按照《规范》的间距要求和最小配筋率要求配设。目前直径 12mm 以下采用 HPB235 钢筋,直径 12mm 及以上采用 HRB335 钢筋。钢筋等级调整后,构造钢筋可采用等面积替换(钢筋直径、间距不变)的方法。另外由于钢筋等级提高,锚固长度和搭接长度增大;但在实际工程中,钢筋的锚固长度和搭接长度取值偏于保守,因此钢筋等级调整,基本不影响构造钢筋用量。

考虑公路桥梁的桥型和各类构件的受力特点,按照钢筋混凝土受弯构件、预应力混凝土受弯构件、受压构件、承台和局部承压类构件,对受力钢筋分别说明:

①钢筋混凝土受弯构件。这类构件主要包括钢筋混凝土上部结构和桩柱式桥墩的盖梁;其箍筋可采用等强度替换的方法(替换前后的 $\rho_{sv}f_{sv}$ 保持不变,其中 ρ_{sv} 为箍筋的配筋率,f_{sv} 为箍筋的抗拉强度设计值);其纵向受力钢筋由正截面抗弯承载力和裂缝宽度两项验算指标控制,采用等强度替换(替换前后的 $A_s f_{sd}$ 保持不变,其中 A_s 为纵向受力钢筋的面积,f_{sd} 为纵向受力钢筋的强度设计值)时,对承载力不产生影响,但钢筋等级提高,使得纵向钢筋用量减少,会引起纵向钢筋的拉应力增大,裂缝宽度计算值增大甚至不满足宽度限值要求,偏于保守可采用等面积替换。

②预应力混凝土受弯构件。这类构件主要包括预应力混凝土上部结构和桩柱式桥墩的盖梁;其箍筋可采用等强度替换的方法;其预应力钢筋由抗裂性验算项确定,其纵向受力普通钢筋由正截面抗弯承载力控制,可采用等强度替换。

③受压构件。这类构件主要包括桥墩墩身、桩基础、索塔、主拱圈等,一般为小偏压构件,仅需进行承载力验算;其箍筋和纵向受力钢筋可采用等强度替换的方法;当桩基础为大偏压构件时,可参照钢筋混凝土受弯构件处理。

④承台。这类构件按拉压杆模型进行承载力验算,承台底面的纵向受力钢筋可采用等强度替换的方法。

⑤局部承压区域。局部承压区域仅进行承载力验算,其受力钢筋可采用等强度替换的方法。

按照上述调整方法,钢筋替代后,典型桥梁工程的钢筋用量变化如表3.4-2。由表3.4-2可见:现浇钢筋混凝土箱梁桥基本由抗裂性验算控制,其钢筋用量变化较小约为1.2%;其余结构可节约钢筋用量约3%~9%。

典型桥梁的钢筋用量变化情况　　表 3.4-2

序号	桥　型	钢筋用量变化
1	装配式钢筋混凝土空心板桥	9%
2	装配式预应力混凝土空心板桥	3%
3	装配式预应力混凝土组合箱梁桥	上部结构 3.2%～4.2%、下部结构 5.9%
4	装配式预应力混凝土 T 梁桥	上部结构 8.0%、下部结构 2.4%
5	整体现浇钢筋混凝土箱梁桥	1.2%
6	整体现浇预应力混凝土箱梁桥	7.0%
7	大跨径预应力混凝土连续刚构桥	7.0%
8	大跨径预应力混凝土连续梁桥	8.6%
9	混凝土箱形拱桥	7.8%～8.3%
10	斜拉桥混凝土索塔	8.2%～8.8%
11	悬索桥混凝土索塔	7.0%～8.5%

3) 过渡期技术措施

对于在建项目,如果已经完成钢筋采购并进场加工,按照原设计方案采用 HPB235 钢筋和 HRB335 钢筋施工。

对于在建项目,如果没有完成钢筋采购时,建议修改设计方案、调整钢筋等级,积极应对国家宏观政策的调整,调整的原则为:

①构造钢筋按照等面积替换;箍筋按照等强度替换,同时应满足最小配筋率和构造要求;预应力混凝土受弯构件、小偏压构件、承台和局部承压区域的纵向受力钢筋按照等强度替换,同时应满足最小配筋率和构造要求;钢筋混凝土受弯构件、大偏压构件的纵向受力钢筋偏于保守地按照等面积替换。

②或可偏于保守地考虑,全部采用等面积替换的方法,将钢筋强度提

高作为结构的安全储备。

对于已经进入审批程序的建设项目,建议参照未完成钢筋采购的在建项目执行。

对于未进入审批程序的建设项目,严格按照《规范》的规定,调整钢筋等级,完善桥涵结构设计。

3.4.3 应用示例

【例3-1】 某4跨30m预应力混凝土T梁桥,其跨径布置如图3.4-1a),采用桥梁单幅宽12.25m。盖梁采用钢筋混凝土结构,长12.3m、高1.5m、宽1.8m,一般构造如图3.4-1b)。最不利边墩采用双柱式圆墩,墩高30m,墩柱直径为1.8m,一般构造如图3.4-1c)。桩基按端承桩基计算,计算桩长取15m,桩径取2.0m,桩基嵌入基岩不小于6m。

盖梁、墩柱、桩基的纵向受力钢筋由HRB335调整为HRB400和HRB500时,承载力、抗裂性和配筋变化情况如表3.4-3所示。

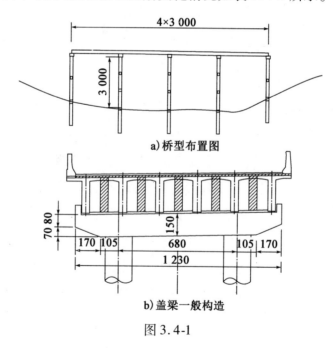

a) 桥型布置图

b) 盖梁一般构造

图3.4-1

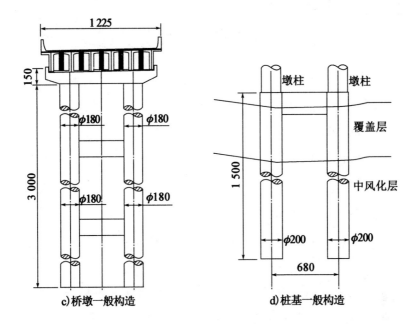

图 3.4-1 某 4 跨 30m 预应力混凝土 T 梁桥(尺寸单位:cm)

4×30m T 梁桥下部结构配筋变化情况　　　表 3.4-3

构件	钢筋类型	数量×钢筋直径	承载力安全系数	抗 裂 验 算
盖梁	HRB335	17×28mm	1.63	0.17mm(满足)
	HRB500	16×28mm	2.17	0.19mm(满足)
	HRB400	16×28mm	1.82	0.19mm(满足)
墩柱	HRB335	38×28mm	1.42	0.066mm(满足)
	HRB500	38×22mm	1.33	0.08mm(满足)
	HRB400	38×25mm	1.37	0.07mm(满足)
	HRB400	38×22mm	1.19	0.08mm(满足)
桩基	HRB335	38×28mm	1.10	0.14mm(满足)
	HRB500	38×22mm	1.05	0.19mm(满足)
	HRB400	38×25mm	1.06	0.16mm(满足)

本章参考文献

[3-1] 中华人民共和国行业标准.JTG 3362—2018 公路钢筋混凝土及预应力混凝土桥涵设计规范[S].北京:人民交通出版社股份有限公司,2018

[3-2] 中华人民共和国行业标准.JTG D62—2004 公路钢筋混凝土及预应力混凝土桥涵设计规范[S].北京:人民交通出版社,2004

[3-3] 中华人民共和国行业标准.JTJ 023—85 公路钢筋混凝土及预应力混凝土桥涵设计规范[S].北京:人民交通出版社,1985

[3-4] 中华人民共和国国家标准.GB 1499.1—2008 钢筋混凝土用钢 第1部分:热轧光圆钢筋[S].北京:中国标准出版社,2008

[3-5] 中华人民共和国国家标准.GB 1499.2—2007 钢筋混凝土用钢 第2部分:热轧带肋钢筋[S].北京:中国标准出版社,2007

[3-6] 中华人民共和国国家标准.GB 13014—2013 钢筋混凝土用余热处理钢筋[S].北京:中国标准出版社,2014

[3-7] 中华人民共和国国家标准.GB 13788—2008 冷轧带肋钢筋[S].北京:中国标准出版社,2009

[3-8] 中华人民共和国国家标准.GB/T 5223—2002 预应力混凝土用钢丝[S].北京:中国标准出版社,2002

[3-9] 中华人民共和国国家标准.GB/T 5224—2014 预应力混凝土用钢绞线[S].北京:中国标准出版社,2014

[3-10] 中华人民共和国国家标准.GB/T 20065—2006 预应力混凝土用螺纹钢筋[S].北京:中国标准出版社,2006

[3-11] 中华人民共和国国家标准.GB 50010—2010 混凝土结构设计规范[S].北京:中国建筑工业出版社,2010

[3-12] 张树仁.公路钢筋混凝土及预应力混凝土桥梁设计原理[M].北

京:人民交通出版社,2004

[3-13] 张树仁.桥梁设计规范学习与应用讲评[M].北京:人民交通出版社,2005

[3-14] 过镇海,时旭东.钢筋混凝土原理和分析[M].北京:清华大学出版社,2003

[3-15] 徐有邻.混凝土结构设计原理及修订规范的应用[M].北京:清华大学出版社,2012

[3-16] 贡金鑫,魏魏巍,胡家顺.中美混凝土结构设计[M].北京:中国建筑工业出版社,2007

[3-17] 广东省交通运输厅.广东省高速公路工程设计标准化指南[M].北京:人民交通出版社股份有限公司,2017

第4章 结构设计基本规定

4.1 主要修订条文

《规范》第4章条文的主要修订情况见表4.1-1。

《规范》第4章主要修订条文　　　表4.1-1

条文	修订情况说明
4.4.1	沿用《规范》(JTG D62—2004)第1.0.5条,解释详见本书第2.3节
4.1.2	补充对结构设计的原则性要求,解释详见本书第2.1节
4.1.3	补充对常规桥梁结构方案的原则性要求,解释详见本书第2.2节
4.1.4	
4.1.5	
4.1.6	
4.1.7	补充对桥梁结构分析的原则性要求,解释详见本书第4.2节和第4.3节
4.1.8	补充箱梁桥的抗倾覆验算要求,解释详见本书第4.4节
4.1.9	补充对应力扰动区设计的原则性要求,解释详见本书第8.2节
4.1.10	补充对桥梁运营养护的原则性要求
4.3.2	较《规范》(JTG D62—2004)第4.2.2条和第4.2.3条,进一步明确有效宽度适用范围
4.3.4	较《规范》(JTG D62—2004)第4.2.3条,补充有效宽度计算系数的公式
4.4.1	修正汽车荷载引起拱桥正弯矩在各截面的折减系数
4.5.1~4.5.4	较《规范》(JTG D62—2004)第1.0.7条~第1.0.11条,细化了环境类别,完善了混凝土强度等级和构造要求,解释详见本书第4.5节

4.2 预应力桥梁的分析方法

4.2.1 技术现状

预应力混凝土桥梁设计验算,首要问题是解决混凝土收缩徐变计算和预应力施加过程中的结构模拟方法。

1907年,Hatt首次观测到混凝土的徐变效应。在这过去的一个多世纪里,大量的国内外学者对混凝土的徐变效应进行了研究,其成果主要体现在混凝土材料的收缩徐变数值模型和构件的收缩徐变效应计算方法上。目前,受到广泛认可的收缩徐变数值模型有BP模型、ACI模型、CEB-FIP模型、GL2000模型、GZ模型以及B3模型。

关于构件徐变效应计算方法的研究开始于20世纪30年代。1937年,迪辛格提出了不开裂的受压钢筋混凝土构件或预应力钢筋混凝土构件的收缩徐变计算微分方程解。最先在复杂问题中应用徐变率法,但在应用于多层配筋构件、超静定构件时,该方法过于复杂。尼尔森(Nilelsen)和吕休(H. Rusch)等人分别在1970年和1972年对迪辛格法做出了改进,主要是将徐变弹性变形当作瞬时弹性变形,并将徐变系数改为1/3。1967年,特劳斯德(H. Trost)提出松弛系数的概念,假定混凝土的弹性模量为常量,在荷载不变的条件下,将徐变的微分方程式改为代数方程表达式,使得徐变计算变得简单起来。1972年,巴增特(Z. P. Bazant)严密地证明了特劳斯德教授的理论,将松弛系数改为老化系数,并提出按龄期调整弹性模量、徐变系数无终值界限,提高了计算精度。这就是现在的T-B(Trost-Bazant)法。为避免求解方程组,1982年,Walter H. dilger教授在T-B法的基础上提出换算截面特性法,该法在第一步计算时忽略钢筋,让素混凝土受徐变影响自由变形,然后根据素混凝土变形量计算出钢筋变形及产生的内力,第二步将钢筋内力反加到混凝土换算截面之上进行计算,这里换算截面所采用的弹性模量随着龄期的增长而变化,与T-B法一致。对于多层配筋构件的内力重分布,该法计算非常方便。

我国对于收缩徐变的研究始于 20 世纪 60 年代。1962 年,赵祖武教授使用了苏联学者的试验资料,将弹性继效理论和老化理论的徐变度公式叠加得到指数函数形式的徐变度解析式。1965 年,林南熏教授做了反复加载以及卸载的荷载试验,根据试验结果表明的徐变变形的可复性,去除了不可恢复的徐变变形量,仅剩弹性推迟变形和黏性流动变形,提出徐变度指数表达式。1991 年,中国建筑科学研究院的陈永春教授等人在 T-B 法的基础上,提出了中值系数法,该法利用中值定理将徐变应力应变的微分方程表达式转化为易于求解的代数方程表达式。1983 年,中国水利水电科学研究院朱伯芳教授将增量递推法改进应用于变步长的情形,并给出了隐式解法。1983 年,陆楸在《公路桥梁设计电算》中将收缩徐变对结构受力状态的影响分为应力重分配和内力重分布。因为混凝土收缩徐变变形受到钢筋的约束,引起混凝土和钢筋的应力变化,最终达到平衡状态,即发生了应力重分布。在每个阶段中,可根据混凝土的弹性应变求得收缩徐变应变增量,再用相应阶段的收缩应变增量和弹性模量计算得到阶段应力重分配值。对于超静定结构,混凝土的收缩徐变受到超静定赘余约束,结构内力会随收缩徐变发生变化,产生结构内力重分布。

4.2.2 基本原理

《规范》在混凝土材料的收缩徐变数值模型上沿用了原规范的规定,其中收缩的数值模型如下:

$$\varepsilon_{cs}(t, t_s) = \varepsilon_{cs0} \cdot \beta_s(t - t_s) \tag{4.2-1}$$

$$\varepsilon_{cs0} = \varepsilon_{cs}(f_{cm}) \cdot \beta_{RH} \tag{4.2-2}$$

$$\varepsilon_{cs}(f_{cm}) = [160 + 10\beta_{sc}(9 - f_{cm}/f_{cm0})] \cdot 10^{-6} \tag{4.2-3}$$

$$\beta_{RH} = 1.55[1 - (RH/RH_0)^3] \tag{4.2-4}$$

$$\beta_s(t - t_s) = \left[\frac{(t - t_s)/t_1}{350(h/h_0)^2 + (t - t_s)/t_1}\right]^{0.5} \tag{4.2-5}$$

式中：t——计算考虑时刻的混凝土龄期(d)；

t_s——收缩开始时的混凝土龄期(d)，可假定为 3~7d；

$\varepsilon_{cs}(t,t_s)$——收缩开始时的龄期为 t_s，计算考虑的龄期为 t 时的收缩应变；

ε_{cs0}——名义收缩系数；

β_s——收缩随时间发展的系数；

f_{cm}——强度等级 C25~C50 混凝土在 28d 龄期时的平均圆柱体抗压强度(MPa)，$f_{cm}=0.8f_{cu,k}+8\text{MPa}$；

$f_{cu,k}$——龄期为 28d，具有 95% 保证率的混凝土立方体抗压强度标准值(MPa)；

β_{RH}——与年平均相对湿度相关的系数，式(4.2-4)适用于 40%≤ RH<99%；

RH——环境年平均相对湿度(%)；

β_{sc}——依水泥种类而定的系数，对一般的硅酸盐类水泥或快硬水泥，$\beta_{sc}=5.0$；

h——构件理论厚度(mm)，$h=2A/u$，A 为构件截面面积，u 为构件与大气接触的周边长度；

$RH_0=100\%$；

$h_0=100\text{mm}$；

$t_1=1\text{d}$；

$f_{cm0}=10\text{MPa}$。

徐变的数值模型如下：

$$\phi(t,t_0) = \phi_0 \cdot \beta_c(t-t_0) \qquad (4.2\text{-}6)$$

$$\phi_0 = \phi_{RH} \cdot \beta(f_{cm}) \cdot \beta(t_0) \qquad (4.2\text{-}7)$$

$$\phi_{RH} = 1 + \frac{1-RH/RH_0}{0.46(h/h_0)^{\frac{1}{3}}} \qquad (4.2\text{-}8)$$

$$\beta(f_{cm}) = \frac{5.3}{(f_{cm}/f_{cm0})^{0.5}} \quad (4.2\text{-}9)$$

$$\beta(t_0) = \frac{1}{0.1 + (t_0/t_1)^{0.2}} \quad (4.2\text{-}10)$$

$$\beta_c(t - t_0) = \left[\frac{(t - t_0)/t_1}{\beta_H + (t - t_0)/t_1}\right]^{0.3} \quad (4.2\text{-}11)$$

$$\beta_H = 150\left[1 + \left(1.2\frac{RH}{RH_0}\right)^{18}\right]\frac{h}{h_0} + 250 \leqslant 1\,500 \quad (4.2\text{-}12)$$

式中：t_0——加载时的混凝土龄期(d)；

t——计算考虑时刻的混凝土龄期(d)；

$\phi(t, t_0)$——加载龄期为 t_0，计算考虑龄期为 t 时的混凝土徐变系数；

ϕ_0——名义徐变系数；

β_c——加载后徐变随时间发展的系数。

混凝土收缩徐变都是与时间相关的材料变形性质，构件收缩徐变效应的计算原理类似。收缩效应计算相对简单，它与结构受力状态无关，只与结构本身的约束状态有关，结构超静定和截面内钢筋都会影响混凝土收缩变形的发展，并产生结构内力重分布和截面应力重分布。

构件徐变效应与混凝土的应力发展历程以及加载龄期相关。在设计分析时，混凝土的应力一般不超过 0.5 倍混凝土立方体强度，此时可以应用徐变线性理论，引入徐变系数 ϕ 的概念，建立线性关系式(4.2-13)，其中 ε_c 为徐变应变，ε_e 为初始弹性应变。

$$\varepsilon_c = \phi \cdot \varepsilon_e \text{ 或 } \phi = \varepsilon_c/\varepsilon_e \quad (4.2\text{-}13)$$

预应力的施加使得徐变效应计算问题变得更为复杂。对于素混凝土静定结构，徐变效应只产生结构变形，而不会影响结构应力和内力状态。对于钢筋混凝土结构，钢筋对徐变变形的约束作用使结构的应力状态发生改变。对于预应力混凝土结构，应力重分布还会造成钢筋的预应力损失以及混凝土储备压应力的释放，如果混凝土的压应力储备不足，会导致混凝土开裂。对于静定结构，外荷载不变、结构内力不变。对于超静定结构，赘余约束限制徐变变形的发展，导致结构内力发生变化，即产生了结构内力重分布。对于分节段浇筑施工的混凝土桥梁结构，浇筑时间的不同导致各节段混凝土计算龄期不同，相邻的混凝土徐变变形不同，节段间相互制约引起应力和内力重分布。

工程上计算混凝土桥梁结构收缩徐变效应时，假定混凝土弹性模量为定值，并认为全施工过程中线性叠加原理成立，则计算过程描述如下（流程见图4.2-1）：

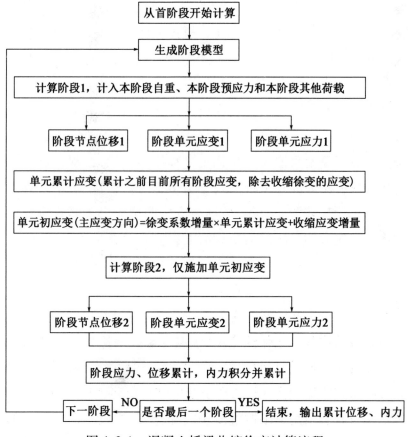

图4.2-1 混凝土桥梁收缩徐变计算流程

1)将结构开始加载到收缩徐变基本完成的整个过程划分为若干计算阶段,分阶段形成有限元计算模型,计算单项荷载引起的应力应变(或内力)增量;

2)由各阶段结构各个单元的累计弹性应变,按收缩徐变的计算公式,计算出该阶段所有单元的收缩徐变应变增量;

3)将收缩徐变应变增量转换为荷载向量,通过求解有限元方程得到收缩徐变在该阶段引起的结构位移、应力、内力增量;

4)由各阶段的增量结果累计而得到桥梁结构各阶段的累计内力、位移、应力。

配筋混凝土结构进行受力分析时,其截面特性采用换算截面法,将钢筋按弹性模量比换算为混凝土截面。但在考虑收缩徐变效应时,换算截面方法钢筋和混凝土一起发生收缩徐变,忽视了钢筋对混凝土变形的约束及其产生的应力重分布,从概念上来讲是不合理的。

20世纪70年代末,交通部组织有关单位联合开发了桥梁综合程序GQZJ。该程序采用换算截面梁单元有限元模型分析预应力钢筋混凝土桥梁。为计算混凝土收缩徐变和施工过程体系转换,该程序可按桥梁施工过程将预应力钢筋混凝土桥梁划分为多个计算阶段,每个计算阶段结构体系根据单元安装情况变化,换算截面按照预应力钢筋张拉和压浆情况变化。即预应力钢筋压浆前换算截面中要扣除预应力孔道面积,预应力钢筋压浆后将钢筋按其与混凝土的弹性模量的比例加到换算截面中。每个计算阶段中混凝土收缩徐变增量计算分为收缩徐变引起的结构内力重分布和收缩徐变引起的截面应力重分布。其中结构内力重分布增量主要是由该阶段结构各单元弹性变形,按混凝土收缩徐变计算公式计算各单元收缩徐变变形增量,将收缩徐变应变增量转换为荷载向量,通过求解有限元方程得到收缩徐变在该阶段引起的结构位移、应力、内力增量。对于静定结构没有赘余约束限制混凝土收缩徐变,则收缩徐变引起的结构内力重分布计算结果只有位移,内力都是0。对于超静定结构赘余约束限制了混凝土收缩徐变的自由变形,则收缩徐变引起的结构内力重分布计算结果位移和内力都不是0。这项计算桥梁专业人员都比较熟悉,目前预应力混凝土桥梁结构分析软件基本都考虑了收缩徐变引起结构内力重分布的影响。截面应力重分布增量主要是由于同一截面上的钢筋约束了混凝土收缩徐变的自由变形而产生的应力重分布,程序中将混凝土收缩徐变引起的钢筋应力阶段增量折算为阶段内力反加到结构上,进行有限元求解计算并与其他作用产生的内力位移增量叠加,以近似考虑钢筋对混凝土收缩徐变变形的约束影响。桥梁综合程序及由此衍生出来的QJX、GQJS、JSL-BrgCal、BRGFEP、PRBP等是我国桥梁技术人员自主开发的较为完善的预应力混凝土计算分析软件,对我国20世纪80年代开始的预应力混凝土桥梁大发展起到了重要的推动作用。其后的一些预应力混凝土计算分析软件学习了桥梁综合程序中的大部分精华,但是基本都没有考虑钢筋对混凝土收缩徐变的影响。

目前,一类改进算法采用混凝土梁单元和钢筋杆单元相互独立的有限元模型,钢筋和混凝土单元通过节点耦合传递预应力并共同承受外力。计算收缩徐变时,只有混凝土梁单元计算收缩徐变,钢筋杆单元不计算收缩徐变,而且钢筋杆单元对混凝土梁单元的收缩徐变会起到约束作用。混凝土梁单元和钢筋杆单元相互独立的有限元模型,从概念上来讲是比较合理的,但是由于建模复杂,目前采用这种算法的桥梁计算分析软件较少,限制了这种算法在工程上的应用。

随着预应力混凝土桥梁的发展,桥梁的结构形式也变得越来越复杂。对于宽跨比较大的桥梁及斜桥、弯桥等复杂的空间桥梁结构,采用传统的换算截面法计算精度与结构设计的精细化需求存在矛盾,预应力混凝土桥梁设计计算采用实体单元和杆单元分别模拟混凝土和钢筋的多尺度模型可以提高分析精度,是当前的发展趋势,但是这种多尺度有限元计算模型的混凝土收缩徐变及施工过程计算有待完善。

混凝土实体单元和钢筋杆单元结合模型如图4.2-2,图中是1个12

节点混凝土实体单元和2个钢筋杆单元。由于桥梁纵横尺寸比例相差较大，采用12节点等参元模拟桥梁上部结构混凝土体，可以提高桥梁纵向计算精度，相对减少沿桥梁纵向单元划分数量，并提高计算效率。混凝土实体单元和钢筋杆单元结合模型中钢筋孔道、孔道灌浆料、预应力钢筋等都采用杆单元模拟。按预应力钢筋在混凝土实体单元中穿过情况将预应力钢筋分割成若干首尾相连的杆单元，如图4.2-2中13-14和14-15是两个钢筋杆单元。每个杆单元两端节点坐标按钢筋所在实际位置确定。对于后张法预应力钢筋，每个钢筋单元位置上还要分为孔道、压浆料和钢筋等不同的单元。钢筋孔道杆单元的截面特性按孔道面积的负值考虑，其弹性模量为周边混凝土弹性模量；钢筋杆单元的截面特性按钢筋面积考虑，其弹性模量为钢筋的弹性模量；孔道灌浆料杆单元的截面特性按孔道面积减去钢筋面积考虑，其弹性模量为周边混凝土弹性模量。需要注意的是，如果钢筋孔道、孔道灌浆料直接在实体单元中建模，需要较高的网格划分技术，且网格过密会影响计算效率，单元形状不规则会引起计算结果的奇异，所以用负面积杆单元模拟钢筋孔道是一个有效的方法。

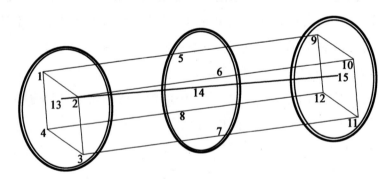

图4.2-2　实体单元和杆单元结合模型

实体单元和杆单元的变形协调通过杆单元的节点和与其共面的4个实体单元节点位移约束耦合实现，即图4.2-2中节点13与节点1、2、3、4耦合，节点14与节点5、6、7、8耦合，节点15与节点9、10、11、12耦合。

预应力的张拉与管道的灌浆采用如下步骤模拟：

1)仅激活预应力孔道的杆单元,模拟孔道灌浆前孔道挖空影响。

2)在预应力钢筋张拉阶段,激活钢筋的杆单元,用扣除预应力钢筋与管道壁之间的摩擦、锚具变形、钢筋回缩和接缝压缩以及应力松弛等初始预应力损失之后的钢筋应力值作为钢筋杆单元的初应力,并通过有限元平衡迭代,将预应力加到混凝土实体单元上。预应力钢筋张拉阶段之后各阶段模型中,钢筋杆单元不再施加预应力,无初应变,只是作为一般杆单元参与结构受力。各个阶段钢筋应力逐阶段累计即可,包括结构弹性压缩和混凝土收缩徐变等因素引起的预应力损失。

3)钢筋张拉后孔道压浆前钢筋的刚度要用负面积钢筋孔道单元予以扣除,因为张拉预应力时钢筋可以在孔道内滑移,预应力主要由混凝土和已压浆的钢筋承受,因此计算变形是要扣除已张拉未压浆钢筋的刚度。

4)孔道灌浆后,激活孔道灌浆料杆单元。

以上介绍的收缩徐变算法是预应力混凝土桥梁设计计算的重点和难点,结构自重、预应力和混凝土收缩徐变是预应力混凝土桥梁的永久作用。在进行持久状况承载能力极限状态和正常使用极限状态验算时,要以此为基础按规范中各种作用组合有关规定加入可变作用、偶然作用等,得到承载力设计值和验算应力值。目前桥梁设计规范还是按平面梁单元的模式进行验算,采用梁单元计算模型可以直接得到控制截面验算所需的内力和应力设计值。如果采用混凝土实体单元和钢筋杆单元组合模型,内力值可以通过对控制截面指定区域应力积分得到内力设计值,应力值应该采用控制截面指定位置的同一高度处应力平均值作为应力设计值。

4.2.3 应用示例

【例4-1】 某悬臂梁跨径为20m,截面为1.0m×0.4m的矩形,如图4.2-3所示。混凝土强度等级为C50,$f_{cu,k}=50MPa$,$f_{ck}=32.4MPa$,弹性模量 $E_c=3.45\times10^4MPa$;构件理论厚度28.571cm,加载龄期 $t_0=3d$,环境相对湿度 $RH=55\%$,按《规范》计算混凝土名义徐变系数 $\phi_0=3.037$;单元

划分为 $8 \times 2.5 = 20$m,施工阶段划分为14个阶段。

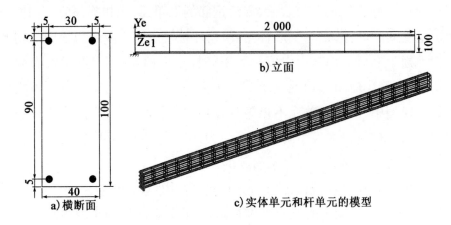

图4.2-3 20m混凝土悬臂梁(尺寸单位:cm)

采用表4.2-1的计算方法,分析如下四类结构:

1)结构1:素混凝土结构,悬臂端作用4 000kN轴心压力;

2)结构2:钢筋混凝土结构,在截面四角各配置一根⌀40mm钢筋(弹性模量 $E_s = 2 \times 10^5$ MPa),悬臂端作用4 000kN轴心压力;

3)结构3:素混凝土结构,悬臂端的截面形心处作用4kN竖向力;

4)结构4:钢筋混凝土结构(钢筋布置同结构2),悬臂端的截面形心处作用4kN竖向力。

典型计算方法　　　　　　　　　　表4.2-1

计算方法1	计算方法2	计算方法3
截面特性采用换算截面法	考虑钢筋影响的梁单元模型	实体单元和杆单元的模型

计算结果见表4.2-2～表4.2-5。表明:较素混凝土结构,配筋混凝土结构的截面刚度稍大,其弹性应力和变形稍小;对于配筋混凝土结构,计算方法1未考虑钢筋约束对徐变效应的影响,由于其弹性变形小,使得徐变变形计算值降低;计算方法2和计算方法3考虑了钢筋约束下徐变效应产生了截面应力重分布,使截面的混凝土应力降低、钢筋应力增加,使得徐变变形计算值进一步降低,其中计算方法3尤为显著。

第4章 结构设计基本规定

表 4.2-2 结构1和结构2的悬臂端轴向位移

施工阶段编号	1	2	3	4	5	6	7	8	9	10	11	12	13	14
阶段时间长 $\Delta t(d)$	0	3	4	7	14	28	34	90	180	360	720	1 440	2 880	5 760
阶段结束时时间 $t(d)$	0	3	7	14	28	56	90	180	360	720	1 440	2 880	5 760	11 520
徐变时间发展系数 $\beta_c(t-t_0)$	0.000	0.196	0.253	0.310	0.380	0.462	0.525	0.626	0.728	0.819	0.891	0.938	0.967	0.983
徐变系数 $\phi(t,t_0)=\phi_0 \cdot \beta_c(t-t_0)$	0.000	0.596	0.768	0.942	1.153	1.403	1.596	1.900	2.210	2.488	2.705	2.850	2.937	2.985
结构1 弹性位移 d_{e1} (m)	0.005 8	0.005 8	0.005 8	0.005 8	0.005 8	0.005 8	0.005 8	0.005 8	0.005 8	0.005 8	0.005 8	0.005 8	0.005 8	0.005 8
结构1 徐变位移 d_{c1} (m)	0	0.003 5	0.004 4	0.005 5	0.006 7	0.008 1	0.009 2	0.011 0	0.012 8	0.014 4	0.015 7	0.016 5	0.017 0	0.017 3
结构1 总位移 d_1 (m)	0.005 8	0.009 3	0.010 2	0.011 3	0.012 5	0.013 9	0.015 0	0.016 8	0.018 6	0.020 2	0.021 5	0.022 3	0.022 8	0.023 1
结构2 方法1 弹性位移 d_{e21} (m)	0.005 5	0.005 5	0.005 5	0.005 5	0.005 5	0.005 5	0.005 5	0.005 5	0.005 5	0.005 5	0.005 5	0.005 5	0.005 5	0.005 5
结构2 方法1 徐变位移 d_{c21} (m)	0	0.003 2	0.004 2	0.005 1	0.006 3	0.007 6	0.008 7	0.010 4	0.012	0.013 6	0.014 8	0.015 5	0.016	0.016 3
结构2 方法1 总位移 d_{21} (m)	0.005 5	0.008 7	0.009 7	0.010 6	0.011 8	0.013 1	0.014 2	0.015 9	0.017 5	0.019 1	0.020 3	0.021 0	0.021 5	0.021 8
d_{21}/d_1	0.948 3	0.935 5	0.951 0	0.938 1	0.944 0	0.942 4	0.946 7	0.946 4	0.940 9	0.945 5	0.944 2	0.941 7	0.943 0	0.943 7
结构2 方法2 弹性位移 d_{e22} (m)	0.005 5	0.005 5	0.005 5	0.005 5	0.005 5	0.005 5	0.005 5	0.005 5	0.005 5	0.005 5	0.005 5	0.005 5	0.005 5	0.005 5
结构2 方法2 徐变位移 d_{c22} (m)	0	0.003 1	0.004	0.004 9	0.006 0	0.007 3	0.008 3	0.009 8	0.011 3	0.012 6	0.013 6	0.014 3	0.014 7	0.014 9
结构2 方法2 总位移 d_{22} (m)	0.005 5	0.008 6	0.009 5	0.010 4	0.011 5	0.012 8	0.013 8	0.015 3	0.016 8	0.018 1	0.019 1	0.019 8	0.020 2	0.020 4
d_{22}/d_1	0.948 3	0.924 7	0.931 4	0.920 4	0.920 0	0.920 9	0.920 0	0.910 7	0.903 2	0.896 0	0.888 4	0.887 9	0.886 0	0.883 1
结构2 方法3 弹性位移 d_{e23} (m)	0.005 5	0.005 5	0.005 5	0.005 5	0.005 5	0.005 5	0.005 5	0.005 5	0.005 5	0.005 5	0.005 5	0.005 5	0.005 5	0.005 5
结构2 方法3 徐变位移 d_{c23} (m)	0	0.003 1	0.004 0	0.004 8	0.005 9	0.007 1	0.008 0	0.009 4	0.010 8	0.012 1	0.013 1	0.013 7	0.014 3	0.013 9
结构2 方法3 总位移 d_{23} (m)	0.005 5	0.008 5	0.009 4	0.010 2	0.011 3	0.012 5	0.013 4	0.014 8	0.016 2	0.017 5	0.018 5	0.019 1	0.019 7	0.019 7
d_{23}/d_1	0.948 3	0.914 0	0.921 6	0.902 7	0.904 0	0.899 3	0.893 3	0.881 0	0.871 0	0.866 3	0.860 5	0.856 5	0.864 0	0.852 8

注:方法3的计算结果取截面同一高程处所有节点的平均值。

结构 3 和结构 4 的悬臂端竖向位移

表 4.2-3

施工阶段编号		1	2	3	4	5	6	7	8	9	10	11	12	13	14
阶段时间长 Δt(d)		0	3	4	7	14	28	34	90	180	360	720	1 440	2 880	5 760
阶段结束时时间 t(d)		0	3	7	14	28	56	90	180	360	720	1 440	2 880	5 760	11 520
结构 3	弹性位移 d_{e3} (m)	0.009 3	0.009 3	0.009 3	0.009 3	0.009 3	0.009 3	0.009 3	0.009 3	0.009 3	0.009 3	0.009 3	0.009 3	0.009 3	0.009 3
	徐变位移 d_{c3} (m)	0	0.005 5	0.007 1	0.008 7	0.010 6	0.012 9	0.014 7	0.017 5	0.020 4	0.023 0	0.025 0	0.026 3	0.027 1	0.027 6
	总位移 d_3 (m)	0.009 3	0.014 8	0.016 4	0.018 0	0.019 9	0.022 2	0.024 0	0.026 8	0.029 7	0.032 3	0.034 3	0.035 6	0.036 4	0.036 9
结构 4 方法 1	弹性位移 d_{e41} (m)	0.008 1	0.008 1	0.008 1	0.008 1	0.008 1	0.008 1	0.008 1	0.008 1	0.008 1	0.008 1	0.008 1	0.008 1	0.008 1	0.008 1
	徐变位移 d_{c41} (m)	0	0.004 8	0.006 2	0.007 5	0.009 3	0.011 3	0.012 8	0.015 3	0.017 8	0.02	0.021 8	0.022 9	0.023 6	0.024
	总位移 d_{41} (m)	0.008 1	0.012 9	0.014 3	0.015 7	0.017 4	0.019 4	0.020 9	0.023 4	0.025 9	0.028 1	0.029 9	0.031	0.031 7	0.032 1
	d_{41}/d_3	0.871 6	0.871 0	0.872 0	0.872 2	0.874 3	0.873 9	0.870 8	0.873 0	0.872 0	0.870 0	0.871 7	0.870 8	0.870 9	0.869 9
结构 4 方法 2	弹性位移 d_{e42} (m)	0.008 1	0.008 1	0.008 1	0.008 1	0.008 1	0.008 1	0.008 1	0.008 1	0.008 1	0.008 1	0.008 1	0.008 1	0.008 1	0.008 1
	徐变位移 d_{c42} (m)	0	0.004 5	0.005 7	0.007 0	0.008 4	0.010 0	0.011 4	0.013 0	0.015 3	0.017 0	0.018 2	0.019 0	0.019 5	0.019 8
	总位移 d_{42} (m)	0.008 1	0.012 6	0.013 8	0.015 1	0.016 5	0.018 1	0.019 5	0.021 5	0.023 4	0.025 1	0.026 3	0.027 1	0.027 6	0.027 9
	d_{42}/d_3	0.871 0	0.851 4	0.841 5	0.838 9	0.829 1	0.819 8	0.812 5	0.802 2	0.787 9	0.777 1	0.766 8	0.761 2	0.758 2	0.756 1
结构 4 方法 3	弹性位移 d_{e43} (m)	0.008 1	0.008 1	0.008 1	0.008 1	0.008 1	0.008 1	0.008 1	0.008 1	0.008 1	0.008 1	0.008 1	0.008 1	0.008 1	0.008 1
	徐变位移 d_{c43} (m)	0	0.004 4	0.005 5	0.006 6	0.007 9	0.009 5	0.010 6	0.012 3	0.014 0	0.015 5	0.016 6	0.017 3	0.017 8	0.018 0
	总位移 d_{43} (m)	0.008 1	0.012 3	0.013 4	0.014 5	0.015 8	0.017 4	0.018 5	0.020 2	0.021 9	0.023 4	0.024 5	0.025 2	0.025 7	0.025 9
	d_{43}/d_3	0.871 0	0.831 1	0.817 1	0.805 6	0.794 0	0.783 8	0.770 8	0.753 7	0.737 4	0.724 5	0.714 3	0.707 9	0.706 0	0.701 9

注：方法 3 的计算结果取截面同一高程处所有节点的平均值。

第4章 结构设计基本规定

表 4.2-4 结构 2 的根部轴力和应力

施工阶段编号		1	2	3	4	5	6	7	8	9	10	11	12	13	14
阶段时间长 Δt(d)		0	3	4	7	14	28	34	90	180	360	720	1 440	2 880	5 760
阶段结束时时间 t(d)		0	3	7	14	28	56	90	180	360	720	1 440	2 880	5 760	11 520
根部轴力和应力	结构 2 方法 1	混凝土应力 σ_{c21} (MPa)	9.430	9.430	9.430	9.430	9.430	9.430	9.430	9.430	9.430	9.430	9.430	9.430	9.430	9.430
		混凝土轴力 N_{s21} (kN)	3 724.63	3 724.63	3 724.63	3 724.63	3 724.63	3 724.63	3 724.63	3 724.63	3 724.63	3 724.63	3 724.63	3 724.63	3 724.63	3 724.6
		钢筋应力 σ_{s21} (MPa)	54.629	79.530	86.681	93.969	102.773	113.214	121.265	133.988	146.910	158.538	167.573	173.646	177.279	179.288
		钢筋轴力 N_{s21} (kN)	68.669	99.970	108.959	118.120	129.186	142.311	152.431	168.424	184.666	199.283	210.640	218.274	222.840	225.366
	结构 2 方法 2	混凝土应力 σ_{c22} (MPa)	9.430	9.134	9.052	8.969	8.869	8.753	8.664	8.525	8.386	8.263	8.169	8.107	8.070	8.049
		混凝土轴力 N_{s22} (kN)	3 724.53	607.63	575.63	542.43	502.93	457.13	421.93	367.03	312.13	263.63	226.43	201.93	187.3	3 179.0
		钢筋应力 σ_{s22} (MPa)	54.709	77.893	84.343	90.858	98.650	107.798	114.754	125.637	136.512	146.140	153.511	158.412	161.321	162.918
		钢筋轴力 N_{s22} (kN)	68.933	98.145	106.272	114.482	124.299	135.826	144.590	158.302	172.005	184.136	193.424	199.600	203.264	205.277
	结构 2 方法 3	混凝土应力 σ_{c23} (MPa)	9.430	9.109	9.021	8.931	8.824	8.698	8.602	8.453	8.304	8.172	8.072	8.004	7.943	7.942
		混凝土轴力 N_{s23} (kN)	3 772.0	3 643.63	608.23	572.43	529.63	479.23	440.83	381.23	321.63	268.83	228.83	201.63	177.23	176.8
		钢筋应力 σ_{s23} (MPa)	45.345	70.844	77.917	85.056	93.594	103.598	111.202	123.087	134.948	145.433	153.451	158.773	163.677	163.677
		钢筋轴力 N_{s23} (kN)	56.998	89.050	97.942	106.916	117.648	130.223	139.782	154.720	169.630	182.810	192.887	199.578	205.742	205.742

注:混凝土应力取截面上缘的应力,方法 3 的计算结果取截面同一高程处所有节点的平均值。

结构 4 的根部弯矩和应力

表 4.2-5

施工阶段编号		1	2	3	4	5	6	7	8	9	10	11	12	13	14
阶段时间长 $\Delta t(d)$		0	3	4	7	14	28	34	90	180	360	720	1 440	2 880	5 760
阶段结束时间 $t(d)$		0	3	7	14	28	56	90	180	360	720	1 440	2 880	5 760	11 520
结构4 方法1	混凝土应力 σ_{c41} (MPa)	1.046	1.046	1.046	1.046	1.046	1.046	1.046	1.046	1.046	1.046	1.046	1.046	1.046	1.046
	混凝土弯矩 M_{c41} (kN·m)	67.630	67.630	67.630	67.630	67.630	67.630	67.630	67.630	67.630	67.630	67.630	67.630	67.630	67.630
	钢筋应力 σ_{s41} (MPa)	6.775	9.113	9.783	10.465	11.289	12.267	13.020	14.212	15.421	16.510	17.356	17.924	18.264	18.452
	钢筋弯矩 M_{s41} (kN·m)	6.098	8.202	8.805	9.419	10.160	11.040	11.718	12.791	13.879	14.859	15.620	16.132	16.438	16.607
结构4 方法2	混凝土应力 σ_{c42} (MPa)	1.047	0.978	0.959	0.941	0.919	0.894	0.875	0.846	0.817	0.793	0.774	0.762	0.755	0.751
	混凝土弯矩 M_{c42} (kN·m)	67.694	63.233	62.005	60.841	59.418	57.802	56.574	54.699	52.824	51.272	50.043	49.267	48.815	48.556
	钢筋应力 σ_{s42} (MPa)	6.782	9.115	9.737	10.359	11.095	11.946	12.583	13.566	14.529	15.363	15.991	16.402	16.643	16.775
	钢筋弯矩 M_{s42} (kN·m)	6.104	8.204	8.763	9.323	9.986	10.751	11.325	12.209	13.076	13.827	14.392	14.762	14.979	15.098
结构4 方法3	混凝土应力 σ_{c43} (MPa)	1.051	0.973	0.953	0.932	0.907	0.879	0.858	0.826	0.794	0.766	0.746	0.732	0.724	0.720
	混凝土弯矩 M_{c43} (kN·m)	70.067	64.867	63.500	62.120	60.487	58.600	57.200	55.033	52.913	51.080	49.707	48.807	48.267	47.987
	钢筋应力 σ_{s43} (MPa)	4.353	6.626	7.230	7.833	8.545	9.368	9.982	10.930	11.856	12.657	13.258	13.651	13.882	14.008
	钢筋弯矩 M_{s43} (kN·m)	9.850	14.992	16.359	17.723	19.334	21.195	22.585	24.730	26.825	28.638	29.998	30.887	31.409	31.695

注:混凝土应力取截面上缘的应力,方法3 的计算结果截面同一高程处所有节点的平均值。

【例4-2】 某两跨连续梁,跨径布置为 $2\times 20\mathrm{m}$,截面尺寸、钢筋布置、材料特性和环境相对湿度与[例4-1]相同(图4.2-4、图4.2-5)。仅考虑结构自重,其重度取 $26\mathrm{kN/m^3}$。每跨主梁的单元划分为 $8\times 2.5=20\mathrm{m}$,计算方案:

1)无钢筋;

2)有钢筋。

两个方案计算时均只考虑自重荷载作用,分14个阶段计算,各阶段时间划分与[例4-1]相同,计算的结果列于表4.2-6。

第5节点平面空间计算结果对比 表4.2-6

	阶段号	1			14			14阶段与1阶段差值(收缩徐变增量)	
	阶段时间 $t-t_0(\mathrm{d})$	0			5 760				
	计算方案	无钢筋	有钢筋	比值	无钢筋	有钢筋	比值	无钢筋	有钢筋
平面	下缘混凝土应力 $\sigma_{ct}(\mathrm{MPa})$	-3.900	-3.402	1.15	-3.945	-2.949	1.34	-0.045	0.452
	上缘混凝土应力 $\sigma_{cb}(\mathrm{MPa})$	3.900	3.402	1.15	3.945	1.815	2.17	0.045	-1.586
	竖向位移 $d_y(\mathrm{m})$	-0.007 7	-0.006 6	1.17	-0.029 8	-0.021 4	1.39	-0.022	-0.015
空间	下缘混凝土应力 $\sigma_{ct}(\mathrm{MPa})$	-3.908	-3.391	1.15	-3.911	-2.987	1.31	-0.003	0.404
	上缘混凝土应力 $\sigma_{cb}(\mathrm{MPa})$	3.908	3.391	1.15	3.911	1.706	2.29	0.003	-1.685
	竖向位移 $d_y(\mathrm{m})$	-0.007 7	-0.006 7	1.15	-0.030 8	-0.020 9	1.47	-0.023	-0.014

计算结果表明:

1)无钢筋的情况下,混凝土徐变只有超静定约束引起的结构内力重分布。

2)钢筋混凝土结构的徐变受到赘余约束引起的结构内力重分布和截面应力重分布共同作用,使跨中下缘混凝土正应力绝对值减小 0.452MPa(平面模型)和0.404MPa(空间模型)。

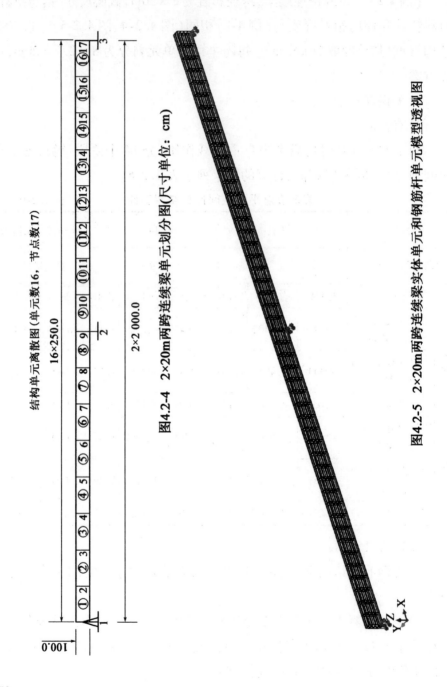

图4.2-4 2×20m两跨连续梁单元划分图(尺寸单位:cm)

图4.2-5 2×20m两跨连续梁实体单元和钢筋杆单元模型透视图

3)从表4.2-6中平面模型和空间模型计算结果的对比中可以看出,两者的位移和上下缘应力基本一致。

【例4-3】 某预应力混凝土连续刚构桥,跨径布置为80m + 125m + 80m(如图4.2-6所示),主梁采用单箱单室箱梁,典型横断面如图4.2-7所示。主梁的混凝土强度等级为 C50 混凝土,$f_{cu,k}$ = 50MPa,f_{ck} = 32.4MPa,弹性模量 $E_c = 3.45 \times 10^4$ MPa;加载龄期 t_0 = 3d,环境相对湿度 RH = 55%;主梁共布置 80 组预应力钢绞线,其抗拉强度标准值 f_{pk} = 1 860MPa,抗拉强度设计值 f_{pd} = 1 260MPa,弹性模量 $E_p = 1.95 \times 10^5$ MPa。

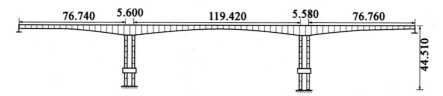

图 4.2-6 跨径布置示意(尺寸单位:m)

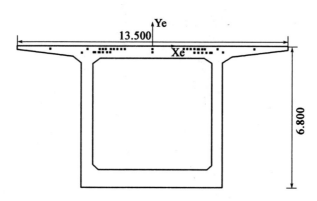

图 4.2-7 支点横断面(尺寸单位:m)

仅考虑结构自重和预应力荷载,其中结构重度取 26kN/m³,预应力张拉控制应力为 1 395MPa。预应力损失的松弛系数为 0.3,孔道摩阻 0.15,孔道偏差 0.001 5,锚具变形 0.006m。

仅取该连续刚构左侧 T 构进行结构计算,简化后的计算模型图如图4.2-8所示。具体的施工阶段划分如表4.2-7。

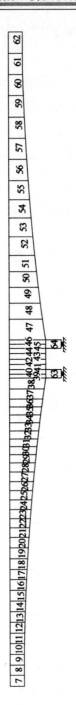

图4.2-8 平面梁单元模型单元划分

第4章 结构设计基本规定

施工阶段划分 　　　　　　　　　　　　　　表4.2-7

阶段号	时间 d	施 工 说 明
1	30	第1阶段施工信息:1阶段　各受力阶段荷载信息;安装单元 A:39-46,63-64;自重单元 Z:39-46,63-64;安装支撑 B:2-3
2	55	第2阶段施工信息:2阶段;安装单元 A:37-38,47;自重单元 Z:37-38,47;钢筋压浆 Y:1;钢筋张拉 L:1
3	70	第3阶段施工信息:3阶段;安装单元 A:35-36,48;自重单元 Z:35-36,48;钢筋压浆 Y:2;钢筋张拉 L:2
4	80	第4阶段施工信息:4阶段;安装单元 A:33-34,49;自重单元 Z:33-34,49;钢筋压浆 Y:3-4;钢筋张拉 L:3-4
5	90	第5阶段施工信息:5阶段;安装单元 A:31-32,50;自重单元 Z:31-32,50;钢筋压浆 Y:5-6;钢筋张拉 L:5-6
6	100	第6阶段施工信息:6阶段;安装单元 A:29-30,51;自重单元 Z:29-30,51;钢筋压浆 Y:7-8;钢筋张拉 L:7-8
7	110	第7阶段施工信息:7阶段;安装单元 A:27-28,52;自重单元 Z:27-28,52;钢筋压浆 Y:9-10;钢筋张拉 L:9-10
8	120	第8阶段施工信息:8阶段;安装单元 A:25-26,53;自重单元 Z:25-26,53;钢筋压浆 Y:11-12;钢筋张拉 L:11-12
9	130	第9阶段施工信息:9阶段;安装单元 A:23-24,54;自重单元 Z:23-24,54;钢筋压浆 Y:13-14;钢筋张拉 L:13-14
10	140	第10阶段施工信息:10阶段;安装单元 A:21-22,55;自重单元 Z:21-22,55;钢筋压浆 Y:15-16;钢筋张拉 L:15-16
11	150	第11阶段施工信息:11阶段;安装单元 A:19-20,56;自重单元 Z:19-20,56;钢筋压浆 Y:17-18;钢筋张拉 L:17-18
12	160	第12阶段施工信息:12阶段;安装单元 A:17-18,57;自重单元 Z:17-18,57;钢筋压浆 Y:19-20;钢筋张拉 L:19-20
13	170	第13阶段施工信息:13阶段;安装单元 A:15-16,58;自重单元 Z:15-16,58;钢筋压浆 Y:21-22;钢筋张拉 L:21-22

续上表

阶段号	时间 d	施 工 说 明
14	180	第14阶段施工信息:14阶段;安装单元A:13-14,59;自重单元Z:13-14,59;钢筋压浆Y:23-24;钢筋张拉L:23-24
15	190	第15阶段施工信息:15阶段;安装单元A:11-12,60;自重单元Z:11-12,60;钢筋压浆Y:25-26;钢筋张拉L:25-26
16	200	第16阶段施工信息:16阶段;安装单元A:9-10,61;自重单元Z:9-10,61;钢筋压浆Y:27-28;钢筋张拉L:27-28
17	210	第17阶段施工信息:17阶段;安装单元A:7-8,62;自重单元Z:7-8,62;钢筋压浆Y:29-30;钢筋张拉L:29-30
18	220	第18阶段施工信息:18阶段
19	230	第19阶段施工信息:19阶段

由圣维南原理,靠近支撑部位(26单元)的应力状态较复杂,该部位采用计算方法2(梁单元模型)和方法3(实体单元模型)的应力结果相差较大,如表4.2-8和图4.2-9。

26单元左端截面应力及挠度　　　　表4.2-8

阶段	方法2(梁单元模型)			方法3(实体模型)		
	上缘应力(MPa)	下缘应力(MPa)	挠度(m)	上缘应力(MPa)	下缘应力(MPa)	挠度(m)
9	3.099	-0.287	-0.002	3.383	-0.252	-0.002
10	4.816	-0.165	-0.004	5.331	-0.167	-0.004
11	5.249	0.429	-0.003	5.878	0.394	-0.003
12	6.525	1.125	-0.003	7.378	1.045	-0.004
13	7.650	1.933	-0.004	8.794	1.776	-0.005
19	6.722	8.397	-0.005	8.500	7.983	-0.006

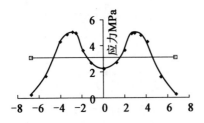

a) 第9阶段截面上缘应力

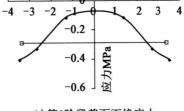

b) 第9阶段截面下缘应力

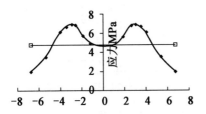

c) 第10阶段截面上缘应力

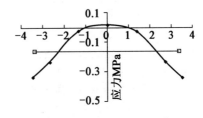

d) 第10阶段截面下缘应力

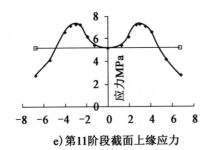

e) 第11阶段截面上缘应力

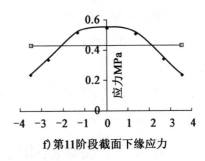

f) 第11阶段截面下缘应力

g) 第12阶段截面上缘应力

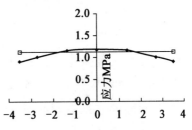

h) 第12阶段截面下缘应力

图 4.2-9

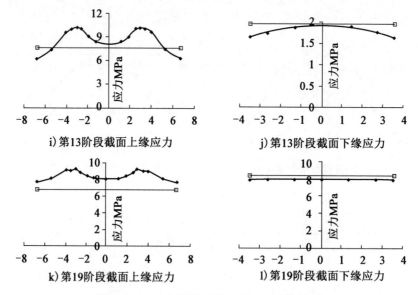

图 4.2-9　26 号单元截面应力计算结果

结果表明：

1）实体单元模型能够反映箱梁的剪力滞效应；

2）梁单元模型的计算结果一般介于实体单元模型计算结果的最小值与最大值；

3）收缩徐变与应力历程相关，前几阶段较小的应力差累计下来可能导致较大的徐变应力差。

4.3　桥梁结构的实用精细化分析方法

4.3.1　技术现状

传统装配式混凝土梁桥的主梁采用纵向竖缝划分桥宽、全跨预制吊装施工，其受力特性满足"浅窄梁"的基本假定：

1）全截面的变形满足平截面假定；

2）构件的剪应力按开口截面的弯曲剪应力取用；

3）忽略翼缘的水平剪应力，仅考虑腹板的竖向剪应力。

箱梁呈现良好的受力特性（整体性好、抗扭刚度大、顶底板受力面积大),适合于各种现代施工方法,具有优越的适用性,是桥梁工程中应用最普遍的主梁形式。在现代桥梁工程中,箱梁呈现结构大型化、体系复杂化的发展趋势,与浅窄梁相比,其空间效应突出:

1)箱梁的腹板间受力分配效应。对于单箱多室箱梁,当荷载按空间分布时,如各腹板的预应力钢束配置不同、汽车荷载的空间分布等,箱梁的变形不再遵循全截面的平截面假定,各个腹板的变形曲率存在差异,即荷载在腹板间的横向分配问题。

2)箱梁的薄壁效应。作为闭口截面,箱梁的剪应力是超静定的,按表4.3-1考虑约束扭转和畸变产生的附加正应力和剪应力。

箱梁的受力特性 表4.3-1

项 目		位移	正 应 力	剪 应 力
纵向弯曲		挠度	纵向正应力	弯曲剪应力
刚性扭转	自由扭转	扭转角	—	自由扭转剪应力
	约束扭转		约束扭转翘曲正应力	约束扭转剪应力
畸变		畸变角	畸变翘曲正应力、横向弯曲正应力	畸变剪应力
横向挠曲		横向框架的挠度	横向弯曲正应力	板厚方向剪应力

3)箱梁的剪力滞效应。对于翼缘较宽的箱梁,在翼缘与腹板交叉处存在着翼缘平面内的横向力和剪力流;在横向力与剪力流作用下,翼缘产生剪切扭转变形;由于剪切变形,远离腹板的翼缘不参与受弯工作,即受压翼缘上的压应力随着离腹板的距离增加而减小,即剪力滞效应。

目前,实际工程广泛采用有限单元法,按单元类型分为:单梁模型、平面梁格模型和实体或板壳模型。

1)单梁模型采用六自由度或三自由度梁单元,借助相关的简化系数进行空间效应近似计算,其实质是把具有复杂空间效应的箱梁截面简化满足平截面假定的一般梁单元。这些简化系数包括横向分布系数、偏载放大系数和有效分布宽度,如表4.3-2。这一简化分析方法存在与结构体系、受力状态不适宜的方面,如表4.3-3。

单梁模型的简化系数　　表4.3-2

简化系数	对应的空间效应	具体含义
横向分布系数	腹板受力分配效应	结构在外荷载作用下某片主梁(腹板)所分配到的最大荷载比例
偏载放大系数	薄壁效应	正应力放大系数 $\lambda_\sigma = \sigma_Z/\sigma_M$,一般取 1.05;剪应力放大系数 $\lambda_\tau = \tau_Z/\tau_M$,一般取 1.15
有效分布宽度	剪力滞效应	采用有效分布宽度,以一个包络值来进行顶板底板的纵向应力验算

注:σ_Z、σ_M 解释见式(6.2-1),τ_Z、τ_M 解释见式(6.2-2)。

单梁模型分析箱梁受力存在的不足　　表4.3-3

简化系数	单梁模型存在的不足
横向分布系数	"横向分布"概念源于每道腹板下均设有支座的多梁式简支梁桥,箱梁桥一般为连续结构且不可能在每道腹板下设置支承,这不符合"横向分布"概念的结构原型及适用条件
偏载放大系数	目前混凝土箱梁桥桥宽一般在 8~16m,设计行车道数目一般为 3~4 个,对部分箱梁桥采用表4.3-2经验系数已明显偏小
有效分布宽度	箱梁桥存在施工过程,在各施工阶段,由于结构体系不同,有效分布宽度是有所差异的;采用有效分布宽度忽略了顶板和底板的水平剪应力,造成箱梁的顶板或底板出现斜裂缝时发生无法判断、无从着手

2)平面梁格模型是将上部结构用一个梁格来等效模拟,将分散在箱梁每一区段内的弯曲刚度和抗扭刚度等效于最邻近的梁格内,实际结构的纵向刚度等效为纵向梁格构件,横向刚度等效为横向梁格构件。从理论上要求:当原型结构和等效梁格承受相同荷载时,两者的挠曲变形相等,每一梁格内的内力与对应的实际结构的内力相等。平面梁格模型能够计算腹板受力分配效应,但在计算薄壁效应和剪力滞效应时存在不足:平面梁格模型通过横向梁格实现荷载横向传递,将箱梁的扭矩换算成腹

板的剪力,部分解决了箱梁腹板的剪力计算问题,但是不能计算箱梁的横向畸变效应和顶底板的面内剪应力,无法准确计算箱梁截面中至关重要的二维主应力。

3)实体或板壳模型可以考虑腹板受力分配效应、薄壁效应、剪力滞及局部荷载效应。但是这种模型的分析结果一方面包含了整体荷载效应和局部荷载效应,两类效应难分离;另一方面受力区域的应力积分得到内力,积分区域需满足平截面假定。

综上所述,三类分析模型在分析箱梁空间效应、匹配《规范》配筋设计方法上存在不足,见表4.3-4。克服上述不足,基于梁单元的实用精细化分析模型,区别于实体或板壳单元分析模型,匹配现有配筋设计方法,体现实用性;较单梁模型和平面梁格模型,其分析结果更为完整,体现精细化,并能够从根源上解释工程实际中存在的问题(如大跨径桥梁开裂问题、剪切配筋问题等)。

三类分析模型的适用性分析　　表4.3-4

项　目	腹板受力分配效应	薄壁效应				剪力滞效应	匹配现行配筋方法
		自由扭转	约束扭转	畸变	横向弯曲		
单梁模型	×	√	×	×	×	×	√
平面梁格模型	√	×	√′	×	×	√	√
实体或板壳模型	√	√	√	√	√	√	×

注:"√"表示考虑,"×"表示不考虑,"√′"表示近似考虑。

4.3.2　基本原理

《规范》新增空间网格模型、折面梁格模型和七自由度单梁模型三种实用精细化分析方法,本节主要从模型建立、截面特性计算、空间效应表达等方面进行阐述。

1)空间网格模型

①模型建立

空间网格模型将箱梁离散成多块板元,每一个板元离散为十字交叉的正交梁格,以十字交叉纵横梁的刚度等代板元的刚度,这样,箱梁就由多张等效板元的"网格"表达。图4.3-1为一个单箱单室箱梁的网格模型。

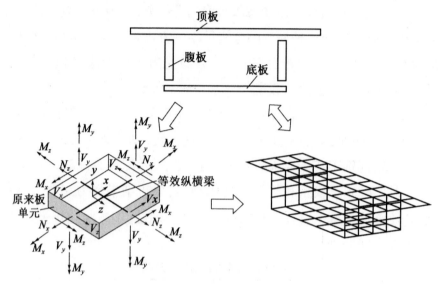

图4.3-1 空间网格模型示意

建立空间网格模型时,一般考虑结构形式(几何尺寸变化)、受力特性(关注的受力部位)和施工方案(施工顺序及时间)等因素进行截面划分。其中,箱梁的顶板和底板均进行划分,其腹板视情况进行划分(腹板受力满足平截面假定,可根据计算效率决定是否需要划分),如图4.3-2所示。截面划分后,结构的整体受力转化为各"划分梁"的受力,如结构的弯矩转化为顶板和底板划分梁的轴力,与板壳模型受力特性类似。

②截面特性计算

按图4.3-2离散的空间网格模型中,"划分梁"截面主要有三种:腹板截面、腹板划分截面、顶底板划分截面,如图4.3-3所示。这些截面特性计算与传统梁单元截面特性计算一致,由离散后实际截面尺寸计算。

以图4.3-4的矩形截面为例,说明网格模型的截面特性计算方法:

第4章 结构设计基本规定

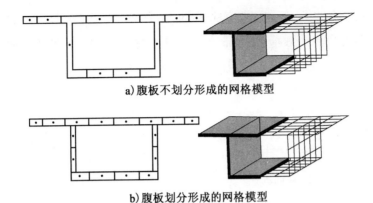

a) 腹板不划分形成的网格模型

b) 腹板划分形成的网格模型

图 4.3-2 空间网格模型的截面划分示意

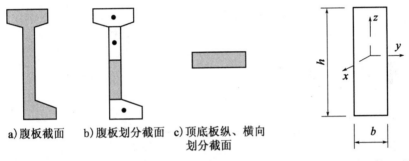

a) 腹板截面　b) 腹板划分截面　c) 顶底板纵、横向划分截面

图 4.3-3 空间网格模型常用截面　　图 4.3-4 矩形截面的截面特性计算示意

轴向面积 　　　　　　　$A_x = bh$ 　　　　　　　　　（4.3-1）

剪切面积 　　　　　　　$A_y = A_z = bh$ 　　　　　　 （4.3-2）

抗弯惯矩 　　　　　$I_z = \dfrac{b^3 h}{12}; I_y = \dfrac{bh^3}{12}$ 　　　　　（4.3-3）

抗扭惯矩 　　　$I_T = \dfrac{4 I_z I_y}{\beta(I_z + I_y)}; \beta = 1.3 \sim 1.6$ 　　（4.3-4）

③空间效应表达

空间网格模型将结构的轴弯剪扭复合受力效应，转换为满足平截面假定的划分梁单元(顶板、底板、腹板)的受力，由划分梁单元的受力叠加

得到关注部位的正应力、剪应力和主应力分布,这样可以完整体现表4.3-1中荷载的整体效应和局部效应。其中,偏载作用下箱梁的横向效应(框架效应和畸变效应)可以由横向梁单元的应力结果表达,如图4.3-5所示。

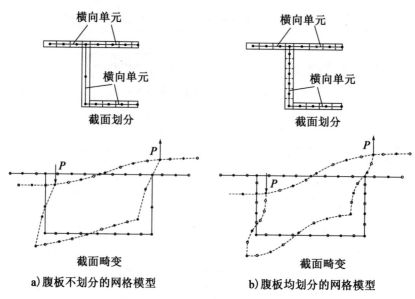

图4.3-5 网格模型中箱梁的畸变变形示意

a)腹板受力分配效应

如前所述,腹板受力分配效应是指结构在外荷载作用下某片主梁(腹板)所分配到的最大荷载比例,一般采用横向分布系数来简化分析。空间网格模型中,箱梁截面已经离散为各个划分截面,各纵横梁为刚性连接。原来作用在整个箱梁截面上荷载通过横向的传递,依据各划分截面自身的刚度分配各个腹板上,不需要借用横向分布系数。

以截面上的剪力及扭矩为例,荷载传递过程中,考虑了顶底板面内抗剪贡献(整个截面的剪力流闭合),箱梁各个腹板按照各自截面的刚度分配到相应的剪力(扭矩也转化为腹板的剪力)。同理,这种荷载分配过程也适用于其他简化模型所不能反映的箱梁变形,如腹板内外温差、横向预应力张拉等引起的框架变形。

b) 薄壁效应

剪应力超静定是薄壁效应的主要特征,空间网格模型将截面的剪力和扭矩转化为划分梁单元(顶板、底板及腹板)的剪力,顶底板弯曲剪力流的零点位置、约束扭转剪力流和畸变剪力流的零点位置可以计算确定,以精确反映剪扭效应的剪力流。空间网格模型的剪应力分布采用"阶梯"型应力(在划分梁宽度范围内剪应力不发生变化)分布模拟连续型应力分布,如图4.3-6所示。

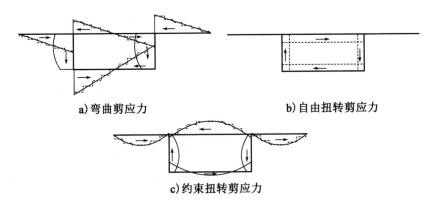

图 4.3-6 空间网格模型的剪应力采用阶梯状表达

c) 剪力滞效应

空间网格模型将顶板、底板划分得较密,可以精确计算整体效应的正应力,真实反映箱梁截面的剪力滞效应。以图4.3-7的单箱单室箱梁为例,网格模型中划分梁的正应力沿其宽度呈直线分布,各个划分梁的正应力连线呈现"阶梯"型,即由"阶梯"型应力分布模拟连续型应力分布。

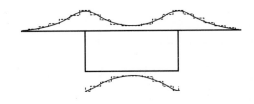

图 4.3-7 空间网格模型的剪力滞效应示意

2）折面梁格模型

①模型建立

折面梁格模型将箱梁离散为单层的格构式梁单元模型，箱梁截面是以垂直于截面主轴方向的切割线划分的，各划分梁按相应截面的形心位置布置；由于各划分梁的形心一般不在一个平面上，该单层梁格实际上是一个折面；图4.3-8为一个单箱多室箱梁的折面梁格模型。

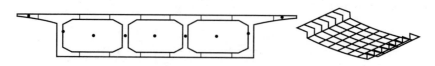

图4.3-8 折面梁格模型示意

平面梁格模型对截面进行划分时，需每个划分梁的中性轴与原截面中性轴一致。折面梁格模型不需要遵循该原则，其切割线的布置按结构形式（几何尺寸变化）、受力特性（关注的受力部位）和施工方案（施工顺序及时间）等因素确定；当出现图4.3-11的二字型梁时，由于划分梁所处位置与其在原结构中的位置吻合，其符合原结构受力特性，并且能够合理分配荷载。平面梁格对切割线布置要求严苛，它可以看作是折面梁格的一种特例。

折面梁格模型通过截面划分的疏密程度，反映了空间效应表达的精细化程度。单箱多室箱梁采用图4.3-9的致密划分时，折面梁格模型已考虑剪力滞效应；当采用图4.3-10的稀疏划分，尚需要额外考虑剪力滞效应。

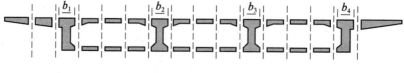

图4.3-9 截面的致密划分可直接表达剪力滞效应

②截面特性计算

折面梁格模型中，"划分梁"截面主要有四种：边腹板截面、二字型截面、翼缘板截面、工字型截面,如图4.3-11所示。这些截面特性计算与传统梁单元截面特性计算一致,采用离散后实际截面尺寸,按式(4.3-1)~式(4.3-4)计算。

图4.3-10 截面的稀疏划分无法直接表达剪力滞效应

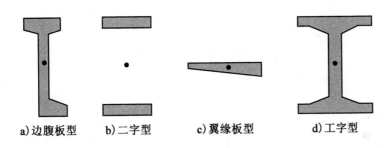

图4.3-11 折面梁格模型常用划分截面

③空间效应表达

折面梁格模型着重面向一维的弯剪受力,其优势在于能够精确反映截面上正应力的差异,但无法精确分析二维的扭转、横向变形等受力。划分截面时,箱梁的顶板、底板视为一体,这样折面梁格模型无法得到顶板和底板的横向变形及受力情况。折面梁格模型将截面的扭转转换为腹板的剪力,并按开口截面计算腹板处由剪力产生的竖向剪应力,进而验算腹板的主应力,忽略了约束扭转和箱梁畸变在腹板处产生的剪应力,且无法得到顶板和底板的弯曲剪力流,无法验算顶板和底板的主应力。

a)腹板受力分配效应

折面梁格模型中,箱梁截面沿截面横向离散为多个划分截面,原来作用在整个箱梁截面上的荷载效应通过各个划分截面的自身刚度传递分配,分配到相应的荷载。多腹板宽箱梁桥进行梁格分析,可以计算得到各道腹板的荷载分配,不需要借用横向分布系数。

由于箱梁顶底板并未单独分割,在荷载(轴、弯、剪、扭)传递过程中,无法考虑顶底板的抗剪(抗扭)贡献,竖向剪力按照各带腹板截面的剪切面积分配,扭矩按照距离整个截面的扭转中心的距离转换为分配到各个腹板上的剪力。在梁格模型分析中,无法反映如腹板内外温差、横向预应力张拉等引起的框架变形。

b) 薄壁效应

图 4.3-12 的单箱多室截面离散成折面梁格模型时,很难把握顶底板弯曲剪力流的零点位置,即顶底板弯曲剪力流计算结果是不准确的。同时,箱梁的约束扭转剪力流和畸变剪力流并不像自由扭转剪力流那么规则,即使梁格划分得很致密,也无法求出约束扭转剪力流和畸变剪力流的零点位置和变化趋势。

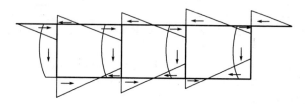

图 4.3-12　单箱三室箱梁的弯曲剪力流

c) 剪力滞效应

折面梁格模型在划分纵梁时,增加二字型梁,使得纵梁划分更致密,可以得到一个阶梯形的正应力分布,以考虑剪力滞效应。单箱单室箱梁按折面梁格模型计算得到的截面正应力分布如图 4.3-13 所示,可以完整地表现顶底板的剪力滞效应。

3) 七自由度单梁模型

① 模型建立

七自由度单梁模型采用七自由度梁单元分析箱梁受力,七自由度梁单元在六自由度梁单元基础上增加了第七个自由度——反映翘曲程度的广义参数,以精确计算受扭截面的自由扭转剪应力、约束扭转剪应力以及约束扭转引起的翘曲正应力。

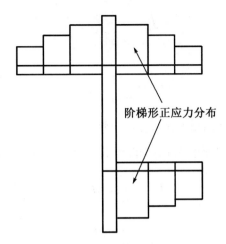

图 4.3-13　折面梁格模型的剪力滞效应示意

②截面特性计算

七自由度梁单元的截面特性及构件内力按薄壁杆件计算,以图 4.3-14 的箱梁为例,典型计算步骤如下:

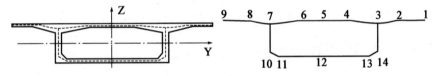

图 4.3-14　单室箱梁截面的七自由度框架示意

a) 计算截面形心坐标和过形心两个主轴的惯性矩 I_y 和 I_z;

b) 在 5 号点将箱梁切开,以逆时针方向为正,求箱梁静矩;悬臂端部 (1 点和 9 点)的静矩为零,悬臂根部(7 点和 3 点)的静矩按受力平衡方程计算。

c) 求出截面封闭部分的 $\oint \frac{S_y}{I_y} \frac{ds}{t}$、$\oint \frac{ds}{t}$ 和 $\oint \frac{S_z}{I_z} \frac{ds}{t}$,从而求出与截面弯曲剪力流分布相关的项。

d) 按式(4.3-5)和式(4.3-6)求出截面开口部分抗扭惯矩 J_{dk}、闭口部分的抗扭惯矩 J_{db} 和自由扭转常数 R,从而求出与截面自由扭转剪力流分布相关的项。

$$J_{db} = \frac{\Omega^2}{\oint \frac{ds}{t}} \qquad (4.3\text{-}5)$$

$$J_{dk} = \sum_{i=1}^{n} \frac{1}{3} b_i t_i^3 \qquad (4.3\text{-}6)$$

e)按式(4.3-7)求出截面的翘曲惯性矩 J_ϕ，式(4.3-8)求出 J_ρ，根据式(4.3-9)和式(4.3-10)得出相应的翘曲参数 f 和扭转角 θ。

$$J_\phi = \int_F \phi^2 dF \qquad (4.3\text{-}7)$$

$$J_\rho = \oint_F \rho^2 dF \qquad (4.3\text{-}8)$$

$$(1-\mu)\frac{d\theta}{dz} - (1-\mu)f + \frac{EJ_\phi}{GJ_\rho}\frac{d^2 f}{dz^2} = 0 \qquad (4.3\text{-}9)$$

$$\frac{d^3 f}{dz^3} - \lambda^2 \frac{df}{dz} = (1-\mu)\frac{m}{EJ_\phi} = \lambda^2 \frac{m}{GJ_d} \qquad (4.3\text{-}10)$$

f)按式(4.3-11)至式(4.3-13)依次求出相应的约束扭转扭矩、约束扭转剪力流、约束扭转剪应力。

$$M^r = -EJ_\phi \frac{d^2 f}{dz^2} \qquad (4.3\text{-}11)$$

$$q^r = \frac{M^r \bar{S}_\phi}{J_\phi} \qquad (4.3\text{-}12)$$

$$\tau^r = \frac{M^r \bar{S}_\phi}{J_\phi \delta} \qquad (4.3\text{-}13)$$

最终，可以得到七自由度单梁模型中箱梁截面的弯曲剪力流、自由扭转剪力流和约束扭转剪力流的公式，如下所示：

$$q_M = V_y \left(\frac{S_z}{I_z} - \frac{\oint \frac{S_z}{I_z} \frac{ds}{t}}{\oint \frac{ds}{t}} \right) + V_z \left(\frac{S_y}{I_y} - \frac{\oint \frac{S_y}{I_y} \frac{ds}{t}}{\oint \frac{ds}{t}} \right)$$

$$q_k^u = M^u \frac{J_{dk}}{J_{dk}+J_{db}} \cdot \frac{t^2}{J_{dk}}$$

$$q_b^u = M^u \frac{J_{db}}{J_{dk}+J_{db}} \cdot \frac{R}{J_{db}}$$

$$q^r = \frac{M^r}{J_\phi}\bar{S}_\phi \qquad (4.3\text{-}14)$$

在上述计算公式中,弯曲剪力流、自由扭转剪力流和约束扭转剪力流都可采用变量分离的方法,即除了 V_y、V_z、M_u、M_r 以外,其他参数都只与横截面的特性有关。只有先通过计算横截面特性,得到式(4.3-14)中所有右边的项,然后通过有限元计算得到各项内力,最后将两者结合起来,才能解决薄壁箱梁的剪力流计算问题。

最终,截面上各点的应力计算如下式所示:

正应力 $\qquad \sigma = \dfrac{N}{A} + \dfrac{M_y}{I_y}z + \dfrac{M_z}{I_z}y + \dfrac{B_\varphi}{J_\varphi}\varphi \qquad (4.3\text{-}15)$

剪应力 $\qquad \tau = \tau_M + \tau_k^u + \tau_b^u + \tau^r \qquad (4.3\text{-}16)$

正应力表达式中前三项为六自由度梁单元的正应力,第四项为翘曲力矩(约束扭转双力矩)引起的正应力;剪应力表达式中,第一项为弯曲剪应力,第二、三项为开口截面自由扭转剪应力,第四项为约束扭转剪应力。七自由度梁单元分析结果中,截面上的扭矩分解为自由扭转扭矩和约束扭转扭矩,并分别计算各自的应力。

③空间效应表达

七自由度单梁模型,能够得到箱梁截面整体的轴力、弯矩、剪力、扭矩(包括自由扭转和约束扭转)、翘曲双力矩等效应,可以直接得到表4.3-1中由轴力、弯矩及翘曲双力矩引起的正应力。但由于单梁模型中截面为一个整体,顶板和底板的横向受力情况无法得到,七自由度单梁模型截面得到的单箱单室箱梁正应力分布如图4.3-15所示。在计算截面特性时,顶板、底板、腹板划分为多个截面元,这样得到能够完整体现荷载整体效应的正应力和剪应力分布,进而得到规范验算应力表中腹板的主应力及顶板、底板的主应力。

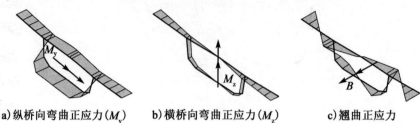

a) 纵桥向弯曲正应力(M_y)　　b) 横桥向弯曲正应力(M_z)　　c) 翘曲正应力

图 4.3-15　七自由度单梁模型的正应力分布示意

a) 腹板受力分配效应

七自由度单梁模型中,箱梁截面仍然是作为一个整体进行受力分析,不能考虑各道腹板的荷载分配,需要借用横向分布系数的概念。分析得到的是整个箱梁截面上的荷载效应(轴、弯、剪、扭、翘曲双力矩),通过截面特性的计算,把各个内力效应对应的应力真实地反映到箱梁的顶板、底板、腹板上。

b) 薄壁效应

七自由度单梁模型,细化箱梁截面划分、采用薄壁构件理论计算截面特性,由内力分析得到截面上的轴弯剪扭效应,精确计算顶底板的弯曲剪力流的零点位置、约束扭转剪力流和畸变剪力流的零点位置,进而得到整个截面任意位置在不同荷载下的剪应力分布,七自由度单梁模型得到的单箱单室箱梁剪应力分布如图 4.3-16 所示。

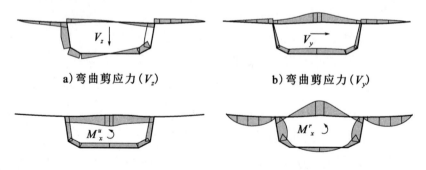

a) 弯曲剪应力(V_z)　　　　　　　　b) 弯曲剪应力(V_y)

c) 自曲扭转剪应力(M_x^u)　　　　　d) 约束扭转剪应力(M_x^r)

图 4.3-16　七自由度单梁模型的剪应力分布示意

c)剪力滞效应

七自由度单梁模型不能直接考虑剪力滞效应。剪力滞效应较大的箱梁,需要通过有效宽度考虑剪力滞效应。

4)小结

三种实用精细化分析方法的适用性对比见表4.3-5。其中,空间网格模型是最为全面的实用精细化模型,能够全面反映箱梁的空间受力效应,得到表4.3-1的全部技术指标,但其计算规模较大。折面梁格模型着重面向一维的弯剪受力,其优势在于能够精确反映截面上正应力的差异,但无法精确分析二维的扭转、横向变形等受力,仅得到表4.3-1中由纵向弯曲和自由扭转产生的技术指标,其计算规模适中,适用于宽箱梁桥的纵、横梁分析,在薄壁效应显著的弯桥分析中受限。七自由度单梁模型采用薄壁杆件理论,将扭转效应分离成自由扭转和约束扭转,适用于薄壁效应显著的弯箱梁分析,但无法直接计算剪力滞效应、横向变形和受力情况。

三类分析模型的适用性分析　　　　表4.3-5

项目	腹板受力分配效应	薄壁效应				剪力滞效应	计算模型规模
		自由扭转	约束扭转	畸变	横向弯曲		
空间网格模型	√	√	√	√	√	√	大
折面梁格模型	√	×	√̃	×	×	√	中
七自由度单梁模型	×	√	√	×	×	×	小

注:"√"表示考虑," ×"表示不考虑,"√̃"表示近似考虑。

4.3.3　应用示例

【例4-4】　某简支箱梁桥,跨径为40m,截面尺寸如图4.3-17所示,箱梁重度取$25kN/m^3$,承受反对称的均布线荷载$q=100kN/m$作用。

1)计算模型

由于箱梁截面的对称性,仅示意半幅截面的空间网格模型,如图

4.3-18 所示。顶板离散为 10 个纵向划分梁,编号 T1～T10。底板离散为 5 个纵向划分梁,编号 B1～B5。腹板模拟为一个纵向划分梁,编号 W1。腹板单元和顶底板单元通过竖向杆件联系。

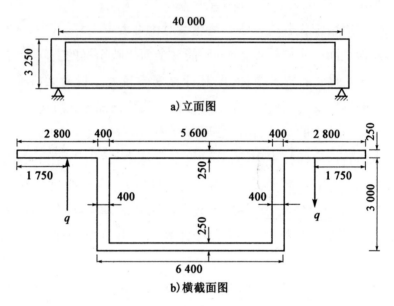

图 4.3-17　简支箱梁(尺寸单位:mm)

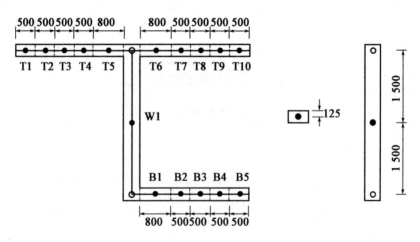

图 4.3-18　空间网格模型中截面划分示意(尺寸单位:mm)

2) 计算结果

空间网格模型和板壳单元模型(采用 ANSYS 程序 shell63 单元模拟)得到的结构自重和反对称荷载 q 下的变形情况如图 4.3-19 ~ 图 4.3-21 所示。

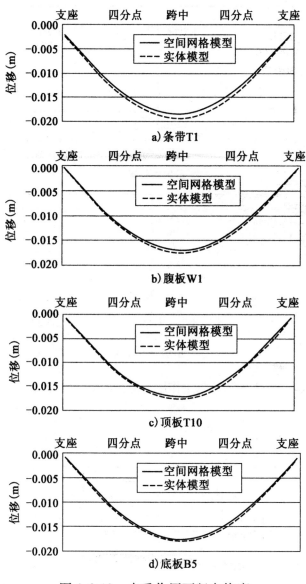

图 4.3-19 自重作用下竖向挠度

结果表明:两种模型对应的位移结果几乎重合,空间网格模型能够精确模拟结构的刚度。

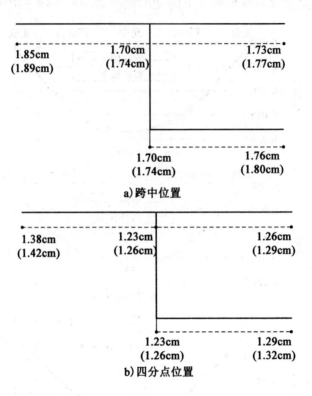

图 4.3-20 自重作用下横截面的竖向挠度

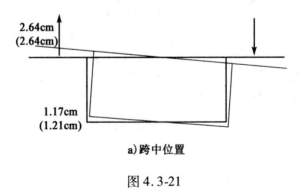

a) 跨中位置

图 4.3-21

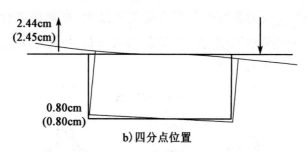

b) 四分点位置

图 4.3-21　反对称荷载作用下横截面的竖向变形

空间网格模型和板壳单元模型得到的结构自重和反对称荷载 q 下的截面正应力分布如图 4.3-22～图 4.3-24 所示，其中板壳单元模型的计算结果取距顶板上缘、底板下缘 0.125m 位置的正应力。

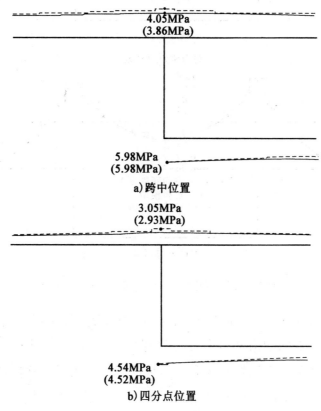

图 4.3-22　箱梁横截面正应力

77

结果表明:正应力在腹板与翼缘交接处最大,在翼板悬臂端部及箱梁中心处最小;空间网格模型的结果呈阶梯状分布,板壳单元模型的结果成连续状分布,两者基本一致。

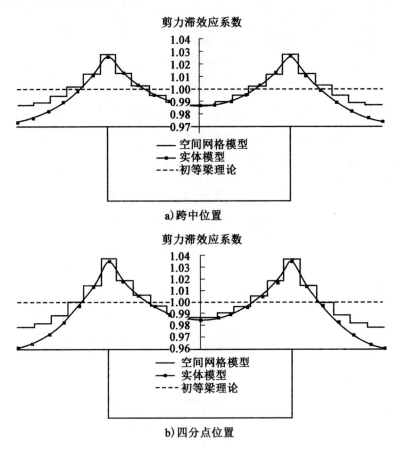

图4.3-23 箱梁顶板的剪力滞效应系数

在局部荷载作用下,荷载通过翼缘的局部弯曲传递到邻近的翼缘板,以共同承担。空间网格模型中,局部弯曲应力通过纵向或横向划分梁单元的应力来体现。在结构自重和反对称荷载 q 下的局部横向弯曲应力分布如图4.3-25、图4.3-26所示。结果表明:空间网格模型与板壳单元模型的结果基本一致。

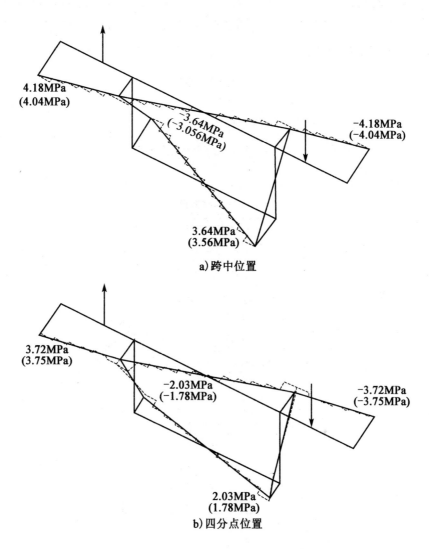

图 4.3-24 箱梁截面的翘曲正应力分布

空间网格模型和板壳单元模型得到的结构自重和反对称荷载 q 下的截面剪应力分布如图 4.3-27 所示。结果表明：空间网格模型的结果呈阶梯状分布，板壳单元模型的结果成连续状分布，两者基本一致。

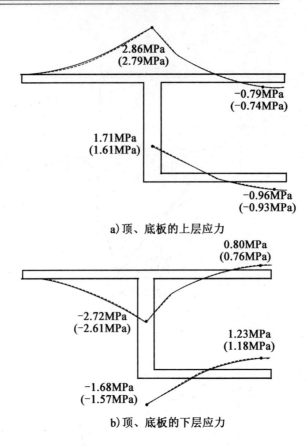

a) 顶、底板的上层应力

b) 顶、底板的下层应力

图 4.3-25 自重作用下四分点的横向弯曲应力分布

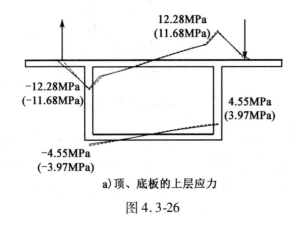

a) 顶、底板的上层应力

图 4.3-26

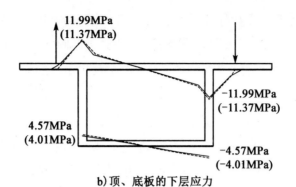

b) 顶、底板的下层应力

图 4.3-26　反对称荷载作用下四分点的横向弯曲应力分布

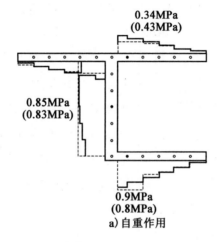

a) 自重作用

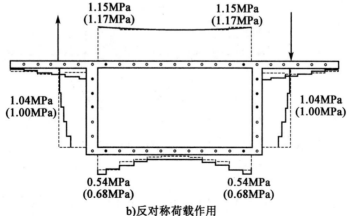

b) 反对称荷载作用

图 4.3-27　四分点位置的剪应力分布

在自重荷载和反对称荷载作用下,两种模型预测的位移、正应力、剪应力分布都非常接近,即空间网格模型真实地反映了箱梁的空间受力特征。空间网格模型可以得到完整的验算应力和单元杆端内力,可以直接应用于配筋设计。

【例4-5】 某三跨四索面矮塔斜拉桥,跨径为85m+145m+85m,立面布置图如图4.3-28所示。上部结构全宽43m,按双向6车道布置。主梁采用变截面预应力混凝土箱梁,半幅为单箱四室,横断面尺寸如图4.3-29所示。主梁梁高3.0~5.0m(桥塔布局范围5.0m、其余3.0m、中间设置折线形过渡段),顶板厚0.28m、设1.5%双向横坡,底板厚0.25m、在桥塔根部局部范围加厚至0.40m,腹板厚0.50m。每幅桥在主桥桥端设置宽度为2.0m的端横梁、在桥塔根部设置宽度为3.5m的桥塔横梁,增强桥梁的整体稳定;在斜拉索下吊点处设置宽度为0.5m的横隔板(间距7.5m)。全桥共计六个主塔,顺桥向两排,横桥向并列三个;主塔采用竖直塔形式,塔高20m(塔顶至混凝土主梁结构上表面);主塔采用等截面矩形,顺桥向尺寸为3.0m,横桥向尺寸为3.0m(中塔)和2.5m(边塔)。各索面斜拉索均呈扇形布置,边主塔为单索面、中主塔为双索面。采用满堂支架现浇主梁,拉索全部张拉后拆除支架。

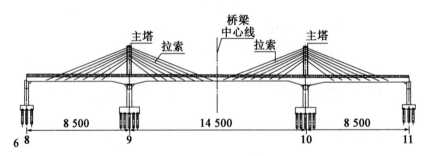

图4.3-28 主桥立面布置图(尺寸单位:cm)

1)计算模型

分别建立该桥的鱼骨梁模型和折面梁格模型。其中鱼骨梁模型(图4.3-30)采用单梁模型分析箱梁受力,主梁与斜拉索的联系通过主梁横向

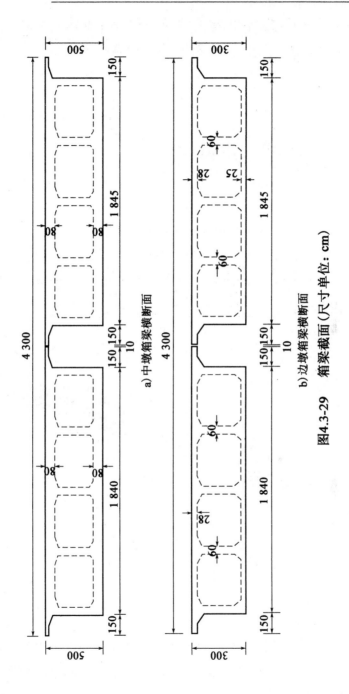

图4.3-29 箱梁截面(尺寸单位: cm)

伸出的刚性梁单元与斜拉索单元连接模拟。折面梁格模型按图4.3-31进行箱梁截面离散,建立图4.3-32的计算模型。

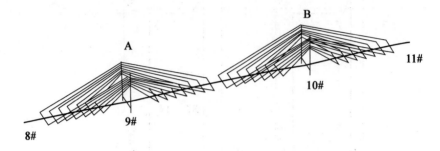

图4.3-30 单幅桥的鱼骨梁模型

图4.3-31 折面梁格模型截面划分示意

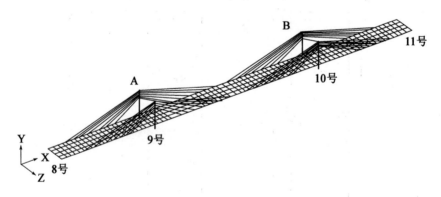

图4.3-32 单幅桥的折面梁格模型

2)计算结果

两种计算模型在成桥状态由恒载产生的截面正应力计算结果如图4.3-33所示,结果表明:考虑了剪力滞效应的梁格模型算得的正应力与单梁模型有明显差别,单梁的计算结果呈直线分布,折面梁格模型的计算结果呈阶梯形分布。

第4章 结构设计基本规定

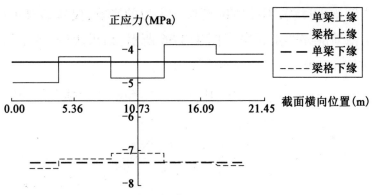

a) 8号墩-9号墩的主梁跨中正应力

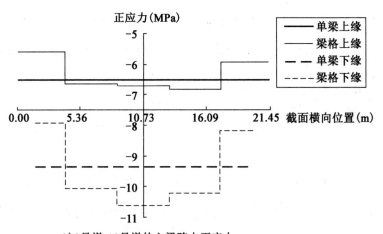

b) 9号墩-10号墩的主梁跨中正应力

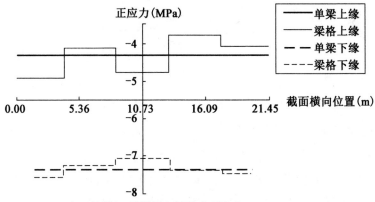

c) 10号墩-11号墩的主梁跨中正应力

图 4.3-33　成桥状态箱梁的正应力分布

按实际施工过程,不计斜拉索与预应力的影响,仅考虑自重荷载,箱梁的剪力滞效应如图4.3-34~图4.3-36所示,结果表明:各根纵梁的剪力滞系数均在0.9~1.1且分布比较均匀。

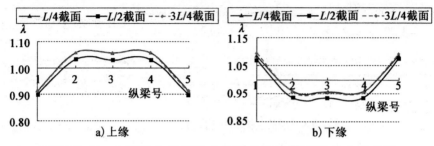

图4.3-34 8号墩-9号墩的主梁在自重作用下的剪力滞系数

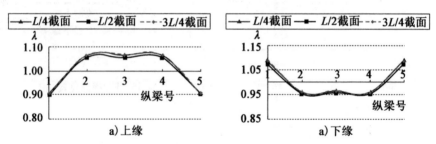

图4.3-35 9号墩-10号墩的主梁在自重作用下的剪力滞系数

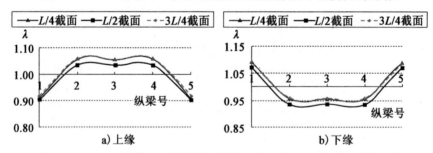

图4.3-36 10号墩-11号墩的主梁在自重作用下的剪力滞系数

按实际施工过程,综合考虑斜拉索与预应力的影响,箱梁的剪力滞效应如图4.3-37~图4.3-39所示,结果表明:考虑预应力与斜拉索的影响后,剪力滞效应发生明显改变。以9号墩-10号墩的主梁为例,预加力作用使跨中截面与四分点截面的剪力滞系数不一致;考虑预应力与斜拉索的影响,剪力滞系数约在0.7~1.3浮动。

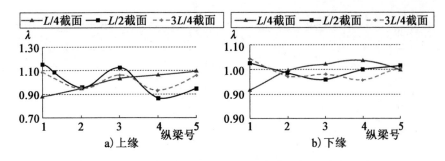

图 4.3-37　8 号墩-9 号墩的主梁在荷载组合下的剪力滞系数

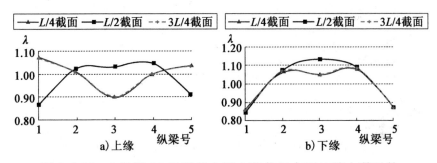

图 4.3-38　9 号墩-10 号墩的主梁在荷载组合下的剪力滞系数

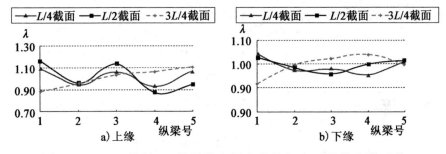

图 4.3-39　10 号墩-11 号墩的主梁在荷载组合下的剪力滞系数

选取 3 个代表性的施工阶段:阶段 A——主梁主塔浇筑完毕、预应力束张拉完成、拉索未张拉;阶段 B——张拉斜拉索至 A4、B4;阶段 C——拉索全部张拉、拆除施工支架。各施工阶段的计算结果如图 4.3-40～图 4.3-44 所示,结果表明:随着施工阶段的推进,结构内力、变形变化,其剪力滞效应也不同;关键截面在不同施工阶段的剪力滞系数在 0.7～1.4 浮动。

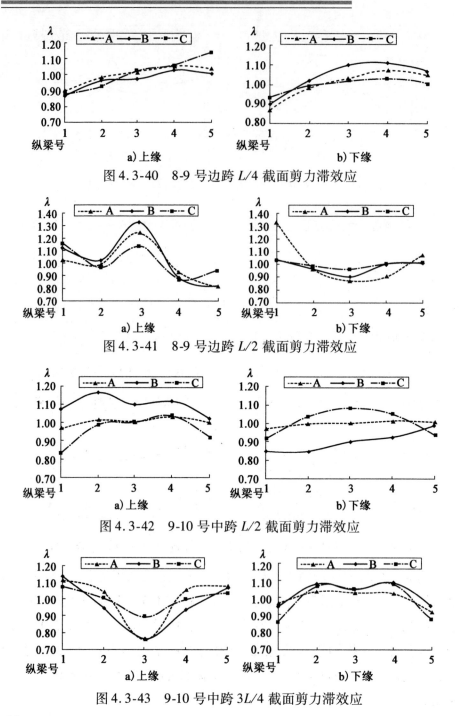

图 4.3-40　8-9 号边跨 $L/4$ 截面剪力滞效应

图 4.3-41　8-9 号边跨 $L/2$ 截面剪力滞效应

图 4.3-42　9-10 号中跨 $L/2$ 截面剪力滞效应

图 4.3-43　9-10 号中跨 $3L/4$ 截面剪力滞效应

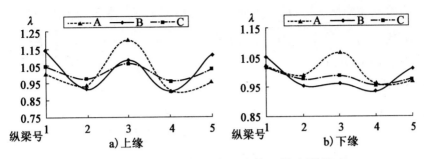

图 4.3-44　10-11 号中跨 $L/4$ 截面剪力滞效应

【例 4-6】 对某绕城高速公路的匝道弯桥,跨径为 $18m+22m+18m$,平曲线半径为 $60m$,如图 4.3-45 所示。支座布置(图 4.3-46)为:0 号支座和 3 号支座为切向滑动,径向固定支座;1 号支座为切向固定,径向滑动支座;2 号支座为切向径向双向滑动支座。主梁采用单箱单室箱梁,其截面尺寸如图 4.3-47 所示。活载仅考虑汽车荷载,取公路-Ⅰ级车道荷载,按双车道布置,不考虑冲击效应影响。采用一次落架施工。

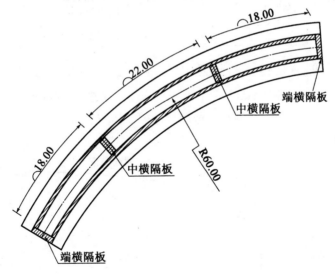

图 4.3-45　桥跨布置(尺寸单位:m)

1) 模型说明

分别建立该桥的六自由度单梁模型与七自由度单梁模型,两模型仅主梁的单元类型不同。鉴于本匝道弯桥桥墩较高,下部结构影响上部结构的承载受力性能,因此建立了桥墩单元。桥墩采用六自由度梁单元,支座采用橡胶单元(可以定义三个平动刚度、三个转动刚度的单元),如图4.3-48所示。

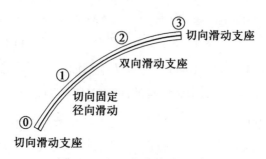

图 4.3-46 支座布置示意

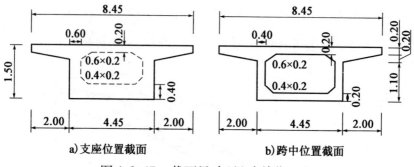

图 4.3-47 截面尺寸(尺寸单位:m)

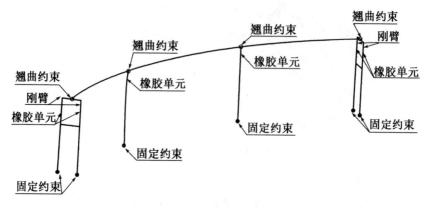

图 4.3-48 弯桥的计算模型

2) 内力计算结果

六自由度梁单元只能得到截面总扭矩；七自由度梁单元可以分离梁体的自由扭转扭矩与约束扭转扭矩。两种模型在自重荷载和汽车荷载作用下的扭矩分布如图 4.3-49、图 4.3-50 所示。

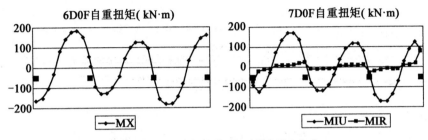

图 4.3-49　自重荷载下的扭矩分布

■-支座位置；MX-六自由度梁的截面扭矩；MIU-七自由度梁的自由扭转扭矩；MIR-七自由度梁的约束扭转扭矩

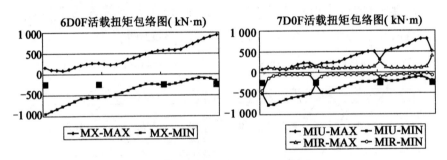

图 4.3-50　活载作用下两种结构模型扭矩

MX-MAX——六自由度梁的活载扭矩包络最大值；MX-MIN——六自由度梁的活载扭矩包络最小值；MIU-MAX——七自由度梁的活载自由扭转扭矩包络最大值；MIU-MIN——七自由度梁的活载自由扭转扭矩包络最小值；MIR-MAX——七自由度梁的活载约束扭转扭矩包络最大值；MIR-MIN——七自由度梁的活载约束扭转扭矩包络最小值

结果表明：

①自重荷载下弯梁的约束扭转所占比例较小，但在支座位置，约束扭转扭矩会突然增大，这是因为支座附近箱梁有刚度很大的横隔板，约束了截面的自由扭转，增加了约束扭转扭矩。

②汽车荷载下,弯梁的约束扭转所占比例要比恒载作用下大,在支座附近约束扭转与自由扭转几乎相等。

3) 应力计算结果

与六自由度单梁模型相比,七自由度单梁模型的优势是能计算截面两种扭转产生的正应力与剪应力,精确反映弯扭耦合效应。

弯梁截面的正应力主要由三部分组成:纵向弯曲正应力、横向弯曲正应力以及约束扭转扭矩的翘曲正应力。在自重荷载下弯梁的横向弯矩几乎为零,六自由度单梁中截面正应力仅由竖向弯曲产生,七自由度单梁中正应力为弯曲正应力与约束扭转扭矩翘曲正应力之和,由于后一项数值较小,两模型计算结果相近,如图 4.3-51 所示。在活载作用下,六自由度单梁无法计入约束扭转翘曲正应力,其活载正应力包络图与直桥类似;七自由度活载正应力包络图,计入了约束扭转翘曲正应力,相同断面得到的正应力包络最大最小值均大于六自由度,而且在支座位置约束扭转扭矩较大位置,正应力增大幅度更为显著,如图 4.3-52 所示。

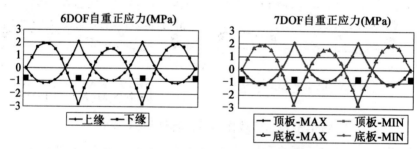

图 4.3-51　自重荷载下截面正应力分布

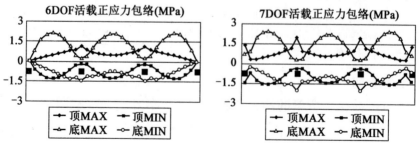

图 4.3-52　活载下截面正应力分布

弯梁截面的剪应力主要由四部分组成:纵向弯曲剪应力、自由扭转剪应力、约束扭转剪应力以及畸变剪应力。在自重荷载下,七自由度单梁模型的截面剪应力要大于六自由度单梁模型的截面剪应力,如图4.3-53所示。在活载作用下,六自由度单梁模型不考虑自由扭转与约束扭转对剪应力影响,截面弯曲剪应力在正负1.0MPa范围内,七自由度单梁模型计入了两种扭转对剪应力的影响,同一断面的剪应力最值均超过了1.0MPa,如图4.3-54所示。

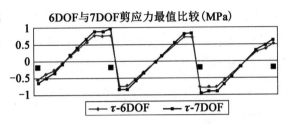

图4.3-53 自重荷载下剪应力最值分布

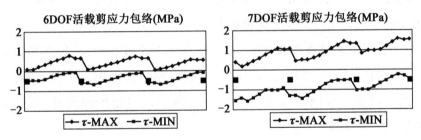

图4.3-54 活载下剪应力最值分布

4)弯扭耦合放大系数

七自由度单梁模型可以得到截面应力分布,设计时梁体内力依然起着主导作用。偏于安全地考虑,根据七自由度单梁模型与六自由度单梁模型应力结果的差别,通过以下手段得到两组内力放大系数:

①弯矩放大系数

弯矩顶板放大系数——顶板出现的总拉应力最大值与弯曲拉应力最大值的比值($\lambda \geq 1$)

弯矩底板放大系数——底板出现的总拉应力最大值与弯曲拉应力最

大值的比值($\lambda \geqslant 1$)

②剪力放大系数

剪力腹板放大系数——腹板向上总剪应力最值与弯曲剪应力最值比值($\lambda \geqslant 1$)

剪力腹板放大系数——腹板向下总剪应力最值与弯曲剪应力最值比值($\lambda \geqslant 1$)

截面正应力主要有弯曲正应力与约束扭转引起的翘曲正应力,而翘曲正应力在有的位置是有利的,在有的位置是不利的。结构设计基本采用不利效应作为控制参数。因此我们以截面顶底板上出现的最不利应力来代替整个顶底板的内力,并以这个应力来反算弯矩值,该弯矩是原有弯矩与约束扭转正应力的等效弯矩,采用这个等效弯矩来指导梁体的抗弯配筋,是偏于安全的。

同理,梁体的自由扭转与约束扭转都会产生剪应力,这两种剪应力在顶底板情况比较复杂,而在腹板中是一致的。对于梁体承受较大扭矩的弯桥来说,腹板在承受弯曲剪应力同时还有扭转剪应力,两种扭转在腹板中产生的剪应力与弯曲剪应力叠加,可能在左右腹板中一个是有利的,另一个是不利的。我们以剪应力不利组合的腹板控制抗剪配筋,得到的结果也是偏于安全的。

图 4.3-55 为七自由度活载弯矩放大系数与传统活载弯矩的偏载系数 1.15 的比较,结果表明:传统偏载系数对于顶板大多数位置是安全的,但是在支座位置会严重偏小;对于底板,传统偏载系数仅在各跨跨中位置接近放大系数,而在全桥大多数位置是无法覆盖约束扭转对底板正应力的影响。

图 4.3-56 为自重作用下弯箱梁桥剪力放大系数,梁体在支座一侧均有腹板向下剪应力的增大,这些部分梁体外侧腹板弯曲剪应力与扭转剪应力方向相同。放大系数均超过 5%,且绝大多数超过 10%。在传统概念中,剪力放大系数仅指活载的偏载效应,由于弯桥的特殊性,作用在弯

桥上的荷载会产生扭转作用,实际上作用在弯桥上的恒载等其他荷载在弯梁桥结构中均存在剪力放大系数的概念。

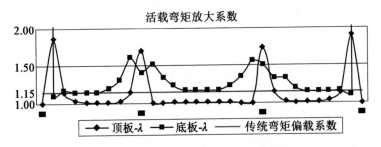

图 4.3-55　活载弯矩放大系数与传统偏载系数比较

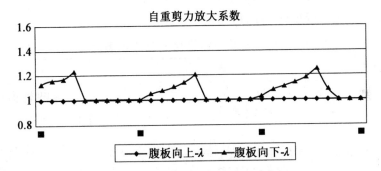

图 4.3-56　自重剪力放大系数

由于弯桥曲率的影响与活载在桥面的偏载作用,箱梁的两个腹板剪力受到较大扭矩影响,活载剪力放大系数均比较大,在 1.3 ~ 3.0 之间,峰值可达到 3.045(图 4.3-57)。而且较大的剪力放大系数出现在支座附

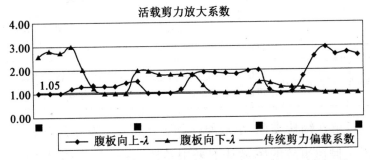

图 4.3-57　活载剪力放大系数与传统剪力偏载系数比较

95

近,边支座附近剪力放大系数在3.00左右,中支座附近剪力放大系数在2.00左右。支座附近梁体受到的剪力是设计的主要依据,这些位置的剪力放大系数尤为重要。传统的剪力活载偏载系数仅为1.05~1.15,这对弯梁桥而言显然是严重低估的。

4.4 箱梁桥的抗倾覆设计方法

4.4.1 技术现状

箱梁匝道桥广泛应用于公路互通、城市道路立交枢纽。桥下空间受限时,一般采用独柱式桥墩,呈现节约占地优势。自2007年以来,国内相继发生6起这类桥梁倾覆垮塌事故,见表4.4-1。

已倾覆箱梁匝道桥的基本信息　　　　表4.4-1

序号	时间	地点	结构类型	事故原因
A	2007.10	内蒙古包头	钢结构简支梁桥	三辆约100t(单车重)重载车辆通行
B	2009.7	天津	钢筋混凝土结构连续梁桥,跨径布置为(17.5+22+22+17.5)m+30m	三辆约140t(单车重)重载车辆通行
C	2010.11	江苏南京	钢结构简支梁桥	受拉支座锚栓未灌浆,梁体与桥墩间无锚固连接
D	2011.2	浙江上虞	钢筋混凝土结构连续梁桥,跨径布置为6×20m	三辆约120t(单车重)重载车辆通行
E	2012.8	黑龙江哈尔滨	钢-混凝土组合结构连续梁桥,跨径布置为(36+50+36)m	四辆约120t(单车重)重载车辆通行
F	2015.6	广东河源	预应力混凝土结构连续梁桥,跨径布置为3×25m	三辆约120t(单车重)重载车辆通行

这些桥梁在结构类型、事故原因和破坏特征上基本相同:

1)发生倾覆事故的桥梁基本采用整体式截面——箱形截面,采用联端横向双支座(抗扭支承)+联中横向单支座(点铰支承)的支承体系。

2）发生倾覆事故的原因为偏心荷载作用，或结构的支承体系失效，或两者共同作用，在已发生的箱梁桥倾覆事故中，重载车辆的偏载作用尤为突出。

3）事故中结构破坏无明显预兆、猝然发生、危害极大；发生倾覆事故后主梁、桥墩的整体性能基本保持良好，如图 4.4-1 所示。

图 4.4-1 已倾覆桥梁的结构破坏情况

按《工程结构可靠性设计统一标准》（GB 50153—2008）的规定，箱梁桥的倾覆破坏属于"整个结构或其一部分作为刚体失去静力平衡，此时结构材料或地基强度不起控制作用"。国内外相关规范基本采用"支反力"和"刚体受力平衡"进行倾覆稳定性验算，箱梁匝道桥的抗倾覆性能套用这两项验算要求时，存在下列问题：忽略了倾覆过程中箱梁、支座和墩台的相互作用；忽略了箱梁的弯剪扭复合受力状态；忽略了传统倾覆稳定计算方法的适用条件。参照结构倒塌机理分析采用的有限元分析与虚拟现实技术，国内学者建议采用考虑接触非线性和几何非线性的有限元模型，分析重载车辆作用下箱梁桥倾覆机理，但未提出统一的倾覆破坏模式。

《规范》修编时，调研了箱梁匝道桥的结构形式，分析了其典型结构体系的破坏类型；收集已倾覆桥梁的技术资料，分析其倾覆破坏过程，根据受力机理提出抗倾覆性能验算方法；分析箱梁匝道桥的抗倾覆性能影响因素，调研抗倾覆加固措施，提出倾覆风险防控综合措施。

4.4.2 基本原理

1) 倾覆机理及验算方法

天津 B 桥和河源 F 桥均位于缓和曲线段，上部结构采用单箱单室箱梁，下部结构采用柱式桥墩，两端墩台布置多个板式橡胶支座，跨中桥墩布置单个板式橡胶支座，支座布置如图 4.4-2 所示。

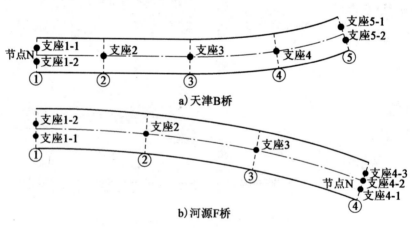

图 4.4-2 支座布置示意

建立桥梁的实体有限元模型，主梁、支座和墩台采用 solid45 单元，梁与支座连接、支座与墩台连接均采用 targe170/conta173 接触单元，结构自重、混凝土收缩徐变、预应力和重车按照实际情况施加。在永久作用和 k

倍重车作用下,箱梁 N 点受扭情况和支座支反力如图 4.4-3 所示。

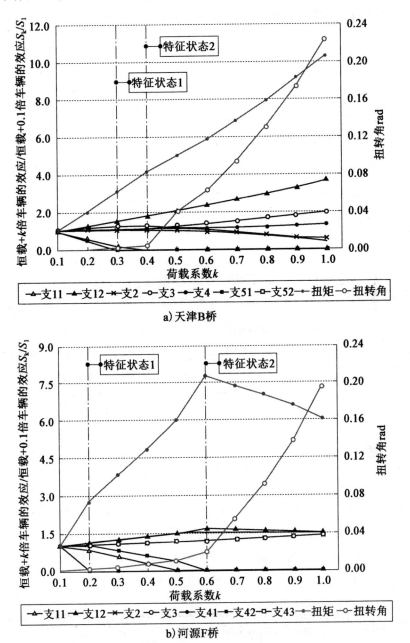

图 4.4-3　倾覆过程中箱梁桥的受力变形情况

①在重车荷载偏心作用下,单向受压支座依次脱离受压状态。

②同一桥墩的一对横向双支座构成"抗扭支承",形成对扭矩和扭转角的双重约束,双支座中一个支座脱离受压状态后,另一个支座仅形成对扭矩的约束。

③当箱梁的抗扭支承全部失效时(图4.4-4),支承体系不能有效约束箱梁的扭转角,箱梁的变形不再符合小挠度假定,产生几何非线性影响,表现为N点的扭矩和扭转角急剧变化。由于几何非线性计算方法的差异,目前未提出统一的倾覆破坏模式:箱梁的扭转角达到0.03rad,支座破坏,箱梁失稳;或者,箱梁扭转带动支座偏压,支座倾斜使箱梁滑移、倾覆;或者,箱梁扭转变形过大,对下部结构产生横向剪力,桥墩被推倒。

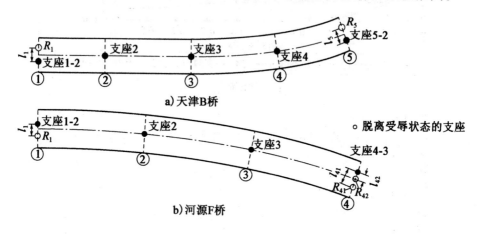

图4.4-4 特征状态2时,有效支座示意

综上所述,箱梁桥的倾覆过程为,单向受压支座依次脱离受压状态,箱梁的支承体系不再提供有效约束,箱梁扭转变形趋于发散,箱梁横向失稳垮塌,支座、下部结构连带损坏,如图4.4-5所示。倾覆过程存在2个明确特征状态:在特征状态1,箱梁的单向受压支座开始脱离受压;在特征状态2,箱梁的抗扭支承全部失效。

《规范》规定箱梁桥的结构体系不应发生改变,并以图4.4-5的2个特征状态为抗倾覆验算工况,提出如下抗倾覆性能验算方法:

第4章 结构设计基本规定

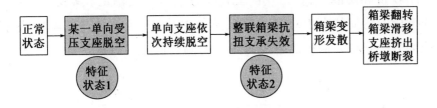

图 4.4-5 箱梁桥的倾覆过程

①在作用基本组合下,箱梁桥的单向受压支座处于受压状态。

②在作用标准值组合下,简支梁和连续梁的作用效应符合下列要求:

$$\frac{\sum S_{bk,i}}{\sum S_{sk,i}} \geq k_{qf} \quad (4.4\text{-}1)$$

$$\sum S_{bk,i} = \sum R_{Gi} l_i \quad (4.4\text{-}2)$$

$$\sum S_{sk,i} = \sum R_{Qi} l_i \quad (4.4\text{-}3)$$

式中: k_{qf}——抗倾覆稳定性系数,取 2.5,综合考虑该简化方法的偏差系数和实际车辆密集排布情况下汽车荷载的放大系数后确定;

$\sum S_{bk,i}$、$\sum S_{sk,i}$——分别为上部结构的稳定效应设计值和失稳效应设计值;

l_i——第 i 个墩处双支座的中心间距;

R_{Gi}、R_{Qi}——分别为永久作用和可变作用在第 i 个墩失效支座产生的支反力,如图 4.4-4 所示。

对于简支梁桥(计算模型见图 4.4-6),稳定效应 $S_b = R_{1g} \cdot d + R_{3g} \cdot d = gl \cdot \frac{d}{2}$,失稳效应 $S_s = |R_{1Q} \cdot d + R_{3Q} \cdot d| = Q_u \cdot (e - 0.5d)$;当 $k_{qf} \geq 1$ 时,$Q_u \geq \frac{gl}{2} \cdot \frac{d}{(e-0.5d)}$,与图 4.4-7 的横向简化模型计算结果一致。对

于天津 B 桥和河源 F 桥,采用简化计算方法得到的稳定性系数 k_{qf} 与有限元分析得到特征状态 2 对应的荷载系数 k 基本一致,如表 4.4-2。因此,该计算方法能统一分析简支和连续箱梁倾覆性能。

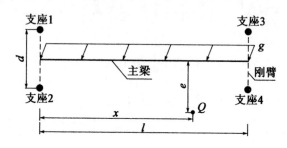

图 4.4-6 简支梁桥的计算模型($x > 0.5l, e > 0.5d$)

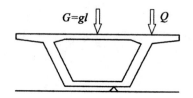

图 4.4-7 横向简化模型(G-恒载,Q-可变荷载)

两种分析方法在 B 桥和 E 桥的计算结果　　　　表 4.4-2

序号	l_i (m)	R_{Gi} (kN)	R_{Qi} (kN)	S_b (kN·m)	S_s (kN·m)	k_{qf}	k	k_{qf}/k
B 桥	$l_1 = 3.300$ $l_5 = 3.300$	$R_{G,1} = 464$ $R_{G,5} = 440$	$R_{Q,1} = 1\,304$ $R_{Q,5} = 1\,392$	2 984	8 900	0.34	0.40	0.85
F 桥	$l_1 = 2.500$ $l_{41} = 2.750$ $l_{42} = 1.375$	$R_{G,1} = 680$ $R_{G,41} = 263$ $R_{G,42} = 700$	$R_{Q,1} = 933$ $R_{Q,41} = -64$ $R_{Q,42} = 1\,308$	3 387	5 843	0.58	0.60	0.97

2)结构体系及破坏类型

箱梁匝道桥的结构形式调研表明:约 16% 为简支梁桥;约 83% 为连

续梁桥或连续刚构,按照跨中桥墩的墩梁连接形式分为三类,如图4.4-8所示。

a) 设置双支座　　　b) 设置单支座　　　c) 设置墩梁固结

图4.4-8　跨中桥墩的典型构造

采用墩梁固结的箱梁匝道桥,在重载车辆偏载作用下,主梁处于弯剪扭的复合受力状态,桥墩处于偏压状态。随偏心荷载的增大,桥梁的整体受力性能由主梁、桥墩等构件的承载力或受压稳定性控制,最终破坏模式如图4.4-9所示。

根据箱梁匝道桥的结构分类和倾覆机理,建立图4.4-10的箱梁桥倾覆风险场景,即采用整体式截面、仅由单向受压支座支承的简支梁桥和连续梁桥,由于重载车辆偏载作用,当抗倾覆性能不足时,发生主梁倾覆失稳、桥梁整体垮塌的事故。

3) 影响因素及防控措施

箱梁桥的抗倾覆性能影响因素主要考虑支座横向间距d(图4.4-11)、抗扭跨径l和平曲线半径r,见表4.4-3。结果表明:增大支座横向间距d,降低汽车荷载偏载作用引起的支座负反力R_{Qi},提高箱梁桥的抗倾覆性能;在跨中设置双支座的抗扭支承、减小抗扭跨径l,使汽车荷载偏载作用引起的支座负反力R_{Qi}减小,能够提高箱梁桥的抗倾覆性能;随着曲线半径r减小,箱梁的弯扭耦合效应增大,箱梁桥的抗倾覆性能降低。

箱梁桥的倾覆防控措施从改变结构破坏模式、提高结构稳定性能和设置冗余约束三个方面考虑,见表4.4-4。

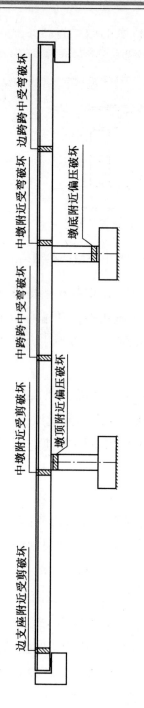

图4.4-9 设置墩梁固结箱梁桥的破坏模式

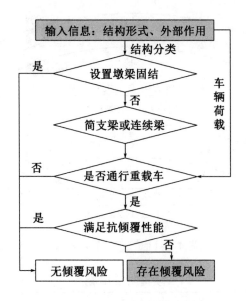

图 4.4-10 倾覆风险场景

典型箱梁桥的结构参数及抗倾覆稳定性系数　　表 4.4-3

桥梁序号	跨径布置	r(m)	支座布置	d(m)	l(m)	K_1	K_2
D1L1R1	4×20m	90	图 4.4-11a)	3	80	0.78	0.93
D1L1R2	4×20m	200	图 4.4-11a)	3	80	0.86	1.01
D1L1R3	4×20m	600	图 4.4-11a)	3	80	0.91	1.07
D2L1R1	4×20m	90	图 4.4-11a)	4	80	1.11	1.33
D2L1R2	4×20m	200	图 4.4-11a)	4	80	1.18	1.41
D2L1R3	4×20m	600	图 4.4-11a)	4	80	1.24	1.48
D1L2R1	4×20m	90	图 4.4-11b)	3	40	1.28	3.21
D1L2R2	4×20m	200	图 4.4-11b)	3	40	1.48	3.49
D1L2R3	4×20m	600	图 4.4-11b)	3	40	1.60	3.69

注：K_1 取恒载支反力/活载支反力；K_2 按式(4.4-1)计算，按 $\sum S_{bk,i}/\sum S_{sk,i}$ 取值。

图 4.4-11 支座布置示意

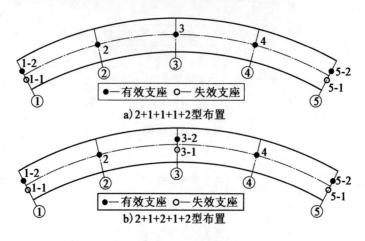

倾覆防控措施　　　　　　　　　　　表 4.4-4

防控措施	示意		特点
改变破坏模式	单支座改为墩梁固结	跨中独柱单支座桥墩改造为墩梁固结	改变结构受力体系,仅适用于高墩
提高稳定性能	增大支座间距；独柱式改为多柱式；单支座改为双支座	增大墩台台双支座横向间距；跨中独柱单支座改造为多支座支承	不显著改变结构受力体系,提高抗倾覆性能,但缩减了桥下空间

续上表

防控措施	示意		特点
设置冗余约束	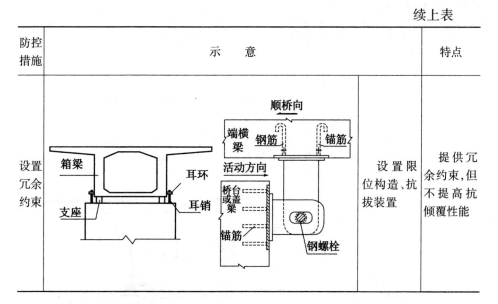	设置限位构造、抗拔装置	提供冗余约束,但不提高抗倾覆性能

4) 处置流程与注意事项

为保障公路桥梁的营运安全,各级交通运输主管部门均要求"科学地开展公路箱梁匝道桥的设计与整治":进一步加强公路桥梁的养护管理,切实加强独柱墩等公路特殊桥梁的安全管理;对独柱墩桥梁的技术状况进行排查、评估,务必确保承载能力符合规范要求,对无法通过验算的桥梁应立即采取措施,避免出现因桥梁承载能力不足导致的安全事故。

根据公路桥梁的建设程序和技术状况,制定箱梁桥抗倾覆综合处置流程如图4.4-12所示;当存在安全隐患时,按照"不显著改变结构受力体系、不显著增加工程建设费用"的原则,优先对其进行整治。

对于正在设计阶段的公路箱梁桥,拟定结构方案时应注意下列几点:

①桥墩宜采用横向多支座体系(多柱式或独柱双支座式结构),且支座横向间距尽量拉开;当结构受力满足要求时,可采用墩梁固结。

②当建设条件特殊,如在跨越道路中央分隔带的墩位、桥墩必须采用独柱单支座式结构时,应避免采用连续的独柱单支座式结构。

③过渡墩和桥台处宜设置可靠的限位,防落梁构造。

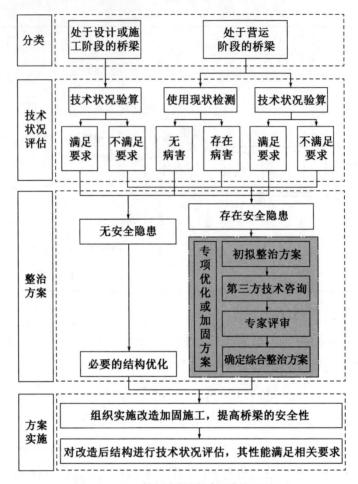

图 4.4-12 箱梁桥的抗倾覆处置流程

对于正在运营阶段的公路箱梁桥,应进行现状检测和验算评估,根据其抗倾覆性能进行综合整治。

①重点检测、监测下列病害:箱梁变位是否超过规定的限值;支座是否老化破坏,支座变位是否超过规定限值;箱梁的限位措施是否缺损。

②当出现上述病害时,必须采取管控措施、优先进行整治。

③当按照《规范》的规定进行技术状况验算、验算结果不满足相关要求时,结构设计方案应评估为存在安全隐患,应采取必要的改造加固

措施。

④改造加固前,应采取管理措施。如增设硬路肩禁止通行、禁止驶入和禁止停车标志、导流标线、摄像头、物理隔离(安全锥、水马、警示桩)等,促使车辆正常行驶,不偏载、不停靠。各营运管理单位要加强巡查,确保整治期间不出问题。

⑤加固改造方案应以"安全、经济、美观"为原则,考虑桥梁的功能性要求、施工可实施性、检测养护要求和景观要求,进行多方案技术经济比较后确定。

⑥加固改造方案应尽量保证原结构支承体系不变:采用原有独柱单支座桥墩改造,如独柱单支座体系改为横向多支座体系(多柱式或独柱双支座式结构);或采用原有过渡墩或桥台及相应构造改造,如墩台拼宽、端横梁改造、增加限位挡块。

⑦改造加固设计和施工,应注意避免由结构改变造成的新生问题,应制定专门的施工组织方案,加强桥梁施工质量安全管理。

⑧加固改造后,结构的安全性验算应满足《规范》的规定。

对于正在施工阶段的公路箱梁桥,应按《规范》的规定进行安全性验算。当不满足要求时,应参照运营阶段的桥梁进行综合整治。在建桥梁的加固改造,宜在项目竣工验收前完成;竣工验收时来不及完成加固改造的桥梁,应提交专门的加固改造方案和施工组织方案。

此外,进一步加强运营期通行车辆的管理和控制,加强公路违法超限超载治理工作。营运管理中,应加强警示,避免重载货车密集、靠边排队情况出现,避免独柱墩桥梁侧向倾覆工况出现。养护维修中,应严格控制施工堆载和施工车辆的靠边停放,宜参照《规范》的规定进行结构的安全性验算,并制定专项维修组织方案。

4.4.3 应用示例

【例4-7】 某$4 \times 20m$箱梁匝道桥的曲线半径为$400m$,支座布置如图4.4-11a),按图4.4-10进行倾覆性能分析,分析如表4.4-5。

某箱梁匝道桥的抗倾覆性能分析　　　　表4.4-5

输入结构信息:连续梁桥			该结构存在倾覆风险,需进行抗倾覆性能评估	
抗倾覆性能评估				
项目			支座1-1	支座5-1
l_i(m)			4	4
竖向支力 (kN)	R_{Gki}(永久作用标准值效应)		656(向下)	656(向下)
	失效支座对应最不利 汽车荷载的标准值效应	$R_{Qki,11}$	-616(向上)	-416(向上)
		$R_{Qki,51}$	-416(向上)	-616(向上)
支反力 验算	$1.0R_{Gki}+1.4R_{Qki,11}$		-206 (存在倾覆风险)	74
	$1.0R_{Gki}+1.4R_{Qki,51}$		74	-206 (存在倾覆风险)
稳定系数 验算	$\sum R_{Gki}l_i/\sum R_{Qki,11}l_i$		1.3<2.5(存在倾覆风险)	
	$\sum R_{Gki}l_i/\sum R_{Qki,51}l_i$		1.3<2.5(存在倾覆风险)	

该桥的支反力项和稳定性系数验算不满足要求,表明其抗倾覆性能不足,存在倾覆风险。当采用"跨中独柱单支座改造为多支座支承"的处置措施后,支座布置如图4.4-11b),其倾覆风险分析结构如表4.4-6,结果表明:处置后该箱梁桥的倾覆风险得到有效控制。

箱梁匝道桥处置后的抗倾覆性能分析　　　　表4.4-6

输入结构信息:连续梁桥			该结构存在倾覆风险,需进行抗倾覆性能评估		
抗倾覆性能评估					
项目			支座1-1	支座3-1	支座5-1
l_i(m)			4	4	4
竖向支力 (kN)	R_{Gki}(永久作用标准值效应)		657(向下)	1608(向下)	657(向下)
	失效支座对应最不利 汽车荷载的标准值效应	$R_{Qki,11}$	-335(向上)	-245(向上)	-57(向上)
		$R_{Qki,31}$	-229(向上)	-494(向上)	-229(向上)
		$R_{Qki,51}$	-58(向上)	-247(向上)	-335(向上)

续上表

项 目		支座1-1	支座3-1	支座5-1
	l_i(m)	4	4	4
支反力验算	$1.0R_{Gki}+1.4R_{Qki,11}$	188	1265	577
	$1.0R_{Gki}+1.4R_{Qki,31}$	336	917	336
	$1.0R_{Gki}+1.4R_{Qki,51}$	576	1262	188
稳定系数验算	$\sum R_{Gki}l_i / \sum R_{Qki,11}l_i$	4.6 > 2.5		
	$\sum R_{Gki}l_i / \sum R_{Qki,31}l_i$	3.1 > 2.5		
	$\sum R_{Gki}l_i / \sum R_{Qki,51}l_i$	4.6 > 2.5		

4.5 耐久性设计

4.5.1 技术现状

混凝土结构的耐久性问题,是指混凝土的性能随时间发展而劣化,从而引起结构性能的蜕化、衰竭。混凝土结构的耐久性问题,不仅会影响使用功能,还会造成巨大的直接经济损失。美国高速公路桥梁由于"盐害"每年损失约千亿美元,从而提出著名的"五倍定理"。混凝土结构的耐久性问题表现为如下三个方面:混凝土损伤(裂缝、破碎、酥裂、磨损和溶蚀等);钢筋的锈蚀,脆化、疲劳、应力腐蚀;钢筋与混凝土之间黏结锚固作用的削弱。从短期效果看,这些问题影响结构外观和使用功能;从长远看,则会降低结构安全度,成为发生事故的隐患,影响结构的寿命。

影响混凝土结构耐久性的因素十分复杂,主要取决于以下四个方面:
1) 混凝土材料的自身特性;
2) 混凝土结构的设计与施工质量;
3) 混凝土结构所处的环境条件;
4) 混凝土结构的使用条件和防护措施。

混凝土材料的自身特性和结构的设计与施工质量是决定其耐久性的内因。混凝土由水泥、粗骨料、细骨料加水拌制而成。由于搅拌、振捣工艺引起混凝土拌合物的离析、泌水以及水泥胶体凝固为水泥石过程中的胶凝收缩,使其内部组织结构成为带有缺陷的复杂三相复合体(图4.5-1):固相为砂、石、凝固了的水泥石,以及未被水化的水泥粉团;液相为未被水化的游离水和尚未凝固的水泥胶体;气相为水泥石收缩和水分挥发后引起的孔隙、裂缝、气泡,泌水造成的表层毛细孔,钢筋和骨料的"窝水"而形成的疏松层。这种微观构造决定了混凝土材料的内部组织有很多缺陷,如孔隙、裂缝、毛细孔、疏松等。这些混凝土组织的结构缺陷,使外界有害介质得以入侵,造成耐久性问题(图4.5-2)。

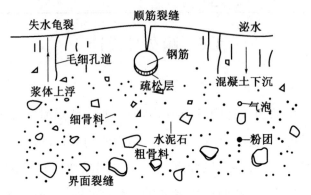

图4.5-1 混凝土的微观构造

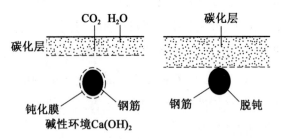

图4.5-2 混凝土的碳化及钢筋的脱钝

混凝土结构所处的环境条件和防护措施,是影响混凝土结构耐久性的外因。环境因素引起的混凝土结构损伤或破坏主要有:

1)混凝土的碳化。一般情况下,混凝土含氢氧化钙、呈碱性,在钢筋表面形成保护膜,保护钢筋免遭酸性介质的侵蚀,起到了"钝化"保护作用。由于大气中二氧化碳和水的渗入,与氢氧化钙作用而生成中性的碳酸钙,使混凝土的碱性降低,钝化膜破坏,在水分和其他有害介质侵入的情况下,钢筋就会发生锈蚀。

2) 氯离子的侵蚀。氯离子对混凝土的侵蚀属于化学侵蚀,氯离子是种极强的去钝化剂,氯离子进入混凝土,到达钢筋表面,并吸附于局部钝化膜处时,可使该处的 pH 值迅速降低,破坏钢筋表面的钝化膜,引起钢筋腐蚀。氯离子主要来源于海水、海洋环境或滨海环境的大气和北方寒冷地区使用的除冰盐。氯离子侵蚀引起的钢筋腐蚀是威胁混凝土结构耐久性的最主要和最普遍的病害,会造成巨大的损失,应引起设计、施工及养护管理部门的重视。

3) 碱-骨料反应。碱-骨料反应一般指水泥中的碱和骨料中的活性硅发生反应,生成碱-硅酸盐凝胶,并吸水产生膨胀压力,造成混凝土开裂。碱-骨料反应引起的混凝土结构破坏程度,比其他耐久性破坏发展更快;一旦发生,很难加以控制,一般不到两年就会使结构出现明显开裂。应对碱-骨料反应重在预防:选用含碱量低的水泥;不使用碱活性大的骨料;选用不含碱或含碱低的化学外加剂;控制混凝土的总含碱量不大于 3kg/m^3。

4) 冻融循环破坏。渗入混凝土中的水在低温下结冰膨胀,从内部破坏混凝土的微观结构,经多次冻融循环后,损伤累积将使混凝土剥落酥裂,强度降低。当盐溶液与冻融产生协同作用时,其破坏程度更甚。混凝土冻融破坏发展速度快,一经发现混凝土冻融剥落,必须密切注意剥蚀的发展情况,及时采取修补或补强措施。提高混凝土抗冻耐久性的主要措施是采用掺入引气剂的混凝土,因为引气剂在混凝土中形成的互不连通的微细气孔在混凝土受冻初期能使毛细孔中的静水压力减少,在混凝土受冻结过程中,这些孔隙可以阻止或抑制水泥浆中微小冰体的形成。

5) 钢筋腐蚀。钢筋腐蚀是影响钢筋混凝土结构耐久性和使用寿命的重要因素(图 4.5-3)。处于干燥环境下,混凝土碳化速度缓慢,具有良好保护层的钢筋混凝土结构一般不会发生钢筋腐蚀。在潮湿的或有侵蚀介质(如氯离子)的环境中,混凝土将加速碳化,覆盖钢筋表面的钝化膜逐渐破坏,加之有水分和氧的侵入,将引起钢筋腐蚀。钢筋腐蚀伴有体积膨胀、使混凝土出现沿钢筋的纵向裂缝、造成钢筋与混凝土之间的黏结力破坏、钢筋截面面积减少、使结构构件的承载力降低、变形和裂缝增大等一系列不良后果,并随着时间的推移,腐蚀会逐渐恶化,最终导致结构的完全破坏。在影响混凝土结构耐久性的诸多因素中,钢筋腐蚀危害最大。钢筋腐蚀与混凝土碳化有关,在一般情况下,混凝土保护层碳化是钢筋腐蚀的前提,水分和氧气的存在是引起钢筋腐蚀的必要条件。因此,提高混凝土结构耐久性的根本途径是增强混凝土密实度,控制混凝土开裂,阻止水分的侵入;加大混凝土保护层的厚度,防止由于混凝土保护层碳化引起钢筋钝化膜的破坏。

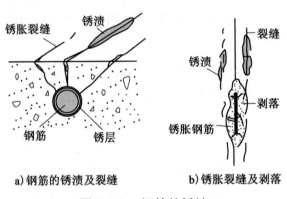

图 4.5-3　钢筋的锈蚀

混凝土结构的耐久性问题是一个复杂而缓慢的化学和物理过程,影响因素众多。混凝土耐久性失效的主要原因有空气中的二氧化碳、海水和除冰盐中的氯离子、水泥中的碱性物质等与混凝土或钢筋的化学作用,多次冻融循环使混凝土交替膨胀和收缩的物理作用。混凝土结构的耐久性问题是一个由外界介质和材料内部对混凝土和钢筋缓慢作用后,材料的损伤和性能的蜕化由小扩大、由表及里的逐渐积累过程。结构的耐久性问题首先受控于正常使用极限状态。当混凝土结构因各种因素招致不可恢复的外观损伤,如裂缝宽大、混凝土剥落、钢筋外露和锈蚀等,已不能满足使用功能,首先达到适用性极限状态。此时,结构的承载力损失有限,并不立刻失效;经过更长时间,材料性能劣化严重和损伤累积扩张,有可能进入承载能力极限状态。

4.5.2 基本原理

目前耐久性按正常使用极限状态进行设计,一般认为达到极限状态的标志如下:

1)钢筋混凝土构件表面出现锈胀裂缝;

2)预应力钢筋表面开始锈蚀;

3)结构表面混凝土出现可见的耐久性损伤(顺筋裂缝、混凝土的酥裂或粉化等)。

耐久性问题的影响因素多,且不确定性大,一般情况下,《规范》只作定性的耐久性设计,包括环境作用、材料、结构构造和防腐蚀附加技术措施等,见表4.5-1。

混凝土桥涵耐久性设计的主要内容 表4.5-1

项 目		耐久性设计内容
环境分类		一般环境、冻融环境、海洋氯化物环境、除冰盐等其他氯化物环境、盐结晶环境、化学腐蚀环境、磨蚀环境
材料	混凝土原材料	水、水泥、矿物掺合料、外加剂、水胶比
	混凝土	强度等级、氯离子含量、碱含量、抗渗等级、抗冻等级
	水泥基灌浆材料	强度等级、氯离子含量、抗渗等级
	钢筋、钢绞线、钢材	环氧涂层钢筋、耐腐蚀钢筋
结构构造	结构体系	整体性和连续性良好的结构体系
	抗裂设计	预应力混凝土构件的抗裂性、最大裂缝宽度
	合理构造和防护措施	防排水构造、通风构造、最小混凝土保护层厚度
防腐蚀附加技术措施		掺加阻锈剂、涂覆耐腐蚀涂料、安装阴极保护

个别特殊的重要工程,如杭州湾大桥、胶州湾大桥等,进行了耐久性

的定量设计。定量设计采用长期观测、试验的数据,建立用于分析的计算模型,确定相应的设计参数,进行精细化设计。对于不同的环境条件,很难简单模拟,只能就单个工程分别处理。

本章参考文献

[4-1] 赵履武.混凝土的徐变、松弛与弹性效应[J].力学学报,1962,第5卷第3期

[4-2] 林南薰、曾成滋、朱锦年.混凝土徐变的试验研究[J].华南工学院学报,1965,4:005

[4-3] 朱伯芳.混凝土结构徐变应力分析的隐式解法[J].水利学报,1983(5)

[4-4] 陆揪、王春富、冯国明编.公路桥梁设计电算[M].北京:人民交通出版社,1983

[4-5] 陈永春.混凝土徐变问题的中值系数法[J].建筑科学,1991(2)

[4-6] 周履、陈永春.收缩徐变[M].北京:中国铁道出版社,1994

[4-7] 巫昌海.三维钢筋混凝土非线性有限元及其工程应用研究[D].河海大学,2000

[4-8] 胡狄.预应力混凝土桥梁徐变效应分析[D].长沙:中南大学,2003

[4-9] 赵曼、王新敏、高静.预应力混凝土结构徐变效应的有限元分析[J].国防交通工程与技术,2004,2(1):34-38

[4-10] 周细辉、刘雪锋、汪维安.采用ANSYS进行混凝土徐变收缩分析的研究[J].公路与汽运,2006(5):83-86

[4-11] 陈松.混凝土徐变过程数值分析及试验研究[D].南京水利科学研究院,2009

[4-12] 阴存欣.考虑龄期调整系数的徐变次内力计算方法及在体系转换结构设计中的应用[C]//中国土木工程学会桥梁结构分会全

国第十九届桥梁学术会议论文集(下),北京:人民交通出版社,2010,6:1097-1103

[4-13] 阴存欣.弹性支承一次落架超静定混凝土结构的徐变次内力[J].特种结构,2012,29(3)

[4-14] 林明正.基于B3模型的钢筋混凝土梁徐变研究[D].北京交通大学,2013

[4-15] 赵宇.混凝土徐变在ANSYS中的二次开发应用[J].华人时刊,2014(2)

[4-16] 吕建鸣.桥梁核心软件的开发和应用[A].香山科学会议,2015

[4-17] 常皓程.预应力混凝土桥梁实体单元与杆单元组合模型收缩徐变效应分析研究[D].交通运输部公路科学研究院硕士论文,2016

[4-18] 徐栋,赵瑜,刘超.混凝土桥梁结构实用精细化分析与配筋设计[M].北京:人民交通出版社,2013

[4-19] 戴树才.单层梁格计算方法若干问题研究[D].上海:同济大学桥梁工程系,2011

[4-20] 李宁.混凝土弯箱梁桥空间分析与合理配束方法[D].上海:同济大学桥梁工程系,2011

[4-21] 李会驰,刘晓娣,冯苠.箱梁匝道桥运营期倾覆风险管理[J].公路,2016(7):88-93

[4-22] 中交公路规划设计院有限公司.公路桥梁侧向倾覆问题研究[R].北京:2013

[4-23] 李盼到,马利君.独柱支撑匝道桥抗倾覆验算汽车荷载研究[J].桥梁建设,2012,42(3):14-18

[4-24] 周列茅.独柱支撑连续箱梁桥的倾覆事故成因分析[J].公路交通科技(应用技术版),2011,07:179-181

[4-25] 彭卫兵,程波,史贤豪,等.独柱墩梁桥倾覆机理研究[J].自然灾

害学报,2014,23(5):98-106

[4-26] 彭卫兵,徐文涛,陈光军,等.独柱墩梁桥抗倾覆承载力计算方法[J].中国公路学报,2015,28(3):66-72

[4-27] 李盼到,张京,王美.独柱支承梁式桥倾覆稳定性验算方法研究[J].世界桥梁,2012,40(6):52-56

[4-28] 万世成,黄侨.独柱墩连续梁桥偏载下的抗倾覆稳定性研究综述[J].中外公路,2015,04:156-161.

[4-29] 陈彦江,王俊华,闫维明等.小半径曲线梁桥抗倾覆性能研究[J].公路,2014,10:143-147

[4-30] 汪芳芳,徐祖恩,严伟飞.独柱墩桥梁抗倾覆安全分析及加固设计技术研究[J].浙江交通职业技术学院学报,2014,04:13-18

[4-31] 粟勇,刘一平.独柱支承梁式桥横向抗倾覆构造措施研究[J].世界桥梁,2014,01:50-53

[4-32] 许东风,吴连勋.独柱墩连续弯梁桥抗倾覆稳定性验算方法及加固措施[J].公路交通技术,2105,02:89-93

第5章 持久状况承载能力极限状态计算

5.1 主要修订条文

《规范》第5章条文的主要修订情况见表5.1-1。

《规范》第5章主要修订条文 表5.1-1

条文	修订情况说明
5.1.3	沿用《规范》(JTG D62—2004)的第5.1.4条、第5.3.4条
5.1.4	沿用《规范》(JTG D62—2004)的第5.1.4条、第5.3.3条
5.1.5	沿用《规范》(JTG D62—2004)的第5.1.4条、第5.3.4条
5.1.6	根据《规范》第3.2节钢筋等级调整情况,调整《规范》表5.1.6中数值
5.2.1	根据《规范》第3.2节钢筋等级调整情况,调整《规范》表5.2.1中数值
5.2.5	补充体内-体外混合配筋受弯构件的正截面承载力计算方法,解释详见本书第5.2节
5.2.6	参照《规范》第5.2.4条
5.2.9	考虑竖向预应力钢筋和体外预应力钢筋的抗剪贡献
5.3.8	修改圆截面偏压构件的正截面承载力计算方法,解释详见本书第5.3节
5.3.9	根据钢筋等级调整情况,修改偏心距增大系数的计算参数;在《规范》附录E补充受压构件的计算长度系数,解释详见本书第5.4节
5.4.3 5.4.4	参照《混凝土结构设计规范》(GB 50010),补充对称配筋的圆形和矩形截面双向偏拉构件的正截面承载力的计算方法

5.2 体内体外混合预应力受弯构件的承载力计算

5.2.1 技术现状

现代体外预应力体系在桥梁工程的成熟应用始于20世纪70年代,其代表性工程为1979年的Long Key桥(图5.2-1)。由于钢束布置在主

梁结构外部,与传统的体内预应力体系相比,体外预应力体系(图5.2-2)在其受力和耐久性能上有其自身特点:

1)体内预应力钢束与结构黏结,在任意截面与结构变形相协调;体外预应力钢束的预加力通过锚固构造和转向构造施加到结构,钢束与结构之间的变形存在差异。

2)体内预应力钢束的混凝土保护层同时发挥锚固传力和耐久防护的作用,钢束一般采用普通钢绞线。体外预应力体系通过改进索体、锚具和转向器构造,使其自身具有可靠的耐久防护性能,其中索体防护系统由钢绞线涂层、护套、灌浆料等构成(表5.2-1),锚具和转向器设预埋管并灌浆、保证整个系统的密闭性;此外,体外预应力体系可按照"可检、可修、可换"的理念设计为可更换构件,当采用S-Ⅱ型索时,与相应的锚具和转向器(图5.2-3)配合实现单根更换。

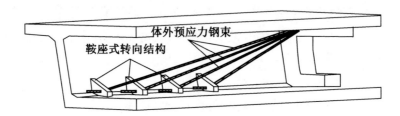

图5.2-1　Long Key桥的体外预应力布置

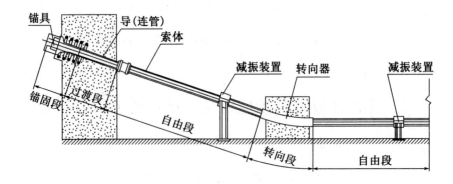

图5.2-2　体外预应力体系的基本组成

体外索的防护构造示意 表5.2-1

索体型号	S-Ⅰ型	S-Ⅱ型	S-Ⅲ型
钢绞线	镀锌或环氧涂层钢绞线	无黏结钢绞线	无黏结成品索
外护套	HDPE套管	哈弗式HDPE套管	热挤HDPE
灌浆料	水泥浆、油脂、石蜡等	自由段属无灌浆型	自由段属无灌浆型
断面示意			
备注	非成品索		成品索

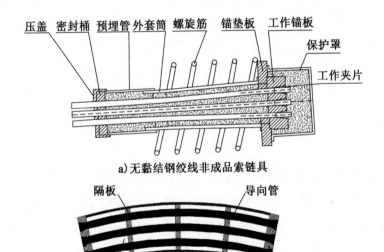

图5.2-3 可实现单根换束的锚具和转向器构造示意

体外预应力在我国主要用于混凝土箱梁,该类结构基本采用体内-体外混合配束,按照结构形式、钢束布置和施工方法分类如下:

1)采用整跨拼装的节段预制箱梁(图5.2-4):跨径一般不大于50m;截面按等高度设计,如南京四桥引桥(主跨50m);典型预应力布置如图5.2-5所示,其中体内腹板束(F系列)和底板束(B系列)、一期体外束(W系列)用于承担箱梁自重,顶板束(T系列)用于完成体系转换,二期体外束(WZ系列)用于承担二期恒载和汽车荷载。

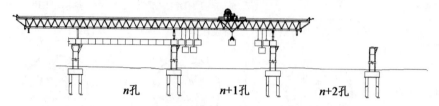

图5.2-4 节段预制箱梁的整跨拼装施工示意

2)采用悬臂拼装的节段预制箱梁(图5.2-6):跨径一般大于50m;跨径小于80m时截面按等高度设计,如苏通大桥引桥(主跨75m),跨径大于80m时截面按变高度设计,厦门集美大桥的主跨跨径为100m,其跨径进一步增大面临预应力布置空间不足、主梁美观度和综合经济性差等问题;典型预应力布置如图5.2-7所示,其中体内腹板束(F系列)和顶板束(T系列)用于承担箱梁自重,体内合拢束(B系列)、一期体外束(W系列)用于完成体系转换,二期体外束(WZ系列)用于承担二期恒载和汽车荷载。

3)采用悬臂浇筑的变高度箱梁:针对大跨径梁桥普遍存在的混凝土开裂和跨中持续下挠问题,可设置体外索(图5.2-8),根据梁体应力和变形监测情况,张拉体外索主动控制梁体的内力和下挠,如石板坡大桥复线桥(主跨330m)、苏通大桥辅航道桥(主跨260m)。

在上述工程应用中,与体内预应力相比,体外预应力体系体现出如下优越性:

1)在桥梁结构施工质量可靠性方面,体内预应力钢束形状复杂、管道密布,容易与普通钢筋相互干扰,增加了混凝土的浇筑难度;并且在现场施工时经常出现穿束困难;这些因素对混凝土结构施工质量造成了不利影响。体外预应力钢束布置在结构外部,混凝土施工免受密集管道的不良影响,钢束安装张拉极为便捷,有利于保证结构施工质量的可靠性。

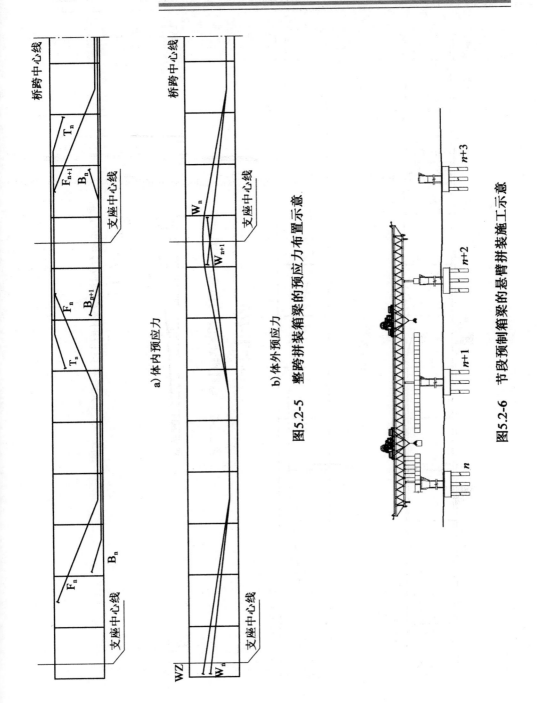

图5.2-5 整跨拼装箱梁的预应力布置示意
a) 体内预应力
b) 体外预应力

图5.2-6 节段预制箱梁的悬臂拼装施工示意

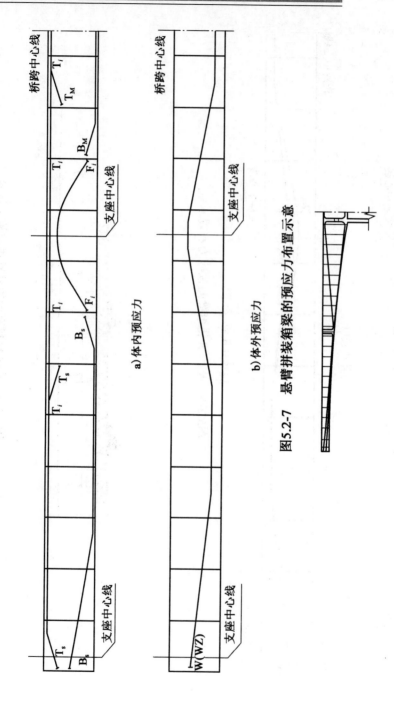

图5.2-7 悬臂拼装箱梁的预应力布置示意

图5.2-8 大跨径梁桥的体外预应力布置示意

2）在预应力水平有效性方面,体内预应力钢束张拉时受管道偏差、摩擦损失等影响,且管道灌浆后钢束的应力状态、钢束自身的锈蚀状况很难检测;这些因素对结构的预应力水平造成了不利影响。体外预应力体系是一种"看得见、摸得着"的预应力体系,可在桥梁运营使用期内方便地进行检测、调整,从而确保结构预应力水平的有效性。

3）在桥梁结构的耐久性方面,体外预应力体系具有自身防护功能,如体外预应力钢束采用多层防腐的单根环氧涂层无黏结钢绞线,避免了管道灌浆质量问题、混凝土自身碳化反应、混凝土开裂对预应力钢束的侵蚀作用。此外,体外预应力体系可按可更换构件设计,使其比体内预应力体系有更优秀的耐久性保证。

与体内预应力相比,体外预应力钢束位于主梁截面外,仅在锚固装置和转向装置处受到主梁约束,与主梁截面的变形不协调,这使得体外预应力受弯构件在分析模型、应力限值和计算参数等方面,与体内预应力受弯构件有所不同。

5.2.2 基本原理

1）分析模型

精细化分析模型,可以将体外预应力钢束模拟为只可受拉的杆单元,直接计入有限元模型。体外预应力钢束的初始应力,为扣除σ_{l1}、σ_{l2}各项损失后的预加力阶段的有效预应力。该模型能够计算由梁体变形引起体外预应力钢束应力变化。

由于体外预应力钢束位于混凝土箱梁实体截面外,仅在锚固装置和转向装置处受到箱梁约束,与截面变形不协调,因此存在两类非线性因素:体外束的滑移问题和体外束的二次效应问题。受汽车荷载等作用,在转向装置处体外束的应力会产生差值;当该差值累计超过转向装置处的摩阻力时,体外束产生滑移、钢束应力重分布,如图5.2-9所示,从而影响箱梁受力。体外束的二次效应是体外预应力钢束的位移与箱梁变形不一致而引起的附加预应力效应,如图5.2-10所示。

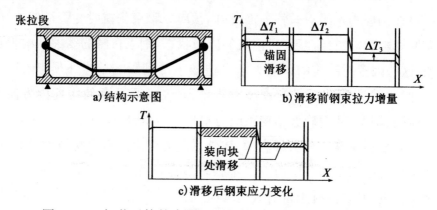

图 5.2-9 加载后体外束滑移引起的应力变化(阴影部分表示滑移产生的应力变化)

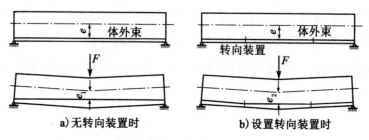

图 5.2-10 体外束的二次效应示意($e_1 < e_2 < e$)

以 30m 和 50m 的简支梁、$3 \times 70m$ 的连续梁、$(100+180+100)m$ 的连续刚构为样本桥梁,采用精细化分析模型,分析体外束的滑移和二次效应对汽车荷载引起混凝土应力的影响:与体外束与转向装置自由滑移相比,体外束与转向装置约束滑移(摩擦系数取 0.1)、体外束与转向装置固结对汽车荷载引起混凝土应力的影响约为 2.8%、3.3%;二次效应对汽车荷载作用下混凝土应力的影响不超过 3%;通过设置转向装置,可以减小二次效应,如图 5.2-10 中 $e_1 < e_2$,其中在箱梁挠度最大点设置竖向位移约束装置,对减小体外束的二次效应最为有效。

因此,在施工阶段和正常使用阶段,体外预应力混凝土受弯构件的整体受力分析可不计体外束的二次效应,假定体外索与转向器黏结良好,满足固结条件。

2）应力限值

体外预应力钢束需要考虑使用阶段的应力限值和极限状态的应力取值。

体外预应力钢束在使用阶段的应力限值，主要由体外预应力体系的疲劳性能决定的，不仅要考虑体外束在汽车荷载作用下的疲劳应力幅，还要考虑锚具、转向器处等局部受力的不确定性。各国对体外束在使用阶段应力限值的规定有所不同，见表5.2-2。因此，《规范》第7.1.5条规定：体外预应力钢绞线在使用阶段的应力限值偏安全地取$0.60f_{pk}$。

各国规范对使用阶段体外预应力钢绞线拉应力限值的规定

表5.2-2

规范	美国	日本	德国	法国
拉应力限值	$0.72f_{pk}$	$0.70f_{pk}$	$0.70f_{pk}$	$0.60f_{pk}$

大量试验研究表明：发生弯曲破坏时，体外预应力钢束的应力增量低于体内有黏结预应力钢束的应力增量，随着荷载的加大，两者的差距增大；当结构达到极限状态时，体外预应力钢束的应力未超过其屈服强度。其原因在于，当体内有黏结预应力混凝土梁承受荷载时，预应力钢束与混凝土变形协调，体内有黏结预应力钢束的最大应变发生在最大弯矩截面；体外预应力混凝土梁承受荷载时，体外预应力钢束与梁体变形不一致，钢束呈现整体拉伸，其应变沿截面变化不大。当梁达到弯曲破坏的极限状态时，体外预应力钢束的最大应变将比体内有黏结钢束小。实验数据表明，体外预应力钢束的极限拉应力较体内有黏结预应力束一般要低10%～30%，也就是说，在相同条件下体外预应力混凝土梁的极限承载力比体内预应力混凝土梁要低基本相同的数值。

对于体内有黏结预应力梁，荷载作用下预应力钢束的极限应力（或应力增量）由钢束与混凝土的变形协调关系来确定，预应力钢束的应力是由单个"截面控制"。对于体外预应力混凝土梁，体外预应力钢束的应力增量必须由钢束在锚固点之间的整体变形方程确定，其极限应力（或应力增量)是由整个"构件控制",受梁的跨高比、预应力钢束的线形、体外预应力钢束在转向处的滑移情况、结构施工方法等多种因素影响,使得分析体外预应力混凝土梁的抗弯性能较为复杂。

国内外学者对体外预应力梁抗弯性能的分析大致分为两类:第一类是通过弹塑性力学原理和几何分析等方法引入少量的参数,忽略次要因素,采用类似体内预应力结构的截面分析方法对结构的最不利截面进行分析得到结构的极限承载力;第二类是采用非线性有限元计算方法,考虑体外预应力梁的特点,尽可能地考虑各种非线性影响因素,建立能够分析此类结构的有限元模型,并编制相应程序进行全过程的分析求解。

目前,各国设计规范仍然是截面法,即认为结构中各截面是同步破坏的,不考虑内力重分布。上述第一类方法符合这个假定,故本规范中的体外预应力结构的抗弯、抗剪承载力分析仍然以截面法为基础。

由于体外束与混凝土截面变形不协调,在混凝土结构构件达到承载能力极限状态时,体外预应力钢束并没有达到屈服强度。计算体外预应力结构抗弯极限强度时,体外预应力钢束的极限应力 σ_{pu} 一般取有效预应力 σ_{pe} 与应力增量 $\Delta\sigma$ 之和。应力增量与跨高比、配筋率、预应力钢束配设方式等因素有关,各国规范有所差异,见表5.2-3。

各国规范对承载能力极限状态体外束极限应力的规定

表 5.2-3

规范	美国 AASHTO LRFD 规范	无粘结预应力混凝土结构技术规程 JGJ 92—2004	欧洲 CEB-FIP 90
极限应力	$\sigma_{pu} = \sigma_{pe} + 103 \mathrm{MPa}$	$\sigma_{pu} = \sigma_{pe} + \Delta\sigma_p$ $\Delta\sigma_p = (240 - 335\xi_0)\left(0.45 + 5.5\dfrac{h}{l_0}\right)$	$\sigma_{pu} = \sigma_{pe}$

注:ξ_0-综合配筋指标;l_0-受弯构件计算跨度;h-受弯构件截面高度。

偏于保守地考虑,在计算承载能力时,建议参照欧洲 CEB-FIP 90 规范,《规范》第5.2.5条规定,在计算体外预应力受弯构件的正截面承载力时,体外预应力钢筋的应力取其使用阶段扣除预应力损失后的有效应力。

与体外预应力梁的正截面承载力相同,体外预应力梁的抗剪承载力参照体内预应力混凝土梁的抗剪极限状态设计方法,以斜截面抗剪极限平衡状态作为建立抗剪承载力计算的依据,考虑在规范体系中箍筋的抗剪贡献是主要的,体外预应力钢束在斜截面极限状态下的应力增量可以偏安全地取为0,体外预应力钢束的极限应力采用有效预应力。

3)计算参数

体外预应力钢束的计算参数主要包括张拉控制应力和预应力损失相关参数两类。

预应力张拉控制应力与钢绞线的预应力损失、活载应力增量和使用阶段的拉应力限值密切相关。以30m、50m和75m梁桥为样本,控制体外预应力钢束使用阶段应力不超过$0.60f_{pk}$,推算得到体外束的张拉控制应力取$0.68f_{pk} \sim 0.71f_{pk}$。因此,《规范》第6.1.4条规定体外预应力钢绞线的张拉控制应力取$0.70f_{pk}$。

体外预应力混凝土结构属于后张法预应力结构范畴,其预应力损失计算一般包括下列内容:体外预应力钢束与孔道壁之间摩擦引起的应力损失σ_{l1};锚具变形、钢筋回缩和接缝压密引起的应力损失σ_{l2};混凝土的弹性压缩引起的预应力损失σ_{l4};体外预应力钢束应力松弛引起的应力损失σ_{l5};混凝土的弹性压缩引起的预应力损失σ_{l6}。体外预应力钢束的预应力损失与体内预应力钢束的预应力损失的区别,主要是第一项损失——体外预应力钢束与孔道壁之间摩擦引起的应力损失σ_{l1}。

预应力钢筋与孔道壁之间摩擦引起的应力损失σ_{l1}由两部分组成,一是在曲线段的垂直挤压力造成的力筋与管道的摩阻损失,二是管道位置偏差和不平整造成的摩擦损失。体外预应力钢束配置在混凝土结构外部,其钢束线形由转向位置或锚固位置的曲线段和它们之间的直线段组成。对于直线段,钢束管道线形和外观尺寸由于不受施工因素的影响,故其基本没有管道不平整造成的摩阻影响,这部分预应力损失基本可以忽略不计。预应力钢束与管道的摩阻损失主要由摩擦系数μ和θ来体现。

θ 为体外预应力钢束在转向块两端的转动的空间夹角。对于一般没有平弯的预应力钢束布置方式，θ 可直接取预应力钢束与构件轴线（x 轴）的平面夹角。当采用如图 5.2-11 所示的预应力钢束布置方式时，可近似采用下式计算：

$$\theta = \sqrt{\theta_h^2 + \theta_v^2} \qquad (5.2\text{-}1)$$

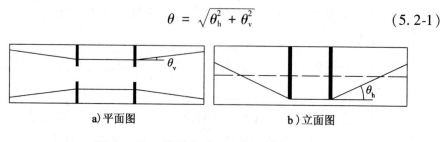

图 5.2-11　体外预应力钢索的空间线形

则预应力损失计算可以表示为：

$$\sigma_{l1} = \sigma_{con}(1 - e^{-\mu\theta}) \approx \sigma_{con}(1 - e^{-\mu\sqrt{\theta_h^2 + \theta_v^2}}) \qquad (5.2\text{-}2)$$

瑞士 VSL 预应力公司对摩擦系数 μ 的建议为：普通光面钢绞线与钢质转向管道之间取 $0.25 \sim 0.30$；涂油脂的光面钢绞线与钢质转向管道之间取 $0.20 \sim 0.25$；光面钢绞线与塑料转向管道之间取 $0.12 \sim 0.15$；单根无黏结钢绞线与转向管道之间取 $0.05 \sim 0.07$。

同济-OVM 预应力研究中心对三组单根无黏结预应力钢束的摩擦系数进行实验研究，建议单根无黏结体外预应力钢束的摩擦系数值 μ 取为 $0.08 \sim 0.10$。

一般体外预应力钢束与转向块的摩擦系数，可根据现场试验得到。在无可靠试验数据时，《规范》表 6.2.3 参考以上数据给出了参考值供使用。

5.2.3　应用示例

【例 5-1】　某预应力混凝土连续箱梁桥的跨径布置为 $6 \times 50\text{m}$，采用体内体外混合配束、节段预制整孔拼装施工。

截面尺寸：该桥采用等高度连续箱梁，箱梁截面示意如图 5.2-12 所示。箱梁上缘梁宽 15.8m，下缘梁宽 7.2m，梁高 3.0m，高跨比为 1/16.67；

顶板厚 0.28m,底板厚为 0.25~0.65m,腹板厚 0.4~0.7m;翼缘板端部厚 0.2m,根部厚 0.55m。

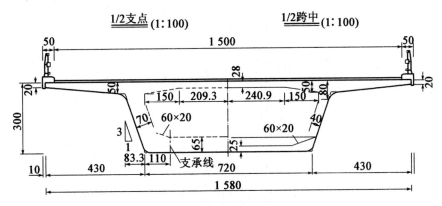

图 5.2-12　50m 连续箱梁标准横断面(尺寸单位:cm)

材料特性:箱梁的混凝土强度等级为 C55;预应力钢束采用 1860MPa 钢绞线,体外预应力钢束采用 $27\Phi^s15.2$,体内预应力钢束采用 $15\Phi^s15.2$ 以及 $19\Phi^s15.2$。

钢束布置:预应力钢束布置立面示意如图 5.2-13 所示,图 5.2-14 为典型横断面处体内预应力钢束布置示意。其中体外预应力钢束为 8 对(W1、W2、W5、W6 各两对,W3、W4 各四对);体内顶板束首/尾跨墩顶 4 对规格为 $15\Phi^s15.2$,中间跨墩顶 2 对规格为 $15\Phi^s15.2$,底板束一对规格为 $15\times\Phi^s15.2$,设置在单跨内,另一对规格为 $19\Phi^s15.2$ 延伸至另一跨锚固。

结构计算分析时采用空间七自由度梁单元有限元程序进行计算。计算模型包含 323 个单元(其中主梁单元 144 个,体外预应力束单元 172 个,支座单元 7 个)和 152 个节点,计算图示如图 5.2-15 所示。

计算模型把体外预应力钢束作为一般构件计入结构,体外预应力钢束单元仅考虑轴向刚度、忽略抗弯刚度。计算过程中结合施工过程考虑徐变收缩效应,自动计算各项预应力损失。在成桥状况,体外预应力钢束的有效应力为 1 088MPa。

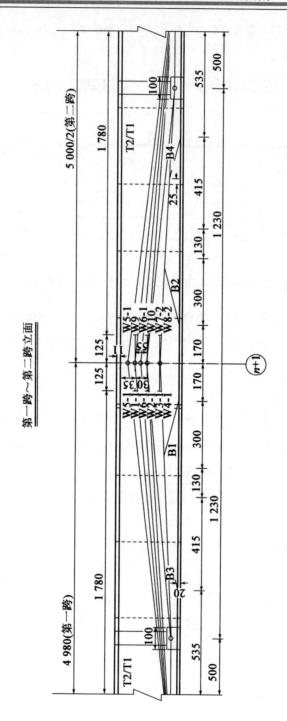

图5.2-13 预应力束布置示意(尺寸单位:cm)

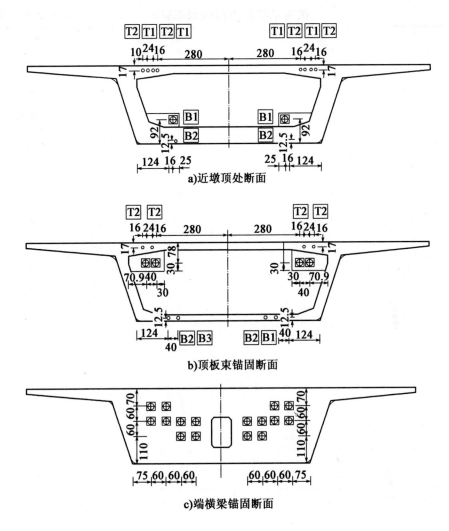

a) 近墩顶处断面

b) 顶板束锚固断面

c) 端横梁锚固断面

图 5.2-14　预应力束横断面布置示意(尺寸单位:cm)

图 5.2-15　第一跨箱梁计算图示

取边墩墩顶截面和边跨跨中截面进行抗弯承载能力验算,主要计算参数和计算结果列于表 5.2-4。

抗弯承载能力极限状态验算　　　　　　　　表 5.2-4

计算参数	单位	验算位置及阶段	
		边墩墩顶	边跨跨中
截面高度 h	mm	3 000	3 000
截面上翼缘有效宽度 b'_f	mm	14 620	14 620
截面下翼缘有效宽度 b_f	mm	4 990	4 990
混凝土抗压强度设计值 f_{cd}	MPa	24.4	24.4
受拉区体内预应力钢束的抗拉强度设计值 f_{pd}	MPa	1 260	1 260
体外预应力钢束的有效应力 $\sigma_{pe,ex}$	MPa	1 088	1 088
体外预应力钢束面积 A_{ex}	mm^2	60 048	60 048
受拉区体内预应力钢束面积 A_p	mm^2	16 680	9 452
截面有效高度 h_0	mm	1 861	2 642
相对界限受压区高度 ξ_b		0.38	0.38
临界高度 $\xi_b h_0$	mm	707	1 004
受压区高度 x	mm	492	200
抗力 $\varphi_f M_R$	kN·m	125 555	176 728
桥梁重要性系数 γ_0		1.1	1.1
作用(或荷载)效应组合设计值 M_d	kN·m	85 221	122 272
是否满足 $\gamma_0 M_d \leq \varphi_f M_R$		满足	满足

注:节段接缝处截面承载力的折减系数 φ_f 参照《美国 AASHTO LRFD 规范》,按表 5.2-5 取值。

预制节段施工混凝土结构的强度折减系数　　　　表 5.2-5

预应力筋类型	接缝类型	抗弯折减系数 φ_f	抗剪折减系数 φ_v
体内预应力钢束	胶接缝、湿接缝	0.95	0.85
	干接缝	0.90	0.80
体外预应力钢束	胶接缝、湿接缝	0.90	0.80
	干接缝	0.85	0.75

对于抗剪承载能力验算,每跨选定6个需要验算的截面(图5.2-16),其中1-1、6-6为距支座截面1/2梁高(1.5m)的验算截面,其余四个均为腹板厚度变化点截面。

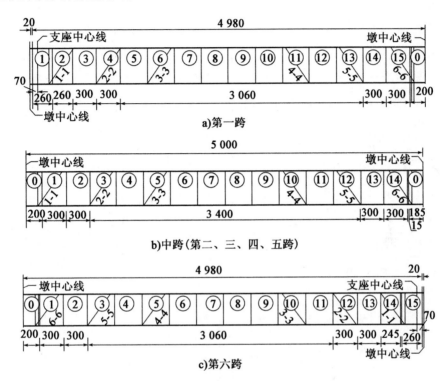

图5.2-16 一联六跨需要验算截面示意(尺寸单位:cm)

取边跨1-1截面、3-3截面进行抗剪承载力验算。可以将箱梁看作两个T形截面的组合,原箱形截面为斜腹板(图5.2-17),计算时简化T形截面为直腹板(图5.2-18)。主要计算参数及验算结果列于表5.2-6。

抗剪承载能力极限状态验算　　　　　　　　表5.2-6

计算参数	单位	计算位置	
		边跨1-1截面	边跨3-3截面
α_1		1	1
α_2		1.25	1.25

续上表

计 算 参 数	单位	计 算 位 置	
		边跨 1-1 截面	边跨 3-3 截面
α_3		1.1	1.1
截面有效高度 h_0	mm	2 922	2 922
腹板厚度 b	mm	1 400	800
混凝土的强度等级 $f_{cu,k}$	MPa	55	55
斜裂缝范围内体外弯起预应力钢束的截面面积 A_{ex}	mm^2	60 048	30 024
纵向配筋率 P		0.092	0.108
斜裂缝范围内箍筋间距 s_v	mm	150	150
箍筋的抗拉强度设计值 f_{sv}	MPa	330	330
斜截面内箍筋配筋率 ρ_{sv} (%)		0.012	0.010 5
体内预应力钢束的抗拉强度设计值 f_{pd}	MPa	1 260	1 260
斜裂缝范围内体内弯起预应力钢束的截面面积 A_p	mm^2	0	0
体内弯起预应力钢束与梁轴线的夹角 θ_P	度	0	0
体外弯起预应力钢束与梁轴线的夹角 θ_{ex}	度	6.41/4.4/6.23/3.37	6.41/4.4
体外预应力钢束的永存预应力 $\sigma_{pe,ex}$	MPa	1 088	1 088
$\gamma_0 V_d$	kN	10 741	4 259
V_{cs}	kN	19 639	10 520
V_{sb}	kN	0	0
V_{pb}	kN	0	0
$V_{pb,ex}$	kN	3 600	1 907
斜截面抗剪承载力 $\varphi_v V_R$	kN	18 591	9 941
是否满足规定		满足	满足

注:节段接缝处截面承载力的折减系数 φ_v 参照《美国 AASHTO LRFD 规范》,按表 5.2-5 取值。

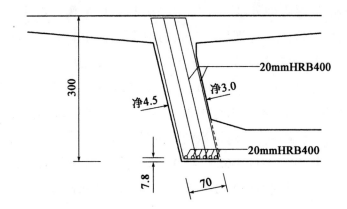

图 5.2-17 箱形截面尺寸与配筋信息图(尺寸单位:cm)

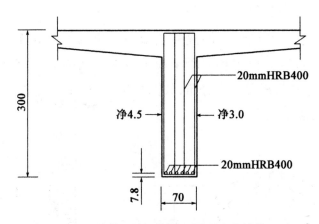

图 5.2-18 计算用 T 形截面图(尺寸单位:cm)

5.3 圆形截面构件的承载力计算

5.3.1 技术状况

圆形截面钢筋混凝土受压构件常用于桥墩、钻孔灌注桩等桥梁下部结构,设计中需要计算其正截面抗压承载力。《规范》(JTG D62—2004)采用的圆形截面偏心受压构件正截面抗压承载力的计算公式比较复杂,即使进行迭代计算也要借助图表,设计人员普遍感到应用非常不方便。

文献[5-7]推导了圆形截面钢筋混凝土偏心受压构件正截面承载力

的计算公式,通过近似处理给出轴力平衡和弯矩平衡的两个非常简捷的公式,虽然也要迭代求解,但不需再借助图表,而且迭代也不复杂。该公式分别被《混凝土结构设计规范》(GB 50010—2010)、《水运工程混凝土结构设计规范》(JTS 151—2011)和《水工混凝土结构设计规范》(SL 191—2008)等采用。本次修订本着与国家标准一致的原则,采用了[5-7]给出的圆形截面偏心受压构件承载力的计算公式。本书第5.3.2节比较了该公式与《规范》(JTG D62—2004)的公式计算结果的差别。《规范》附录F给出了圆形截面偏心受压构件承载力计算的表格,供手算或初步设计使用。

5.3.2 基本原理

图 5.3-1 所示为圆形钢筋混凝土偏心受压构件的截面、截面应变分布、钢筋(钢环)应力分布和混凝土应力分布。为简化计算,将曲线混凝土应力分布等效为矩形应力分布,如图5.3-1d)所示。等效后的矩形受压区高度为 x_c,混凝土应力为 f_{cd}。

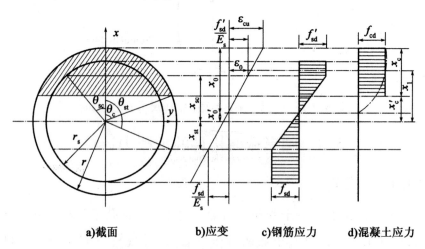

a)截面　　　　b)应变　　　c)钢筋应力　　　d)混凝土应力

图 5.3-1 圆形截面钢筋混凝土偏心受压构件计算简图

《规范》(JTG D62—2004)给出的圆形截面钢筋混凝土偏心受压构件的正截面承载力计算公式为:

$$\gamma_0 N_d \leq N_u = Ar^2 f_{cd} + C\rho r^2 f'_{sd} \qquad (5.3\text{-}1)$$

$$\gamma_0 N_d e_0 \leq \gamma_0 N_u e_0 = Br^3 f_{cd} + D\rho g r^3 f'_{sd} \qquad (5.3\text{-}2)$$

$$A = \frac{1}{2}(2\theta_c - \sin 2\theta_c) \qquad (5.3\text{-}3)$$

$$B = \frac{2}{3}\sin^3\theta_c \qquad (5.3\text{-}4)$$

$$C = \theta_{sc} - \pi + \theta_{st} + \frac{1}{g\cos\theta_{sc} - (1-2\xi)} \times$$

$$[g(\sin\theta_{st} - \sin\theta_{sc}) - (1-2\xi)(\theta_{st} - \theta_{sc})] \qquad (5.3\text{-}5)$$

$$D = \sin\theta_{sc} + \sin\theta_{st} + \frac{1}{g\cos\theta_{sc} - (1-2\xi)} \times$$

$$\left[g\left(\frac{\theta_{st} - \theta_{sc}}{2} + \frac{\sin 2\theta_{st} - \sin 2\theta_{sc}}{4}\right) - (1-2\xi)(\sin\theta_{st} - \sin\theta_{sc})\right]$$

$$(5.3\text{-}6)$$

$$\theta_c = \cos^{-1}(1 - 2\beta\xi) \leq \pi \qquad (5.3\text{-}7)$$

$$\theta_{sc} = \cos^{-1}\left(\frac{2\xi}{g\varepsilon_{cu}} \cdot \frac{f'_{sd}}{E_s} + \frac{1-2\xi}{g}\right) \leq \pi \qquad (5.3\text{-}8)$$

$$\theta_{st} = \cos^{-1}\left(-\frac{2\xi}{g\varepsilon_{cu}} \cdot \frac{f'_{sd}}{E_s} + \frac{1-2\xi}{g}\right) \leq \pi \qquad (5.3\text{-}9)$$

式中：N_d、N_u——外荷载产生的轴力和构件的抗压承载力；

e_0——轴向力的偏心距，$e_0 = M_d/N_d$，应乘以偏心距增大系数 η；

r——圆形截面的半径；

g——纵向钢筋所在圆周的半径 r_s 与圆截面半径之比，$g = r_s/r$；

ρ——纵向钢筋配筋率，$\rho = A_s/\pi r^2$；

A、B、C、D——有关混凝土承载力的计算系数；

ξ——截面实际受压区高度 x_0 与圆形截面直径的比值，$\xi = x_0/2r$；

θ_c——与矩形应力分布图高度 x 相应的截面受压面积所对的圆心角之半；

θ_{sc}——由周边均匀配置的纵向钢筋等效的钢环上压塑区起点所对的圆心角之半；

β——截面受压区矩形应力图分布高度 x_c 与实际受压区高度的比值，$\beta = x_c/x_0$，当 $\xi \leq 1.0$ 时，取 $\beta = 0.8$；当 $1.0 < \xi \leq 1.5$ 时，取 $\beta = 1.067 - 0.267\xi$；

ε_{cu}——混凝土极限压应变，取 $\varepsilon_{cu} = 0.0033$。

《混凝土结构设计规范》(GB 50010—2010)采用的沿周边均匀配置纵向钢筋的圆形截面钢筋混凝土偏心受压构件(图 5.3-2)的正截面承载力计算公式如下：

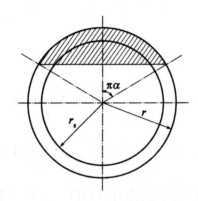

图 5.3-2　沿周边均匀配筋的圆形构件截面

$$N \leq N_u = \alpha\alpha_1 f_c A\left(1 - \frac{\sin 2\pi\alpha}{2\pi\alpha}\right) + (\alpha - \alpha_t)f_y A_s \quad (5.3\text{-}10)$$

$$N\eta e_i \leq N_u \eta e_i = \frac{2}{3}\alpha_1 f_c A r \frac{\sin^3 \pi\alpha}{\pi} + f_y A_s r_s \left(\frac{\sin\pi\alpha + \sin\pi\alpha_t}{\pi}\right) \quad (5.3\text{-}11)$$

$$\alpha_t = 1.25 - 2\alpha \quad (5.3\text{-}12)$$

$$e_i = e_0 - e_a \tag{5.3-13}$$

式中：N、N_u——外荷载产生的轴力和构件的抗压承载力；

α_1——与混凝土强度等级有关的系数；

A——圆形截面面积；

A_s——全部纵向钢筋的截面面积；

r——圆形截面的半径；

r_s——纵向钢筋重心所在圆周的半径；

e_0——轴向压力对截面重心的偏心距；

e_a——附加偏心距；

α——对应于受压区混凝土截面面积的圆心角（rad）与 2π 的比值；

α_t——纵向受拉钢筋截面面积与全部纵向钢筋截面面积的比值，当 $\alpha > 0.625$ 时，取 $\alpha_t = 0$。

《规范》(JTG D62—2004)无系数 α_1 和附加偏心距 e_a，下面的分析中两者均取 0。

为了与《规范》(JTG D62—2004)的计算公式进行对比，将式(5.3-10)和式(5.3-11)写为下面的形式：

$$N \leq N_u = A'r^2 f_c + C'\rho r^2 f_y \tag{5.3-14}$$

$$N\eta e_i \leq N_u \eta e_i = B'r^3 f_c + D'\rho g r^3 f_y \tag{5.3-15}$$

式中，A'、B'、C' 和 D' 为与式(5.3-1)和式(5.3-2)中 A、B、C 和 D 概念对等、意义相同的系数，具体表示为：

$$A' = \alpha\pi\left(1 - \frac{\sin 2\pi\alpha}{2\pi\alpha}\right) \tag{5.3-16}$$

$$B' = \frac{2}{3}\sin^3 \pi\alpha \tag{5.3-17}$$

$$C' = (\alpha - \alpha_t)\pi \tag{5.3-18}$$

$$D' = \sin\pi\alpha + \sin\pi\alpha_t \tag{5.3-19}$$

由式(5.3-3)~式(5.3-9)可以看出,公路桥涵规范中的计算系数 A、B、C 和 D 最终都与 ξ 有关;由式(5.3-16)~式(5.3-19)可以看出,混凝土结构规范中相应的计算系数 A'、B'、C' 和 D' 与 α 有关。由图 5.3-1 和图 5.3-2 可以看出,$\alpha = \theta_c/\pi$,且 $\theta_c = \cos^{-1}(1-2\beta\xi) \leqslant \pi$,所以 α 与 ξ 的关系可表示为:

$$\alpha = \frac{\cos^{-1}(1-2\beta\xi)}{\pi} \leqslant 1 \qquad (5.3\text{-}20)$$

表 5.3-1 和图 5.3-3 给出了 $\xi=0.2\sim1.51(\alpha=0.262\sim1)$ 时两组系数计算结果对比。

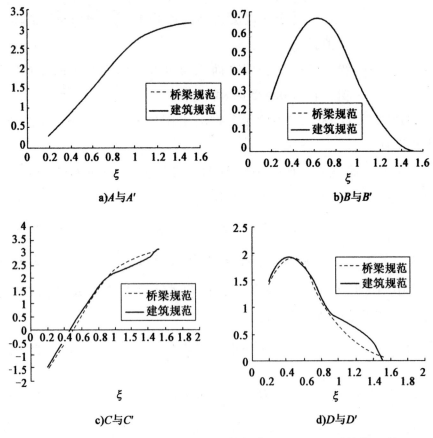

图 5.3-3 规范 JTG D62—2004 与规范 GB 50010 系数的比较

第5章 持久状况承载能力极限状态计算

表5.3-1 《规范》JTG D62—2004 与《规范》GB 50010 系数的对比

ξ	A	B	C	D	α	A'	B'	C'	D'
0.2	0.324 45	0.262 78	−1.526 3	1.423 91	0.262 113	0.324 45	0.262 78	−1.456 59	1.492 79
0.3	0.579 78	0.415 47	−0.964 58	1.733 99	0.326 1	0.579 78	0.415 47	−0.853 57	1.807 62
0.4	0.866 67	0.541 36	−0.472 39	1.883 69	0.382 97	0.866 67	0.541 36	−0.317 57	1.931 66
0.5	1.173 48	0.627 07	0.001 59	1.907 11	0.436 13	1.173 48	0.627 07	0.183 40	1.906 73
0.6	1.490 82	0.665 07	0.500 67	1.794 96	0.487 511	1.490 82	0.665 07	0.667 68	1.759 28
0.7	1.810 22	0.652 32	1.126 31	1.453 40	0.538 56	1.810 22	0.652 32	1.148 81	1.509 33
0.8	2.123 39	0.589 82	1.644 64	1.125 7	0.590 64	2.123 39	0.589 82	1.639 55	1.174 15
0.9	2.421 51	0.482 76	2.031 05	0.868 39	0.645 34	2.421 51	0.482 76	2.027 36	0.897 99
1	2.694 29	0.341 33	2.325 29	0.662 24	0.705 19	2.694 29	0.341 33	2.215 35	0.8
1.1	2.847 89	0.241 54	2.552 41	0.494 98	0.747 75	2.847 89	0.241 54	2.349 08	0.712 90
1.2	2.968 21	0.151 86	2.728 93	0.358 51	0.791 27	2.968 21	0.151 86	2.485 79	0.610 72
1.3	3.056 66	0.078 41	2.866 05	0.247 34	0.837 43	3.056 66	0.078 41	2.630 79	0.489 96
1.4	3.114 78	0.025 86	2.971 46	0.157 83	0.890 52	3.114 78	0.025 86	2.797 58	0.338 51
1.5	3.141 57	2.11E−05	3.050 36	0.087 75	0.990 43	3.141 57	2.11E−05	3.111 45	0.031 61
1.51	3.141 59	2.69E−09	3.056 93	0.081 77	1	3.141 59	2.69E−09	3.141 59	0.001 59

由表 5.3-1 可以看出,系数 A 与 A'、B 与 B' 完全相等,而系数 C 与 C'、D 与 D' 非常接近。$\xi = 0.9$(即 $\alpha = 0.645\,34$)时构件全截面受压,计算式(5.3-18)和式(5.3-19)的系数 C'、D' 时 $\alpha_t = 0$,所以 C'、D' 的曲线与 C、D 的曲线有一定偏离。

为对按式(5.3-1)和式(5.3-2)计算的承载力与按式(5.3-10)和式(5.3-11)计算的承载力进行对比,尽可能地消除材料因素的影响,将式(5.3-1)和式(5.3-2)表示为无量纲的形式:

$$\gamma_0 n_u = \frac{A}{\pi} + \frac{C\rho}{\pi} \cdot \frac{f'_{sd}}{f_{cd}} \tag{5.3-21}$$

$$\gamma_0 n_u \cdot \frac{e_0}{r} = \frac{B}{\pi} + \frac{D\rho g}{\pi} \cdot \frac{f'_{sd}}{f_{cd}} \tag{5.3-22}$$

$$n_u = \frac{N_u}{\pi r^2 f_{cd}} \tag{5.3-23}$$

式(5.3-10)和式(5.3-22)可变为:

$$n_u = \alpha\left(1 - \frac{\sin 2\pi\alpha}{2\pi\alpha}\right) + (\alpha - \alpha_t)\rho \frac{f_{sd}}{f_{cd}} \tag{5.3-24}$$

$$n_u \frac{e_0}{r} = \frac{2}{3}\frac{\sin^3 \pi\alpha}{\pi} + \rho \frac{f_{sd}}{f_{cd}} \frac{r_s}{r} \frac{\sin\pi\alpha + \sin\pi\alpha_t}{\pi} \tag{5.3-25}$$

这样研究圆形截面钢筋混凝土构件承载力问题转化为研究两个无量纲参数 n_u 与 e_0/r 间关系的问题。解方程组即可得到 n_u 随 e_0/r 变化的曲线。

假设 e_0/r 在 $0.2 \sim 8.8$ 之间变化,g 取 0.88。钢筋采用 HRB400,屈服强度为 $f'_{sd} = 330$ MPa,纵向配筋率 ρ 取 1%、2%、3% 和 4%。混凝土采用 C30 和 C50,抗压强度设计值分别取 13.8MPa 和 22.4MPa。图 5.3-4、图 5.3-5 给出了式(5.3-21)和式(5.3-22)及式(5.3-23)和式(5.3-24)的承载力计算结果的比较。

由图 5.3-4、图 5.3-5 可以看出,由式(5.3-23)和式(5.3-24)[相应于式(5.3-10)和式(5.3-11)]计算的承载力与由式(5.3-21)和式(5.3-22)[相

应于式(5.3-1)和式(5.3-2)]计算的承载力基本相等,所以用式(5.3-10)和式(5.3-11)代替式(5.3-1)和式(5.3-2)计算圆形截面钢筋混凝土偏心受压构件的承载力是可行的。

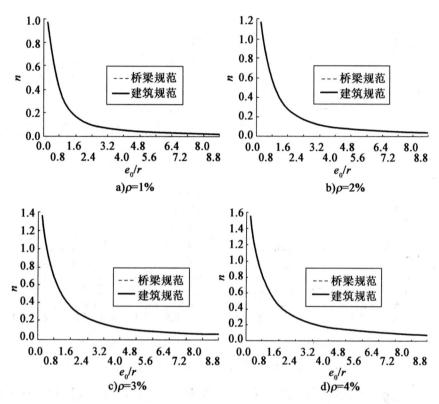

图 5.3-4 采用 HRB400 和 C30 的构件 n 随 e_0/r 的变化

如前所述,采用式(5.3-10)和式(5.3-11)计算圆形截面钢筋混凝土偏心受压构件的承载力仍需要进行试算或迭代,虽然比式(5.3-1)和式(5.3-2)简单。为便于工程应用,《规范》附录 F 给出了计算表格,供手算和初步设计使用。

由式(5.3-23)和式(5.3-24)可以看出,n_u 与 $\dfrac{e_0}{r}$、$\dfrac{r_s}{r}$ 和 $\rho \dfrac{f_{sd}}{f_{cd}}$ 有关。一般情况下,钢筋所在钢环半径与构件截面半径之比 $\dfrac{r_s}{r} = 0.85 \sim 0.95$,取 $\dfrac{r_s}{r} =$

0.9,给定 $\frac{e_0}{r}$ 和 $\rho\frac{f_{sd}}{f_{cd}}$ 的值,由式(5.3-24)求得半压力角 α 的值,代入式(5.3-23)即得到 n_u 的值。

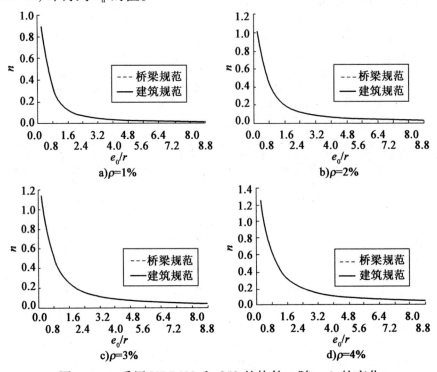

图 5.3-5　采用 HRB400 和 C50 的构件 n 随 e_0/r 的变化

在混凝土强度等级 C30～C50 的范围内,$f_{cd}=13.8~22.4$ MPa;工程中作为纵向钢筋使用的钢筋的最小屈服强度设计值为 330MPa(HRB400,HRBF400,RRB400),最大为 400MPa(HRB500),纵向钢筋配筋率按 0.5%～4% 考虑,则 $\rho\frac{f_{sd}}{f_{cd}}$ 的最小值为 $0.005\times\frac{330}{22.4}=0.074$,最大值为 $0.04\times\frac{400}{13.8}=1.159$,取 0.06～1.2,另取 $\frac{e_0}{r}=0.05~10$,按上述方法计算得到表 5.3-2。根据 $\frac{e_0}{r}$ 和 $\rho\frac{f_{sd}}{f_{cd}}$ 的值,由表 5.3-2 查得 n_u,进而得到构件的极限承载力 $N_u=n_u A f_{cd}$,当 $\gamma_0 N_d \leqslant N_u$ 时承载力满足要求。

第5章 持久状况承载能力极限状态计算

圆形截面钢筋混凝土偏心受压构件的正截面相对抗压承载力 n_u

表 5.3-2

$\dfrac{e_0}{\eta r}$ \ $\rho\dfrac{f_{sd}}{f_{cd}}$	0.06	0.09	0.12	0.15	0.18	0.21	0.24	0.27	0.30	0.40	0.50	0.60	0.70	0.80	0.90	1.00	1.10	1.20
0.01	1.048 7	1.078 3	1.107 9	1.137 5	1.167 1	1.196 8	1.226 4	1.256 1	1.285 7	1.384 6	1.483 5	1.582 4	1.681 3	1.780 2	1.879 1	1.978 0	2.076 9	2.175 8
0.05	1.003 1	1.031 6	1.060 1	1.088 5	1.116 9	1.145 4	1.173 8	1.202 2	1.230 6	1.325 4	1.420 1	1.514 8	1.609 5	1.704 2	1.798 9	1.893 7	1.988 4	2.083 1
0.10	0.943 8	0.971 1	0.998 4	1.025 7	1.052 9	1.080 2	1.107 4	1.134 5	1.161 7	1.252 1	1.342 3	1.432 3	1.522 6	1.612 6	1.702 7	1.792 7	1.882 6	1.972 6
0.15	0.882 7	0.909 0	0.935 2	0.961 4	0.987 5	1.013 6	1.039 6	1.065 6	1.091 6	1.178 1	1.264 3	1.350 3	1.436 2	1.522 0	1.607 7	1.693 4	1.779 0	1.864 6
0.20	0.820 6	0.845 8	0.870 9	0.896 0	0.921 0	0.946 0	0.970 9	0.995 8	1.020 6	1.103 1	1.185 6	1.267 7	1.349 6	1.431 3	1.513 0	1.594 5	1.676 0	1.757 4
0.25	0.758 9	0.782 9	0.806 7	0.830 2	0.854 0	0.877 6	0.901 2	0.925 0	0.949 1	1.027 0	1.106 3	1.184 5	1.262 5	1.340 4	1.418 0	1.495 6	1.573 1	1.650 4
0.30	0.700 3	0.724 7	0.748 6	0.772 1	0.795 3	0.818 1	0.840 8	0.863 2	0.885 5	0.959 0	1.031 6	1.103 6	1.175 2	1.249 1	1.322 8	1.396 4	1.469 9	1.543 3
0.35	0.643 2	0.668 4	0.692 8	0.716 5	0.739 7	0.762 5	0.784 9	0.807 0	0.829 0	0.900 8	0.971 2	1.040 8	1.109 7	1.178 3	1.246 5	1.314 5	1.382 4	1.450 0
0.40	0.587 8	0.614 2	0.639 3	0.663 5	0.686 9	0.709 7	0.732 0	0.754 0	0.775 7	0.846 1	0.914 7	0.982 2	1.048 9	1.115 0	1.180 7	1.246 1	1.311 3	1.376 2
0.45	0.534 6	0.562 4	0.588 4	0.613 4	0.636 9	0.659 9	0.682 2	0.704 1	0.725 5	0.794 9	0.861 9	0.927 5	0.992 1	1.056 1	1.119 5	1.182 5	1.245 2	1.307 7
0.50	0.483 9	0.513 3	0.540 3	0.565 5	0.589 8	0.613 0	0.635 4	0.657 3	0.678 6	0.747 0	0.812 6	0.876 5	0.939 3	1.001 2	1.062 5	1.123 3	1.183 8	1.244 1
0.55	0.435 9	0.467 0	0.495 1	0.521 2	0.545 8	0.569 2	0.591 7	0.613 5	0.634 7	0.702 2	0.766 6	0.828 9	0.889 9	0.950 0	1.009 4	1.068 2	1.126 6	1.184 8
0.60	0.391 0	0.423 8	0.453 0	0.479 8	0.504 7	0.528 3	0.550 8	0.572 7	0.593 8	0.660 5	0.723 7	0.784 6	0.844 0	0.902 3	0.959 8	1.016 8	1.073 3	1.129 5
0.65	0.349 5	0.384 0	0.414 1	0.441 8	0.466 7	0.490 6	0.513 1	0.534 8	0.555 8	0.621 7	0.683 7	0.743 2	0.801 1	0.857 0	0.913 6	0.968 9	1.023 6	1.077 9
0.70	0.311 6	0.347 5	0.378 4	0.406 4	0.431 7	0.455 6	0.478 2	0.499 8	0.520 6	0.585 7	0.646 6	0.704 7	0.761 1	0.816 3	0.870 5	0.924 7	0.977 1	1.029 7

《公路钢筋混凝土及预应力混凝土桥涵设计规范》应用指南

续上表

$\eta \dfrac{e_0}{r}$	\multicolumn{18}{c	}{$\rho \dfrac{f_{sd}}{f_{cd}}$}
	0.06	0.09	0.12	0.15	0.18	0.21	0.24	0.27	0.30	0.40	0.50	0.60	0.70	0.80	0.90	1.00	1.10	1.20
0.75	0.2773	0.3143	0.3459	0.3739	0.3996	0.4235	0.4460	0.4674	0.4881	0.5523	0.6123	0.6689	0.7239	0.7779	0.8303	0.8823	0.9337	0.9847
0.80	0.2468	0.2845	0.3164	0.3446	0.3702	0.3940	0.4164	0.4377	0.4581	0.5214	0.5799	0.6356	0.6892	0.7415	0.7927	0.8432	0.8931	0.9426
0.85	0.2199	0.2579	0.2890	0.3180	0.3436	0.3672	0.3893	0.4104	0.4305	0.4928	0.5502	0.6045	0.6569	0.7078	0.7577	0.8067	0.8552	0.9032
0.90	0.1963	0.2343	0.2661	0.2940	0.3193	0.3427	0.3646	0.3853	0.4053	0.4663	0.5225	0.5757	0.6267	0.6763	0.7249	0.7725	0.8197	0.8663
0.95	0.1759	0.2134	0.2448	0.2724	0.2974	0.3204	0.3420	0.3624	0.3818	0.4419	0.4969	0.5488	0.5986	0.6470	0.6942	0.7406	0.7864	0.8317
1.00	0.1582	0.1950	0.2259	0.2530	0.2775	0.3001	0.3213	0.3413	0.3604	0.4193	0.4731	0.5238	0.5724	0.6195	0.6655	0.7107	0.7553	0.7993
1.10	0.1299	0.1646	0.1939	0.2198	0.2433	0.2649	0.2852	0.3044	0.3227	0.3791	0.4305	0.4789	0.5251	0.5699	0.6136	0.6564	0.6985	0.7402
1.20	0.1087	0.1410	0.1685	0.1929	0.2152	0.2358	0.2551	0.2734	0.2909	0.3446	0.3937	0.4398	0.4836	0.5264	0.5679	0.6086	0.6486	0.6881
1.30	0.0927	0.1224	0.1481	0.1710	0.1920	0.2115	0.2299	0.2472	0.2639	0.3150	0.3618	0.4057	0.4476	0.4882	0.5276	0.5663	0.6043	0.6418
1.40	0.0804	0.1077	0.1316	0.1531	0.1728	0.1912	0.2086	0.2250	0.2408	0.2895	0.3340	0.3758	0.4158	0.4544	0.4920	0.5288	0.5649	0.6006
1.50	0.0708	0.0959	0.1180	0.1381	0.1567	0.1741	0.1905	0.2061	0.2210	0.2673	0.3097	0.3496	0.3877	0.4245	0.4603	0.4954	0.5298	0.5638
1.60	0.0630	0.0862	0.1068	0.1256	0.1431	0.1595	0.1750	0.1897	0.2039	0.2479	0.2881	0.3264	0.3628	0.3979	0.4321	0.4655	0.4984	0.5309
1.70	0.0567	0.0782	0.0974	0.1150	0.1315	0.1469	0.1616	0.1756	0.1891	0.2310	0.2695	0.3058	0.3405	0.3741	0.4068	0.4380	0.4702	0.5012
1.80	0.0515	0.0715	0.0894	0.1060	0.1215	0.1361	0.1501	0.1633	0.1761	0.2160	0.2528	0.2875	0.3207	0.3528	0.3840	0.4146	0.4447	0.4743
1.90	0.0472	0.0657	0.0826	0.0982	0.1128	0.1266	0.1398	0.1525	0.1646	0.2027	0.2378	0.2710	0.3028	0.3335	0.3635	0.3928	0.4216	0.4500
2.00	0.0435	0.0608	0.0767	0.0914	0.1058	0.1183	0.1309	0.1429	0.1545	0.1908	0.2244	0.2562	0.2867	0.3162	0.3449	0.3730	0.4007	0.4279

续上表

η $\dfrac{e_0}{r}$	$\rho\dfrac{f_{sd}}{f_{cd}}$																	
	0.06	0.09	0.12	0.15	0.18	0.21	0.24	0.27	0.30	0.40	0.50	0.60	0.70	0.80	0.90	1.00	1.10	1.20
2.50	0.031 1	0.044 1	0.056 2	0.067 6	0.078 4	0.088 8	0.098 7	0.108 7	0.117 6	0.147 0	0.174 4	0.200 5	0.225 5	0.249 8	0.273 5	0.296 8	0.319 7	0.342 2
3.00	0.024 1	0.034 5	0.044 2	0.053 5	0.062 3	0.070 9	0.078 7	0.086 7	0.094 6	0.119 1	0.142 1	0.164 0	0.185 2	0.205 7	0.225 8	0.245 6	0.265 0	0.284 1
3.50	0.019 7	0.028 3	0.036 4	0.044 1	0.051 6	0.058 7	0.065 7	0.072 4	0.079 0	0.099 4	0.119 6	0.138 5	0.156 8	0.174 6	0.191 9	0.209 0	0.225 8	0.242 5
4.00	0.016 6	0.024 0	0.030 9	0.037 6	0.044 0	0.050 2	0.056 2	0.062 0	0.067 7	0.085 9	0.103 2	0.119 8	0.135 8	0.151 4	0.166 7	0.181 8	0.196 6	0.211 2
4.50	0.014 4	0.020 8	0.026 9	0.032 7	0.038 3	0.043 7	0.049 0	0.054 2	0.059 2	0.075 4	0.090 7	0.105 4	0.119 7	0.133 6	0.147 3	0.160 7	0.174 0	0.187 0
5.00	0.012 7	0.018 3	0.023 7	0.028 9	0.033 9	0.038 8	0.043 5	0.048 1	0.052 6	0.067 1	0.080 9	0.094 1	0.107 0	0.119 5	0.131 9	0.144 0	0.155 9	0.167 7
5.50	0.011 3	0.016 4	0.021 3	0.025 9	0.030 4	0.034 8	0.039 1	0.043 3	0.047 4	0.060 5	0.072 9	0.085 0	0.096 7	0.108 1	0.119 3	0.130 4	0.141 2	0.152 0
6.00	0.010 2	0.014 9	0.019 3	0.023 5	0.027 6	0.031 6	0.035 5	0.039 3	0.043 0	0.054 9	0.066 2	0.077 1	0.087 8	0.098 2	0.108 4	0.119 1	0.129 1	0.139 0
6.50	0.009 3	0.013 6	0.017 6	0.021 5	0.025 2	0.028 9	0.032 5	0.036 0	0.039 4	0.050 4	0.061 0	0.071 1	0.081 0	0.090 7	0.100 2	0.109 6	0.118 8	0.128 0
7.00	0.008 6	0.012 5	0.016 2	0.019 8	0.023 3	0.026 6	0.030 0	0.033 2	0.036 4	0.046 6	0.056 3	0.065 8	0.075 0	0.084 0	0.092 8	0.101 5	0.110 1	0.118 6
7.50	0.008 0	0.011 6	0.015 1	0.018 4	0.021 6	0.024 7	0.027 8	0.030 8	0.033 8	0.043 2	0.052 4	0.061 2	0.069 7	0.078 1	0.086 4	0.094 5	0.102 5	0.110 4
8.00	0.007 4	0.010 8	0.014 1	0.017 2	0.020 1	0.023 0	0.025 9	0.028 7	0.031 5	0.040 4	0.048 9	0.057 2	0.065 2	0.073 0	0.080 8	0.088 4	0.095 9	0.103 4
8.50	0.006 9	0.010 1	0.013 1	0.016 0	0.018 8	0.021 6	0.024 3	0.026 9	0.029 5	0.037 9	0.045 9	0.053 6	0.061 2	0.068 6	0.075 9	0.083 0	0.090 1	0.097 1
9.00	0.006 5	0.009 4	0.012 3	0.015 0	0.017 7	0.020 3	0.022 8	0.025 3	0.027 8	0.035 6	0.043 2	0.050 5	0.057 7	0.064 6	0.071 5	0.078 3	0.085 0	0.091 6
9.50	0.006 1	0.008 9	0.011 6	0.014 2	0.016 7	0.019 1	0.021 5	0.023 9	0.026 2	0.033 7	0.040 8	0.047 7	0.054 5	0.061 1	0.067 6	0.074 0	0.080 4	0.086 7
10.00	0.005 8	0.008 4	0.011 0	0.013 4	0.015 8	0.018 1	0.020 4	0.022 6	0.024 8	0.031 9	0.038 7	0.045 3	0.051 7	0.058 0	0.064 1	0.070 2	0.076 3	0.082 2

需要说明的是,承载力公式 $\gamma_0 N_d \leq n_u A f_{cd}$ 看似是一个公式,其实不然,它是由式(5.3-23)和式(5.3-24)两个公式推导得到的,由式(5.3-24)计算的 n_u(相当于 N_u)采用了根据设计弯矩 M_d 和设计轴力 N_d 确定的偏心距 $e_0 = M_d/N_d$,所计算的是纵向钢筋已经布置好的情况下,构件能够承受的偏心距为 $e_0 = M_d/N_d$ 的轴力 N_u(对应的弯矩为 $e_0 N_u$)。图 5.3-6 为计算 n_u 的图示。

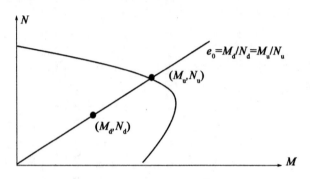

图 5.3-6 偏心距已知时计算轴力和弯矩

对于矩形截面的钢筋混凝土偏心受压构件,可以根据设计弯矩 M_d 和设计轴力 N_d 直接根据规范公式进行配筋计算,但圆形截面的钢筋混凝土偏心受压构件是不行的,故需要先假定沿周边均匀布置的钢筋总面积 A_s,计算构件的承载力 N_u,如果 $\gamma_0 N_d \leq N_u$,说明构件抗压承载力满足要求,满足了 $\gamma_0 N_d \leq N_u$ 也就满足了抗弯承载力 $\gamma_0 M_d \leq M_u$($\gamma_0 e_0 N_d \leq e_0 N_u$)。

5.3.3 应用实例

【例 5-2】 圆形截面钢筋混凝土偏心受压柱,截面半径 $r = 1\,800\,\text{mm}$,钢筋所在圆的半径 $r_s = 1\,720\,\text{mm}$。混凝土采用 C30,$f_{cd} = 13.8\,\text{MPa}$;纵向采用 72 根直径 22mm 的 HRB400 钢筋,$A_s = 27\,355.68\,\text{mm}^2$,$f_{sd} = f'_{sd} = 330\,\text{MPa}$。柱的设计轴力 $N_d = 150\,000\,\text{kN}$,设计弯矩 $M_d = 6\,000\,\text{kN} \cdot \text{m}$。计算柱的承载力。

解:①查表计算

柱的偏心距 $e_0 = \dfrac{M_d}{N_d} = \dfrac{6\,000\,000}{150\,000} = 40\,\text{mm}$，得 $\dfrac{e_0}{r} = \dfrac{40}{1\,800} = 0.022$

$\rho = \dfrac{A_s}{\pi r^2} = \dfrac{27\,355.68}{3.14 \times 1\,800^2} = 0.003$，$\rho\dfrac{f_{sd}}{f_{cd}} = 0.003 \times \dfrac{330}{13.8} = 0.072$

由表 5.3-2 查得 $\dfrac{e_0}{r} = 0.01$、$\rho\dfrac{f_{sd}}{f_{cd}} = 0.06$ 时，$n_u = 1.048\,7$；$\dfrac{e_0}{r} = 0.01$、$\rho\dfrac{f_{sd}}{f_{cd}} = 0.09$ 时，$n_u = 1.078\,3$。内插得到 $\dfrac{e_0}{r} = 0.01$，$\rho\dfrac{f_{sd}}{f_{cd}} = 0.072$ 时的 n_u：

$n_u = 1.048\,7 + (1.078\,3 - 1.048\,7) \times \dfrac{0.072 - 0.06}{0.09 - 0.06} = 1.060\,5$

由表 5.3-2 查得 $\dfrac{e_0}{r} = 0.05$、$\rho\dfrac{f_{sd}}{f_{cd}} = 0.06$ 时，$n_u = 1.003\,1$；$\dfrac{e_0}{r} = 0.05$、$\rho\dfrac{f_{sd}}{f_{cd}} = 0.09$ 时，$n_u = 1.031\,6$。内插得到 $\dfrac{e_0}{r} = 0.05$，$\rho\dfrac{f_{sd}}{f_{cd}} = 0.072$ 时的 n_u：

$n_u = 1.003\,1 + (1.031\,6 - 1.003\,1) \times \dfrac{0.072 - 0.06}{0.09 - 0.06} = 1.014\,5$

由 $\dfrac{e_0}{r} = 0.01$，$\rho\dfrac{f_{sd}}{f_{cd}} = 0.072$ 和 $\dfrac{e_0}{r} = 0.05$，$\rho\dfrac{f_{sd}}{f_{cd}} = 0.072$ 时的 n_u 可内插得到 $\dfrac{e_0}{r} = 0.022$，$\rho\dfrac{f_{sd}}{f_{cd}} = 0.072$ 时的 n_u：

$n_u = 1.060\,5 + (1.014\,5 - 1.060\,5) \times \dfrac{0.022 - 0.01}{0.05 - 0.01} = 1.046\,7$

柱的抗压承载力

$N_u = \pi r^2 f_{cd} n_u = 3.14 \times 1\,800^2 \times 13.8 \times 1.046\,7 = 146\,952\,\text{kN}$

② 按式(5.3-10)和式(5.3-11)迭代计算

式(5.3-11)除以式(5.3-10)得

$$e_0 = \dfrac{\dfrac{2}{3}f_{cd}Ar\dfrac{\sin^3\pi\alpha}{\pi} + f_{sd}A_s r_s\left(\dfrac{\sin\pi\alpha + \sin\pi\alpha_t}{\pi}\right)}{\alpha f_{cd}A\left(1 - \dfrac{\sin 2\pi\alpha}{2\pi\alpha}\right) + (\alpha - \alpha_t)f_{sd}A_s}$$

其中 $\alpha_t = 1.25 - 2\alpha$。

将 $r = 1\,800\text{mm}$、$r_s = 1\,720\text{mm}$、$f_{cd} = 13.8\text{MPa}$、$A_s = 27\,355.68\text{mm}^2$、$f_{sd} = f'_{sd} = 330\text{MPa}$ 和 $e_0 = 40\text{mm}$ 代入上式迭代求得 $\alpha = 0.864\,3 > 0.625$,$\alpha_t = 0$。

将 α 代入式(5.3-10)得

$$N_u = \alpha f_{cd} A \left(1 - \frac{\sin 2\pi\alpha}{2\pi\alpha}\right) + (\alpha - \alpha_t) f_{sd} A_s$$

$$= 0.864\,3 \times 13.8 \times 1\,800^2 \times 3.14 \times \left(1 - \frac{\sin 2\pi\alpha}{2\pi\alpha}\right) +$$

$$(0.864\,3 - 0) \times 330 \times 27\,355.68$$

$$= 145\,970\text{kN}$$

按照同样的计算过程,表5.3-3给出了偏心距为100mm、200mm、210mm、500mm和1 000mm时,查表5.3-2及按式(5.3-10)和式(5.3-11)迭代求得的柱的抗压承载力。由表5.3-3可以看出,查表5.3-2得到的柱承载力与按式(5.3-10)和式(5.3-11)迭代计算的承载力非常接近。

计算结果(kN)　　　　　　　　　　　表5.3-3

偏心距(mm)	式(5.3-10)和式(5.3-11)	查表5.3-2
40	145 970	146 952
100	140 576	141 421
200	131 364	132 140
210	130 333	131 101
500	102 673	103 303
1 000	62 084	62 195

5.4 受压构件的承载力计算

5.4.1 技术现状

计算钢筋混凝土桥梁受压构件的极限承载力时,需要考虑轴力对构件产生的附加弯矩。对于轴心受压构件,需对构件承载力乘以根据构件计算长度确定的稳定系数;对于偏心受压构件,需要对构件轴力偏心距乘以与计算长度有关的偏心距增大系数。因此，计算长度是受压构件承载力计算的一个重要参数。《规范》(JTG D62—2004)只给出了几种简单情况下的计算长度公式，不能满足桥梁设计的实际要求。因此，需要通过进一步研究，提出满足工程要求的计算公式或简化公式。

结构中的构件是通过节点连接在一起工作的，所以确定构件的计算长度必须考虑相邻构件之间的相互约束，这种约束作用需由结构的整体分析确定。如果采用有限元方法进行分析，则不需进行专门的处理，因为构件本身在整体结构中。但对于规范采用的简化设计方法，构件是单独进行分析的，脱离了原来整体结构环境的约束，所以需要进行专门的研究。

构件计算长度就是一个构件相邻弯矩零点之间的长度。构件端部约束条件不同，反弯点的位置也不同，构件计算长度取值也受影响。图 5.4-1 所示为弹性独立构件的计算长度：两端铰接柱[图 5.4-1a)]，$l_0 = l$；悬臂柱[图 5.4-1b)]，$l_0 = 2l$；一端固接一端铰接柱[图 5.4-1c)]，$l_0 = 0.7l$；两端固接柱[图 5.4-1d)]，$l_0 = 0.5l$；其他情况见图 5.4-1e) ~ g)。其中，l_0 为构件计算长度，l 为构件端部约束之间的距离。

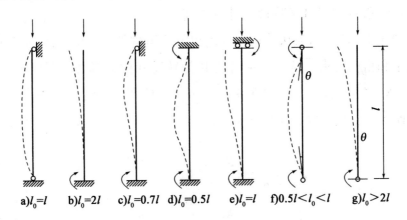

图 5.4-1　独立受压构件两端的约束和相应的计算长度

从各国设计规范来看，确定受压构件计算长度的方法大致有以下两类：

1)完全按照工程经验给出构件的计算长度作为标准柱的等代长度,不做理论推证。我国《混凝土结构设计规范》(GB 50010—2010)采用的就是经验方法。

2)按弹性稳定理论确定的计算长度作为标准柱的等代长度。具体做法是:假定竖向荷载全部以节点集中荷载的形式出现,且各柱段同时失稳,给出"有侧移"及"无侧移"情况下框架的失稳图形。再将上下两个节点之间的各柱段分别从框架中分离出来,根据失稳图形中梁、柱的变形特点确定其端部约束条件,并对所分离出的单根构件进行弹性稳定验算,利用平衡条件及变形协调条件解得构件即将失稳时的临界荷载 P_{cr},代入欧拉方程求出计算长度,并将其视为标准柱的等代长度,这种方法可称为"分离构件法"。美国建筑规范 ACI 318-14、美国桥梁规范 AASHTO LRFD 2014 及欧洲规范 EN 1992-1-1:2004 采用的是"分离构件法"。

考虑到大部分情况下桥梁结构是有侧移的,本次规范修订提出了一般约束条件下桥梁受压构件计算长度的简化计算方法。

5.4.2 基本原理

1)一般约束条件下构件的计算长度

图 5.4-2a)所示为从结构中分离出的受压构件,端部受支点提供的转动约束和横向约束。这些约束理想化为转动和横向弹簧,弹簧刚度分别用 K_A、K_B 和 K_F 表示。如图 5.4-2b)所示,构件弯矩、转角和侧向位移与构件刚度 K_A、K_B 和 K_F 有如下关系:

$$K_A = \frac{M_A}{\theta_A} \qquad (5.4\text{-}1)$$

$$K_B = \frac{M_B}{\theta_B} \qquad (5.4\text{-}2)$$

$$K_F = \frac{M_A + M_B + N \cdot \Delta}{\Delta \cdot l} \qquad (5.4\text{-}3)$$

式中：N——构件承受的轴力；

Δ——构件两端的相对水平位移；

l——构件实际长度；

M_A、M_B——分别为构件两端弯矩。

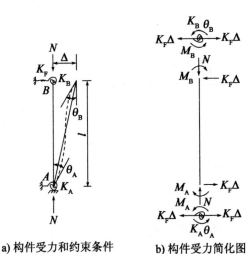

a) 构件受力和约束条件　　b) 构件受力简化图

图 5.4-2　弹性约束受压构件计算模型

受压构件的转角位移方程为：

$$M_A = \frac{EI}{l}\left[s_{ii}\theta_A + s_{ij}\theta_B - (s_{ii} + s_{ij})\frac{\Delta}{l}\right] \quad (5.4\text{-}4)$$

$$M_B = \frac{EI}{l}\left[s_{ji}\theta_A + s_{jj}\theta_B - (s_{ji} + s_{jj})\frac{\Delta}{l}\right] \quad (5.4\text{-}5)$$

式中：s_{ii}、s_{ij}、s_{ji} 和 s_{jj} 为稳定函数，按下列公式计算：

$$s_{ii} = s_{jj} = \frac{\lambda l \sin(\lambda l) - (\lambda l)^2 \cos(\lambda l)}{2 - 2\cos(\lambda l) - \lambda l \sin(\lambda l)} \quad (5.4\text{-}6)$$

$$s_{ij} = s_{ji} = \frac{(\lambda l)^2 - \lambda l \sin(\lambda l)}{2 - 2\cos(\lambda l) - \lambda l \sin(\lambda l)} \quad (5.4\text{-}7)$$

$$\lambda = \sqrt{\frac{N}{EI}} \quad (5.4\text{-}8)$$

将式(5.4-1)~式(5.4-3)代入式(5.4-4)和式(5.4-5),经简化得:

$$\begin{bmatrix} s_{ii}+k_A & s_{ij} & -(s_{ii}+s_{ij}) \\ s_{ij} & s_{ii}+k_B & -(s_{ii}+s_{ij}) \\ -(s_{ii}+s_{ij}) & -(s_{ii}+s_{ij}) & 2(s_{ii}+s_{ij})-(kl)^2+k_F \end{bmatrix} \begin{bmatrix} \theta_A \\ \theta_B \\ \dfrac{\Delta}{l} \end{bmatrix} = \begin{bmatrix} 0 \\ 0 \\ 0 \end{bmatrix}$$

(5.4-9)

$$\left. \begin{aligned} k_A &= \dfrac{K_A l}{EI} \\ k_B &= \dfrac{K_B l}{EI} \\ k_F &= \dfrac{K_F l^3}{EI} \end{aligned} \right\}$$

(5.4-10)

式中:k_A、k_B——转动相对约束刚度;

k_F——横向相对约束刚度。

为使式(5.4-9)有有效解,必须取:

$$\begin{vmatrix} s_{ii}+k_A & s_{ij} & -(s_{ii}+s_{ij}) \\ s_{ij} & s_{ii}+k_B & -(s_{ii}+s_{ij}) \\ -(s_{ii}+s_{ij}) & -(s_{ii}+s_{ij}) & 2(s_{ii}+s_{ij})-(kl)^2+k_F \end{vmatrix} = 0$$

(5.4-11)

整理式(5.4-11)得:

$$[k_A+k_B+k_F-(\lambda l)^2](s_{ii}^2-s_{ij}^2) + \{(k_A+k_B)[k_F-(\lambda l)^2] + 2k_A k_B\} s_{ii} + 2k_A k_B s_{ij} + k_A k_B [k_F-(\lambda l)^2] = 0 \qquad (5.4\text{-}12)$$

$$\left[1+\dfrac{k_F-(\lambda l)^2}{k_A+k_A}\right](s_{ii}^2-s_{ij}^2) + \left[k_F-(\lambda l)^2+\dfrac{2k_A k_A}{k_A+k_A}\right]s_{ii} + \dfrac{2k_A k_B}{k_A+k_B}s_{ij} + \dfrac{k_A k_B}{k_A+k_B}[k_F-(\lambda l)^2] = 0 \qquad (5.4\text{-}13)$$

将式(5.4-6)和式(5.4-7)代入式(5.4-13)得:

$$\left[1 + \frac{k_F - \left(\frac{\pi}{k}\right)^2}{k_A + k_B}\right]\left(\frac{\pi}{k}\right)^2 + \left[k_F - \left(\frac{\pi}{k}\right)^2 + \frac{2k_A k_B}{k_A + k_B}\right]\left(1 - \frac{\pi/k}{\tan(\pi/k)}\right) +$$

$$\frac{2k_A k_B}{k_A + k_B}\left[\frac{\pi/k}{\sin(\pi/k)} - 1\right] + \frac{k_A k_B}{k_A + k_B}\left[k_F - \left(\frac{\pi}{k}\right)^2\right]\left[\frac{2\tan(\pi/2k)}{\pi/k} - 1\right] = 0$$

(5.4-14)

上式的推导中,取 $\lambda l = \sqrt{\dfrac{N}{EI}} l = \pi \sqrt{\dfrac{N}{N_e}} = \dfrac{\pi}{k}$。

式中:k——受压构件计算长度系数,$k = \dfrac{l_0}{l}$;

N_e——两端铰接受压构件的欧拉稳定轴力,$N_e = \dfrac{\pi^2 EI}{l_0^2}$;$N$ 为图 5.4-2a)所示约束条件下受压构件的稳定轴力,$N = \dfrac{\pi^2 EI}{(kl)^2}$。

式(5.4-14)为一般约束条件下受压构件计算长度的计算公式,式中的相对约束刚度 k_A、k_B 和 k_F 可分别根据一阶分析得到的构件 A 端弯矩 M_A 和转角 θ_A、B 端弯矩 M_B 和转角 θ_B、B 端相对位移 Δ,通过式(5.4-1)、式(5.4-2)和式(5.4-3)求得 K_A、K_B 和 K_F 后,由式(5.4-9)确定。

对于端部约束比较简单的受压构件,如图 5.4-1a)~e)所示的情况,可直接由式(5.4-14)推导得出构件的计算长度系数。表 5.4-1 列出了图 5.4-1a)~e)所示构件的边界条件和计算长度系数。

几种简单约束条件受压构件的计算长度系数　　表 5.4-1

构　件	约　束　条　件	计算长度系数 k
图 5.4-1a)	$k_A = k_B = 0, k_F \to \infty$	1
图 5.4-1b)	$k_A \to \infty, k_B = 0, k_F = 0$	2
图 5.4-1c)	$k_A \to \infty, k_B = 0, k_F \to \infty$	0.7
图 5.4-1d)	$k_A \to \infty, k_B \to \infty$	0.5
图 5.4-1e)	$k_A \to \infty, k_B \to \infty, k_F = 0$	1

①一端固定一端有转动和水平约束构件的计算长度

墩柱下端一般固定于基础或地面上，且上端大部分可以移动，因此假定图5.4-2a)的受压构件A端固定，即$k_A = \infty$，B端受转动和水平约束。式(5.4-14)可简化为：

$$\left(\frac{\pi}{k}\right)^2 + \left[k_F - \left(\frac{\pi}{k}\right)^2 + 2k_B\right]\left(1 - \frac{\pi/k}{\tan(\pi/k)}\right) + 2k_B\left[\frac{\pi/k}{\sin(\pi/k)} - 1\right] +$$

$$k_B\left[k_F - \left(\frac{\pi}{k}\right)^2\right]\left[\frac{2\tan(\pi/2k)}{\pi/k} - 1\right] = 0 \quad (5.4\text{-}15)$$

解式(5.4-15)即可得到构件的计算长度系数k。对计算结果进行分析，得到如下简化的计算长度系数公式：

$$k = 0.5\exp\left[\frac{0.35}{1 + 0.6k_B} + \frac{0.7}{1 + 0.01k_F^2} + \frac{0.35}{(1 + 0.75k_B)(1 + 1.15k_F)}\right]$$

$$(5.4\text{-}16)$$

图5.4-3为式(5.4-16)与式(5.4-15)计算结果的对比。由图5.4-3可以看出，近似公式(5.4-16)与精确公式(5.4-15)的计算结果比较接近。

②一端固定一端有水平约束构件的计算长度

图5.4-2a)构件下端固定、上端水平约束时，$k_A = \infty$，$k_B = 0$，代入式(5.4-16)得：

$$k = 0.5\exp\left(0.35 + \frac{0.7}{1 + 0.01k_F^2} + \frac{0.35}{1 + 1.15k_F}\right) \quad (5.4\text{-}17)$$

即

$$k = 0.7\exp\left(\frac{0.7}{1 + 0.01k_F^2} + \frac{0.35}{1 + 1.15k_F}\right) \quad (5.4\text{-}18)$$

如果将$k_B = 0$代入式(5.4-15)，得：

$$\tan\left(\frac{\pi}{k}\right) = \frac{\pi}{k} - \frac{1}{k_F}\left(\frac{\pi}{k}\right)^3 \quad (5.4\text{-}19)$$

直接对式(5.4-19)进行数值计算，对计算结果进行分析得到：

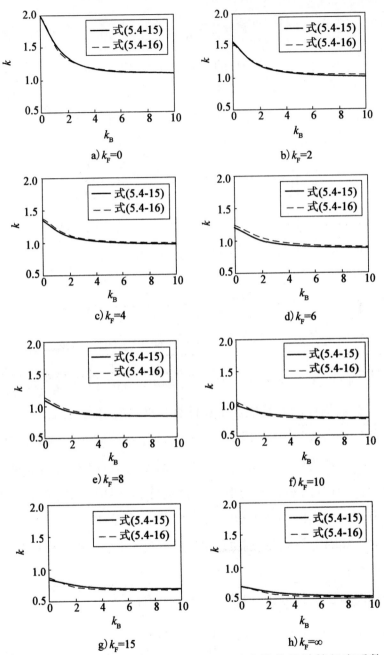

图 5.4-3 一端固定一端有转动和水平约束构件的计算长度系数

$$k = 2 - \frac{1.3k_F^{1.5}}{9.5 + k_F^{1.5}} \qquad (5.4\text{-}20)$$

式(5.4-18)和式(5.4-20)的计算结果与式(5.4-19)的计算结果对比于图5.4-4。式(5.4-20)与式(5.4-18)都可用于一端固定一端有水平约束构件计算长度的简化计算,但式(5.4-20)更简单一些。

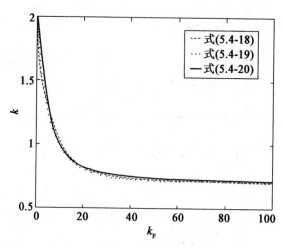

图5.4-4 一端固定一端有水平约束构件的计算长度系数

2)变截面构件的等效惯性矩和计算长度系数

前面的分析及给出的计算长度公式是针对等截面构件的,实际桥梁结构中有些墩柱构件可能是变截面的。对于变截面构件,本节首先将其等效为等截面构件,然后采用前面的公式计算其计算长度系数。下面针对两个有不同截面的构件进行分析,给出等效截面惯性矩的计算方法。

针对一端固定一端有约束的情况,采用图5.4-5a)和图5.4-5b)的两种构件进行分析。

采用能量法进行分析,得构件失稳时的轴力为:

$$N = \frac{\int_0^l EI(y'')^2 \mathrm{d}y}{\int_0^l (y')^2 \mathrm{d}y} \qquad (5.4\text{-}21)$$

式中：y——构件侧移曲线函数；

y'——构件侧移曲线的一阶导数；

y''——构件侧移曲线的二阶导数。

假定等效截面构件的失稳荷载为 $N_{(i)}$，即：

$$N_{(i)} = \frac{\pi^2 EI_{(i)}}{\mu_i l} \tag{5.4-22}$$

式中：$I_{(i)}$——等效截面构件的截面惯性矩，当构件上端自由[图5.4-5a)]时为 $I_{(1)}$，当构件上端铰接[图5.4-5b)]时为 $I_{(2)}$；

μ_i——等效截面构件的截面惯性矩，当构件上端自由[图5.4-5a)]时 $\mu_2=2$，当构件上端铰接[图5.4-5b)]时 $\mu_2=0.7$。

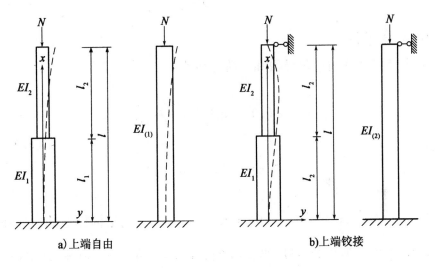

a) 上端自由 b) 上端铰接

图 5.4-5　用于等效截面惯性矩分析的两种构件

使式(5.4-22)与式(5.4-21)相等得：

$$I_{(i)} = \frac{(\mu_i l)^2}{\pi^2} \times \frac{\int_0^l EI(y'')^2 \mathrm{d}x}{\int_0^l (y')^2 \mathrm{d}x} \tag{5.4-23}$$

式(5.4-23)即为变截面构件的等效截面惯性矩。对于本节讨论的一端固定一端有转动和水平约束的构件($0.5 \leq k \leq 2$),其稳定性大致介于一端固定一端自由的构件($k=2$)和一端固定一端无转动约束($k=0.7$)的构件之间。对于变截面构件,如果按式(5.4-23)确定的两种构件的等效惯性矩相差不大,可将介于两种构件之间的等效截面惯性矩作为一端固定一端受转动和水平约束构件的等效截面惯性矩。

①一端固定一端自由构件的等效截面惯性矩

假定竖向荷载作用下一端固定一端自由变截面构件[图5.4-5a)]的变形函数为:

$$y(x) = a_1\left(x^2 - \frac{x^3}{3l}\right) \quad (a_1 \neq 0) \tag{5.4-24}$$

式中:a_1 为系数。

式(5.4-24)的一阶导数和二阶导数为:

$$\left.\begin{array}{l} y'(x) = a_1\left(2x - \dfrac{x^2}{l}\right) \\ y''(x) = 2a_1\left(1 - \dfrac{x}{l}\right) \end{array}\right\} \tag{5.4-25}$$

当 $x=0$ 时,$y(0)=0$,$y'(0)=0$,$y''(0)=2a_1$,满足构件下端位移和转角为0、弯矩不为0的条件;当 $x=l$ 时,$y(l)=\dfrac{2}{3}a_1 l^2$,$y'(l)=a_1 l$,$y''(l)=0$,满足构件上端位移和转角不为0、弯矩为0的条件。

式(5.4-23)中的两个积分项为:

$$\int_0^l EI(y'')^2 \mathrm{d}x = 4a_1^2 E \left[\frac{I_2(l^3 - l_1^3) + I_1 l_1^3}{3l^2} - \frac{I_1 l_1^2 + I_2(l^2 - l_1^2)}{l} + \right.$$

$$\left. I_1 l_1 + I_2(l - l_1) \right] \tag{5.4-26}$$

$$\int_0^l (y')^2 dx = a_1^2 \int_0^l \left(4x^2 - 4\frac{x^3}{l} + \frac{x^4}{l^2}\right) dx = \frac{8a_1^2 l^3}{15} \qquad (5.4\text{-}27)$$

令 $I_1 = I_2 = I, l_1 = l$，将式(5.4-26)和式(5.4-27)代入式(5.4-21)得：

$$N_{(1)} = 2.5 \frac{EI}{l^2} = \frac{\pi^2 EI}{(1.986918 l)^2}$$

与精确解 $N = \frac{\pi^2 EI}{(2l)^2}$ 相比，误差约为1.3%。

将式(5.4-26)和式(5.4-27)代入式(5.4-23)，得到变截面构件的等效截面惯性矩：

$$I_{(1)} = \frac{10}{\pi^2}\left[\frac{l_1}{l}\left(\frac{l_1^2}{l^2} - 3\frac{l_1}{l} + 3\right) + \left(1 - \frac{l_1}{l}\right)^3 \frac{I_2}{I_1}\right] \qquad (5.4\text{-}28)$$

②一端固定一端有水平约束构件的等效截面惯性矩

假定竖向荷载作用下以端固定一端有水平约束变截面构件[图5.4-5b)]的变形函数为：

$$y(x) = a_1 x^2 (l - x) + a_2 x^3 (l - x) \qquad (5.4\text{-}29)$$

式中，a_1 和 a_2 为系数，$a_1 \neq 0, a_2 \neq 0$。

式(5.4-29)的一阶导数和二阶导数为：

$$\left.\begin{aligned} y'(x) &= a_1 x(2l - 3x) + a_2 x^2 (3l - 4x) \\ y''(x) &= 2a_1 (l - 3x) + 6a_2 x(l - 2x) \end{aligned}\right\} \qquad (5.4\text{-}30)$$

当 $x = 0$ 时，$y(0) = 0, y'(0) = 0, y''(0) = 2a_1 l$，满足构件下端位移和转角为0、弯矩不为0的条件；当 $x = l$ 时，$y(l) = 0, y'(l) = -a_1 l^2 - a_2 l^3$，满足构件上端位移和转角不为0的条件，但 $x = l$ 时弯矩为0，级 $y''(x) = -4a_1 l - $

$6a_2l^2$。由此得到 $a_2 = -\dfrac{2a_1}{3l}$,则式(5.4-29)和式(5.4-30)重写为:

$$y(x) = a_1 x^2 (l - x) - \frac{2a_1}{3} \frac{x^3 (l - x)}{l}$$

$$y'(x) = 2a_1 x (l - x) - a_1 x^2 - 2 \frac{a_1 x^2 (l - x)}{l} + \frac{2}{3} \frac{a_1 x^3}{l}$$

$$y''(x) = 2a_1 (l - x) - 4a_1 x - 4 \frac{a_1 x (l - x)}{l} + 4 \frac{a_1 x^2}{l}$$

式(5.4-23)中的两个积分项为:

$$\int_0^l EI(y'')^2 \mathrm{d}x = a_1^2 E \begin{Bmatrix} \dfrac{64 I_1 l_1^5}{5l^2} - 40 \dfrac{I_1 l_1^4}{l} + 44 I_1 l_1^3 - 20 I_1 l l_1^2 + 4 I_1 l^2 l_1 + \\ \dfrac{64 I_2 (l^5 - l_1^5)}{5l^2} - 40 \dfrac{I_2 (l^4 - l_1^4)}{l} + 44 I_2 (l^3 - l_1^3) \\ - 20 I_2 l (l^2 - l_1^2) + 4 I_2 l^2 (l - l_1) \end{Bmatrix}$$

(5.4-31)

$$\int_0^l (y')^2 \mathrm{d}x = \frac{4a_1^2}{105} l^5 \qquad (5.4\text{-}32)$$

令 $I_1 = I_2 = I, l_1 = l$,将式(5.4-31)和式(5.4-32)代入式(5.4-21)得:

$$N_{(2)} = 21 \frac{EI}{l^2} = \frac{\pi^2 EI}{(0.6856 l)^2}$$

与精确解 $N = \dfrac{\pi^2 EI}{(0.7l)^2}$ 相比,误差约为 4.3%。

将式(5.4-31)和式(5.4-32)代入式(5.4-23)得：

$$I_{(2)} = \frac{12.8625}{\pi^2}\left\{\begin{array}{l} \dfrac{64}{5}\left(\dfrac{l_1}{l}\right)^5 - 40\left(\dfrac{l_1}{l}\right)^4 + 44\left(\dfrac{l_1}{l}\right)^3 - 20\left(\dfrac{l_1}{l}\right)^2 + \\ \\ 4\left(\dfrac{l_1}{l}\right) + \dfrac{64}{5}\dfrac{I_2}{I_1}\left(1-\left(\dfrac{l_1}{l}\right)^5\right) - 40\dfrac{I_2}{I_1}\left(1-\left(\dfrac{l_1}{l}\right)^4\right) + \\ \\ 44\dfrac{I_2}{I_1}\left(1-\left(\dfrac{l_1}{l}\right)^3\right) - 20\dfrac{I_2}{I_1}\left(1-\left(\dfrac{l_1}{l}\right)^2\right) + \\ \\ 4\dfrac{I_2}{I_1}\left(1-\left(\dfrac{l_1}{l}\right)\right) \end{array}\right\}$$

(5.4-33)

图 5.4-6 示出了 $\dfrac{I_2}{I_1}=0\sim1.0$ 时 $\dfrac{I_{(1)}}{I_1}$ 和 $\dfrac{I_{(2)}}{I_1}$ 随 $\dfrac{l_1}{l}$ 变化的曲线。由图 5.4-6 可以看出，在 $\dfrac{l_1}{l}=0\sim0.2$ 和 $\dfrac{l_1}{l}=0.8\sim1.0$ 的范围内，$\dfrac{I_{(1)}}{I_1}$ 和 $\dfrac{I_{(2)}}{I_1}$ 的值比较接近；在 $\dfrac{l_1}{l}=0.2\sim0.8$ 的范围内 $\dfrac{I_{(1)}}{I_1}$ 和 $\dfrac{I_{(2)}}{I_1}$ 差别较大，但随着 $\dfrac{I_2}{I_1}$ 的增大，差别逐渐减小。当 $\dfrac{I_2}{I_1}\geq0.5$ 时，差别已经不是很大。因此，可用两条曲线中间的一条曲线代替两条曲线。中间的曲线取为下面的形式：

$$I_e = \frac{l_1}{l}\left(2-\frac{l_1}{l}\right)I_1 + \left(1-\frac{l_1}{l}\right)^2 I_2 \tag{5.4-34}$$

该式即为一端固定一端有转动和水平约束变截面构件的等效截面惯性矩计算公式。图 5.4-6 同时给出了按式(5.4-34)画出的曲线。

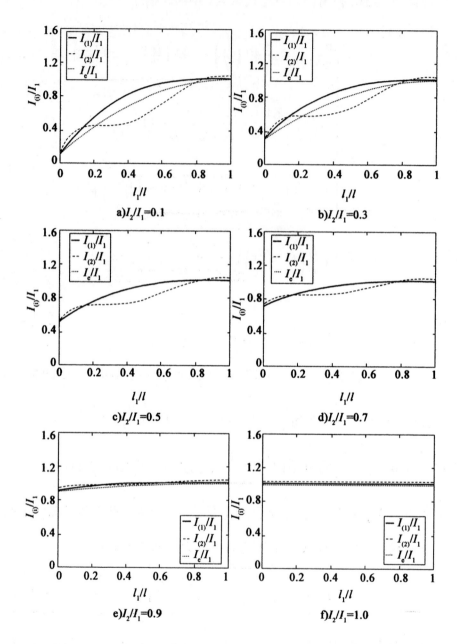

图 5.4-6 变截面构件等效惯性矩随构件变截面长度的变化

5.4.3 应用示例

【例5-3】 图5.4-7为一变截面桩柱式桥墩,桩基覆盖土层的 m 值为 $3\,000\text{kN/m}^4$。桩柱的混凝土强度等级为C40,混凝土重度为 25kN/m^3。桩柱上端承担的轴力 $N = 7\,600\text{kN}$,设计中采用有限元方法对整个桥梁进行一阶弹性分析,得桩柱上端水平力 $F = 50\text{kN}$,水平位移 $\Delta = 25.89\text{mm}$,弯矩 $M_B = 400\text{kN} \cdot \text{m}$,转角 $\theta_B = 0.002\,0\text{rad}$;桩柱下端弯矩 $M_A = 2\,650\text{kN} \cdot \text{m}$。计算该桩柱的计算长度。

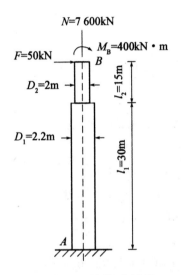

图5.4-7 桩柱式桥墩

解:C40混凝土的弹性模量为 $E_c = 3.25 \times 10^7 \text{kN/m}^2$。

桩柱自重为:

$$G = 25 \times \pi \frac{(2.2^2 \times 30 + 2^2 \times 15)}{4} = 4\,029.092\,6\text{kN}$$

考虑桩柱自重对轴力的影响,近似认为 $\frac{2}{3}G$ 的轴力对桩柱的稳定有贡献,则总轴力为:

$$N = 7\,600 + \frac{2}{3}G = 1.028\,6 \times 10^4 \text{kN}$$

桩柱下部和上部截面的惯性矩分别为：

$$I_1 = \frac{\pi D_1^4}{64} = \frac{\pi \times 2.2^4}{64} = 1.149\,9\,\text{m}^4$$

$$I_2 = \frac{\pi D_2^4}{64} = \frac{\pi \times 2^4}{64} = 0.785\,4\,\text{m}^4$$

由式(5.4-34)，得桩柱的等效截面惯性矩：

$$I = \frac{l_1}{l}\left(2 - \frac{l_1}{l}\right)I_1 + \left(1 - \frac{l_1}{l}\right)^2 I_2$$

$$= \frac{30}{45}\left(2 - \frac{30}{45}\right) \times 1.149\,9 + \left(1 - \frac{30}{45}\right)^2 \times 0.785\,4$$

$$= 1.109\,4\,\text{m}^4$$

由式(5.4-2)得桩柱上端的转动刚度：

$$K_B = \frac{M_B}{\theta_B} = \frac{400}{0.002\,0} = 2 \times 10^5 \text{kN} \cdot \text{m/rad}$$

由式(5.4-3)得桩柱上端的水平刚度：

$$K_F = \frac{M_A + M_B + N\Delta}{\Delta l}$$

$$= \frac{2\,650 + 400 + 1.028\,6 \times 10^4 \times 25.89 \times 10^{-3}}{25.89 \times 10^{-3} \times 45}$$

$$= 2.846\,5 \times 10^3 \text{kN/m}$$

由式(5.4-9)得桩柱上端的相对转动和相对水平刚度：

$$k_B = \frac{K_B l}{EI} = \frac{2 \times 10^5 \times 45}{3.25 \times 10^7 \times 1.109\,4} = 0.249\,6$$

$$k_F = \frac{K_F l^3}{EI} = \frac{2.846\,5 \times 10^3 \times 45^3}{3.25 \times 10^7 \times 1.109\,4} = 7.194\,1$$

由式(5.4-16)得桩柱的计算长度系数：

$$k = 0.5\exp\left[\frac{0.35}{1 + 0.6k_B} + \frac{0.7}{1 + 0.01k_F^2} + \frac{0.35}{(1 + 0.75k_B)(1 + 1.15k_F)}\right]$$

$$= 0.5\exp\left[\frac{0.35}{1+0.6\times 0.2496} + \frac{0.7}{1+0.01\times 7.1941^2} + \frac{0.35}{(1+0.75\times 0.2496)(1+1.15\times 7.1941)}\right]$$

$$= 1.11$$

桩柱的计算长度为：

$$l_0 = 1.11l = 1.11\times 45 = 49.95\mathrm{m}$$

本章参考文献

[5-1] 中华人民共和国行业标准. JTG D62—2004. 公路钢筋混凝土及预应力混凝土桥涵设计规范[S]. 北京:人民交通出版社,2004

[5-2] 中华人民共和国行业标准. GB 50010—2010. 混凝土结构设计规范[S]. 北京:中国建筑工业出版社,2010

[5-3] 徐栋. 桥梁体外预应力设计技术[M]. 北京:人民交通出版社,2008

[5-4] 张锋. 体外预应力混凝土桥梁弹性阶段若干关键问题研究[D]. 上海:同济大学桥梁工程系,2007

[5-5] 徐栋,赵瑜,朱骏. 体外预应力在大跨连续刚构抗剪设计中的应用[J]. 同济大学学报,2007,Vol.35(11):1455-1459

[5-6] 滕智明. 均匀配筋构件正截面强度计算. 钢筋混凝土结构设计与构造,85年设计规范背景资料汇编[R], 中国建筑科学研究院,1985

[5-7] 滕智明. 钢筋混凝土基本构件[M]. 北京:清华大学出版社,2001

[5-8] ACI318-08. Building code requirements for structural concrete and commentary[S]. American Concrete Institute, 2008

[5-9] AASHTO LRFD Bridge Design Specifications[S]. American Association of State Highway and Transportation Officials, 2007

[5-10] EN 1992-1-1:2004. Design of Concrete Structures. General Rules and Rules for Building [S]. CEN, 2004

[5-11] Chen H F. Stability design of steel frames [M]. CRC Press, 1991

[5-12] 许晶,贡金鑫. 无侧移钢筋混凝土柱荷载-变形特性及非线性二阶效应[J]. 建筑结构学报,2012,33(5)

[5-13] 周竞欧,朱伯钦,许哲明. 结论力学[M]. 上海:同济大学出版社,2000

[5-14] 邵旭东,程翔云,李立峰. 桥梁设计与计算[M]. 北京:人民交通出版社,2012

第6章 持久状况正常使用极限状态计算

6.1 主要修订条文

《规范》第6章条文的主要修订情况见表6.1-1。

《规范》第6章主要修订条文　　　　　表6.1-1

条文	修订情况说明
6.1.3	新增条文,解释详见本书第6.2节
6.1.4	补充体外预应力钢绞线的张拉控制应力,降低预应力螺纹钢筋的张拉控制应力
6.1.5	补充了体外预应力混凝土构件的截面特性取值方法
6.1.6、6.1.7	补充了体外预应力混凝土构件的应力计算方法
6.1.8	根据《规范》第3.2节钢筋等级调整情况,调整《规范》表6.1.8中数值
6.2.2	补充了体外预应力钢筋的摩擦系数
6.2.3	调整了带螺帽锚具的螺帽缝隙值
6.3.3	完善了混凝土竖向压应力的取值方法,需考虑竖向预应力、横向预应力、温度梯度和汽车荷载等因素
6.4.2	根据《规范》第4.5.2条,完善了最大裂缝宽度取值
6.4.3~6.4.5	调整了裂缝宽度计算方法,解释详见本书第6.3节

6.2 箱梁的应力验算指标体系

6.2.1 技术现状

传统的观点认为箱梁是柔细结构,进行应力验算时,取截面上缘正应力、截面下缘正应力和腹板主应力3项验算指标,着重分析顶底板的拉压受力和腹板的弯剪受力。这3项应力验算指标仅针对薄腹窄梁,不能真实反映箱梁压弯剪扭复合受力情况,这种验算方法存在一定的漏洞。以顶底板的斜裂缝为例,常用的计算方法对顶、底板的面内主应力关注甚少,导致顶底板斜裂缝发生时无法找到相应的验算应力。图6.2-1所示的箱梁腹板和底板的螺旋状裂缝是由于腹板和底板的面内主拉应力过大引起的。图6.2-2所示的箱梁底板纵向裂缝是底板的横向面外受拉过大引起的。

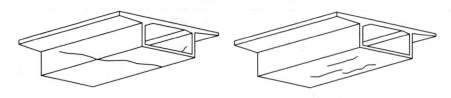

图6.2-1　箱梁腹板和底板　　图6.2-2　箱梁底板纵向裂缝
　　　　　的螺旋状裂缝

传统的3项应力验算指标体系存在缺失,不足以解释典型的箱梁开裂情况(表6.2-1)。在荷载作用下,每个箱梁组成板件(图6.2-3)的上缘正应力、下缘正应力和面内主应力都值得关注,这样才能与箱梁开裂情况一一对应,反映结构的真实受力状况。表6.2-1根据箱梁的典型裂缝形式,总结了箱梁需要关注的、完整的应力验算指标体系,同时列出了裂缝的成因。

完整的箱梁应力验算指标体系　　表6.2-1

验算指标	部位	裂缝形式	原因分析
顶板的纵向正应力	上缘		反映在荷载作用下结构整体的纵向受弯效应
	下缘		

续上表

验算指标	部位	裂缝形式	原因分析
顶板的横向正应力	上缘		反映在荷载作用下桥面板局部的横向受弯效应,靠近腹板处的桥面板为负弯矩,其上缘受拉,桥面板跨中为正弯矩,其下缘受拉
	下缘		
顶板的面内主应力	板厚方向		反映荷载作用下结构整体的纵向受弯、剪、扭复合受力效应
底板的纵向正应力	上缘		反映在荷载作用下结构整体的纵向受弯效应
	下缘		
底板的横向正应力	上缘		反映在荷载作用下底板局部的横向受弯效应,靠近腹板处的底板为负弯矩,其上缘受拉,底板跨中为正弯矩,其下缘受拉。局部荷载如变截面梁的底板纵向预应力钢束产生的"外崩力"
	下缘		
底板的面内主应力	板厚方向		反映荷载作用下结构整体的纵向受弯、剪、扭复合受力效应
腹板的正应力	内缘		反映框架效应,腹板的正应力主要由箱梁畸变或内外侧温差产生
	外缘		
腹板的面内主应力	板厚方向		反映荷载作用下结构整体的纵向受弯、剪、扭复合受力效应

箱梁的完整应力验算指标体系是实用精细化分析的重要新概念,各个板式构件的三层应力(图6.2-3)均需予以关注。每层应力包括三个代表方向的应力,即纵向应力、横向应力和主应力,如图6.2-4所示。表6.2-1反映了其中13项验算指标,其中选取了9项(黑体字部分)为结构设计常用控制性验算应力,主要是考虑了与现行常用验算应力的衔接,如图6.2-5、表6.2-2所示。

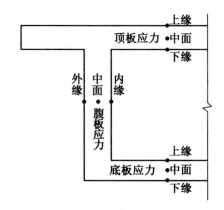

图 6.2-3　验算应力位置示意

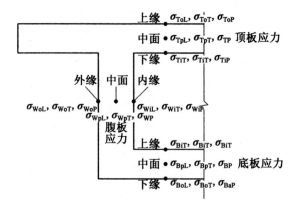

图 6.2-4　验算应力

图表中的符号系统定义:第1个字母:T表示顶板,B表示底板,W表示腹板;第2个字母:o表示箱子外圈(顶板是上缘,底板是下缘),i表示箱子内圈(顶板是下缘,底板是上缘),p 表示中面;第 3 个字母:L 表示纵向,T 表示横向,P 表示主方向。例如:σ_{ToL} 表示顶板上缘纵向应力,σ_{WpL} 表示腹板中面纵向应力。

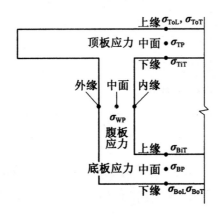

图 6.2-5　选取的验算应力

箱梁截面应该关注的 9 项验算应力　　　　表 6.2-2

构件/受力方向	部位	应力特征	与传统验算应力比照
顶板面外	上缘	纵向正应力 σ_{ToL}	整体截面上缘应力
	上缘	横向正应力 σ_{ToT}	桥面板局部应力
	下缘	横向正应力 σ_{TiT}	桥面板局部应力
顶板面内	中面	主应力 σ_{TP}	没有包含(同叠合梁)
底板面外	下缘	纵向正应力 σ_{BoL}	整体截面下缘应力
	上缘	横向正应力 σ_{BiT}	主要为计算底板钢束的外崩力,简化计算方法不完善
	下缘	横向正应力 σ_{BoT}	
底板面内	中面	主应力 σ_{BP}	没有包含(同叠合梁)
腹板面内	中面	主应力 σ_{WP}	腹板主应力

6.2.2　基本原理

1)箱梁受力分析

箱梁由纵向弯曲、扭转、畸变产生的正应力和剪应力为:

$$\sigma_Z = \sigma_M + \sigma_W + \sigma_{dW} \quad (6.2\text{-}1)$$

$$\tau_Z = \tau_K + \tau_M + \tau_W + \tau_{dW} \quad (6.2\text{-}2)$$

式中：σ_M——纵向弯曲正应力；

σ_W——约束扭转翘曲正应力；

σ_{dW}——畸变翘曲正应力；

τ_M——纵向弯曲剪应力；

τ_W——约束扭转剪应力；

τ_K——自由扭转剪应力；

τ_{dW}——畸变剪应力。

这些应力均是面内效应，是外荷载的整体效应，如图 6.2-6 所示。于是，截面的各个板件（顶板、底板和腹板）各点的受力均只有正应力和剪应力，而正应力和剪应力又可以合成为主应力，如图 6.2-7 所示。

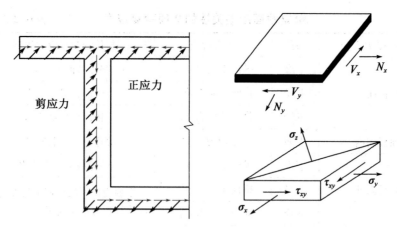

图 6.2-6　薄壁箱梁中面内应力　　图 6.2-7　板中面的薄壁应力

2）验算应力的表达方式——三层应力

箱梁的横向框架变形和畸变（图 6.2-8）将产生局部应力（板厚度方向的正应力、剪应力，即为板的面外应力）：

$$\sigma_T = \sigma_{dt} + \sigma_f \quad (6.2\text{-}3)$$

$$\tau_T = \tau_{dt} + \tau_f \tag{6.2-4}$$

式中：σ_{dt}——畸变产生的各板件板厚方向正应力；

τ_{dt}——畸变产生的各板件板厚方向剪应力；

σ_f——横向框架变形产生的各板件板厚方向正应力；

τ_f——横向框架变形产生的各板件板厚方向剪应力。

局部荷载还包括桥面板计算中的车轮荷载，变高度箱梁的底板纵向预应力钢束产生的外崩力，以及箱室内外温差等，如图 6.2-9 所示。每块板件在局部荷载作用下的变形和应力分布如图 6.2-10 所示。

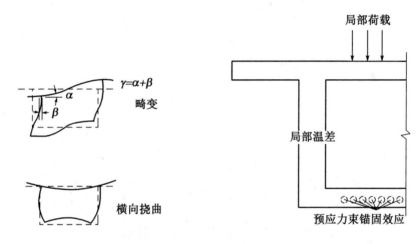

图 6.2-8　箱梁畸变及横向框架变形示意图

图 6.2-9　外荷载的局部效应

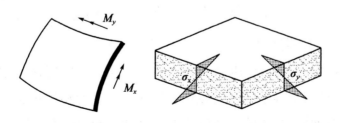

图 6.2-10　箱梁各板件面外效应变形及应力示意图

图6.2-3所归纳的基于各板件的三层应力完全反映了箱梁截面的受力特点和验算要求。每块板的上、下缘应力为面外效应,每块板的中面应力为面内效应。图6.2-11和图6.2-12分别为箱梁顶板和腹板的面内效应和面外效应的应力图示。

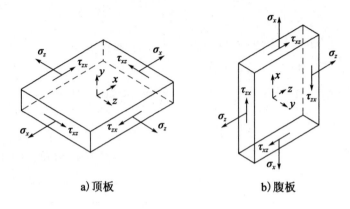

图6.2-11 面内效应示意图

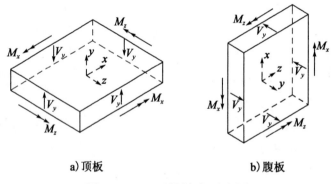

图6.2-12 面外效应示意图

6.2.3 应用示例

【例6-1】 以某大跨刚构桥为例,通过建立空间网格模型进行精细化分析,得出箱梁各个位置的关注验算应力。针对检测报告中描述的主要病害,与检测报告中的开裂位置进行对比,分析裂缝产生原因,得出必须有完整验算应力的必要性。

1)工程概况

某预应力混凝土连续刚构的跨径布置为(63 + 110 + 110 + 63)m,均采用单箱单室三向预应力变高度箱梁。箱顶宽度24.5m,底板宽13m,箱梁顶板设置成2%双向横坡。箱梁跨中及边跨托架现浇段梁高2.5m,墩与箱梁相接的根部断面和墩顶0号梁高为6.5m,梁高以二次抛物线变化。箱梁腹板在墩顶范围内厚80cm,其余梁段均厚50m,每段梁段的腹板上设有抗剪齿口;箱梁底板厚除0号梁段横隔板范围为80cm外,其余各梁段底板,从箱梁根部的60cm厚以二次抛物线渐变至跨中截面的28cm厚。箱梁采用C50混凝土,桥墩采用C40混凝土,桥墩承台、桥台盖梁和墩台桩基均采用C30混凝土。

桥型布置图如图6.2-13所示,主梁截面尺寸如图6.2-14所示,悬臂现浇施工。

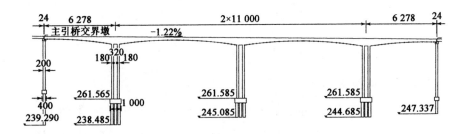

图6.2-13 某连续刚构桥型布置图(尺寸单位:cm)

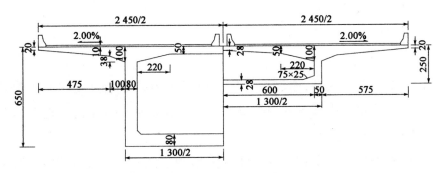

图6.2-14 某连续刚构截面尺寸图(尺寸单位:cm)

2)病害情况

根据检测报告,主桥主要存在多种裂缝(图6.2-15),包括顶板、底板、腹板相应位置处的纵向、横向、竖向、斜向及网状裂缝,其中腹板内侧斜裂缝共有300多条,腹板外侧斜裂缝有80多条。具体裂缝描述如下:

①箱梁顶板裂缝

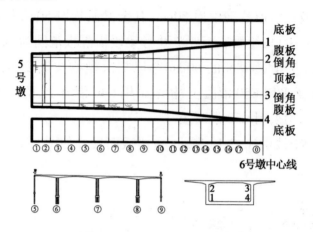

图6.2-15 边跨病害分布图

②箱梁底板纵向裂缝

检测报告中数据显示,在全桥连续刚构底板出现多条纵向裂缝(图6.2-16),具体分布为:边跨从边墩到边跨跨中区域箱梁底板中心线附近区域存在多条纵向裂缝;主跨两个四分点之间区域箱梁底板中心线附近区域存在多条纵向裂缝。

③箱梁腹板斜裂缝

3)分析对比

建立空间网格模型,通过精细化分析得出箱梁各个位置的关注验算应力。对检测报告中描述的主要病害,与检测报告中的开裂位置进行对比,分析裂缝产生原因。

全桥模型如图6.2-17所示,计算模型为空间六自由度空间网格,全桥共分4762个节点和8610个单元。箱梁断面的划分和节点情况,如

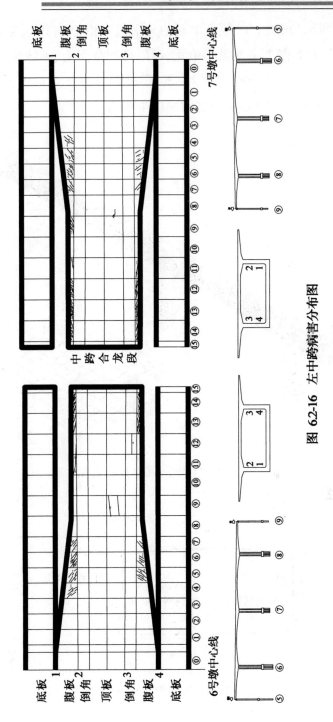

图 6.2-16 左中跨病害分布图

图 6.2-18 所示(虚线表示截面单元的分割线),沿纵向共分为 16 根纵梁:直腹板划分为 1 根工字型纵梁单元,可以得到截面上、下缘位置的正应力及腹板上、中、下三个位置主应力;顶、底板划分为多个板单元,可以得出板单元上、下缘的正应力及单元的面内主应力。

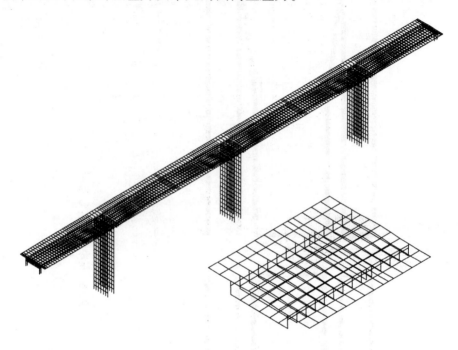

图 6.2-17 空间网格计算模型

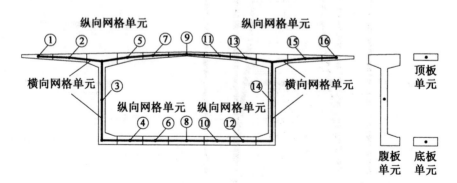

图 6.2-18 箱梁断面划分示意图

以底板纵向裂缝和腹板斜裂缝为例（图 6.2-19 ~ 图 6.2-22），计算结果与检测报告的开裂位置对比如下。

①箱梁底板纵向裂缝

检测报告中数据显示，在全桥连续刚构底板出现多条纵向裂缝。

a）从边墩到边跨跨中区域箱梁底板中心线附近区域存在多条纵向裂缝。

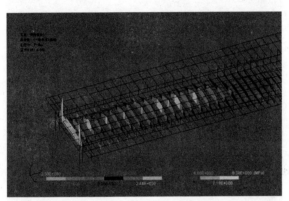

图 6.2-19　网格模型边跨底板横向应力示意图

计算应力较大位置 （考虑腹板内外温差）	计算应力较大位置 （不考虑腹板内外温差）
靠近边墩四分点区域底板下缘横向有 2.3 ~ 3.6MPa 的拉应力	靠近边墩四分点区域底板下缘横向有 2.17 ~ 3.32MPa 的拉应力

b）主跨两个四分点之间区域箱梁底板中心线附近区域存在多条纵向裂缝。

计算应力较大位置 （考虑腹板内外温差）	计算应力较大位置 （不考虑腹板内外温差）
靠近中墩处底板下缘横向拉应力较小，接近跨中处底板下缘横向拉应力逐渐增大，中心线附近有 3.3 ~ 4.5MPa 的拉应力	靠近中墩处底板横梁下缘拉应力较小，接近跨中处底板下缘横向拉应力逐渐增大，中心线附近有 3.3 ~ 4.47MPa 的拉应力

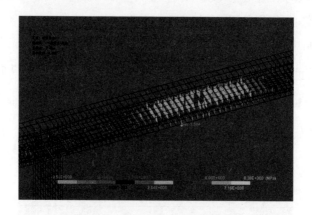

图 6.2-20　网格模型中跨底板横向应力示意图

②箱梁腹板斜裂缝

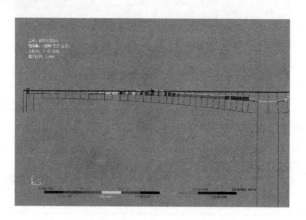

图 6.2-21　网格模型边跨腹板主拉应力示意图

裂缝位置	计算应力较大位置 （考虑腹板内外温差）	计算应力较大位置 （不考虑腹板内外温差）
腹板	边跨中部区域腹板有 2.5～3.1MPa 主拉应力	边跨中部区域腹板有 2～2.3MPa 主拉应力

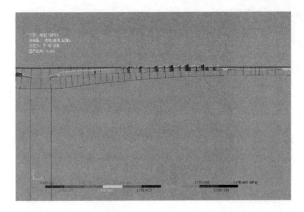

图 6.2-22 网格模型中跨腹板主拉应力示意图

裂缝位置	计算应力较大位置 (考虑腹板内外温差)	计算应力较大位置 (不考虑腹板内外温差)
腹板	腹板中部区域存在 2.5~3.5MPa 主拉应力	腹板中部区域存在 1.5~2.5MPa 主拉应力

从上述裂缝分析对比可以看出,空间网格模型完全分析清楚了该刚构桥的开裂位置(包括底板纵横向裂缝及腹板斜裂缝)。同时腹板外侧主应力 σ_{WoP}、腹板内侧主应力 σ_{WiP} 的计算(考虑箱室内外侧温差效应)也分析清楚了腹板开裂以及内侧斜裂缝远远多于外侧斜裂缝的原因。由于考虑与现有设计习惯保持连贯性,本次规范的修编并未将这两项应力列入表 6.2-2 中的"控制性验算应力"。

6.3 裂缝宽度的计算方法

6.3.1 技术现状

混凝土是一种非匀质脆性材料,抗压性能好而抗拉性能差,在拉应力作用下容易产生裂缝。虽然混凝土开裂不会对钢筋混凝土构件的极限承载力直接产生影响,但混凝土出现裂缝会影响混凝土结构的适用性和耐久性,最终影响结构的安全。

裂缝对混凝土结构适用性和耐久性的影响与裂缝的宽度有关。影响钢筋混凝土构件裂缝宽度的因素很多,主要包括:

1)钢筋应力。钢筋应力越大,裂缝宽度越大。正常使用极限状态下钢筋的应力应小于屈服强度。

2)混凝土保护层厚度。混凝土受弯构件的裂缝呈喇叭状,混凝土保护层厚度越厚,混凝土表面裂缝的宽度越大。

3)约束受拉混凝土区域钢筋的配筋率。对于钢筋混凝土受弯、大偏心受压和大偏心受拉构件,受拉钢筋只是对其周围区域混凝土的裂缝起到约束作用,对与其较远距离混凝土的约束作用很小或几乎不起作用。

4)钢筋直径。钢筋与混凝土的黏结力与钢筋周长即钢筋直径有关,影响钢筋的滑移,从而影响混凝土的裂缝宽度。

《规范》(JTG D62—2004)规定矩形、T形、倒T形和I形截面钢筋混凝土构件的裂缝宽度计算公式为:

$$W_{\mathrm{fk}} = C_1 C_2 C_3 \frac{\sigma_{\mathrm{ss}}}{E_{\mathrm{s}}} \left(\frac{30 + d}{0.28 + 10\rho} \right) \quad (6.3\text{-}1)$$

式中:C_1、C_2、C_3——钢筋表面形状系数、作用长期效应影响系数和构件受力形状系数;

σ_{ss}——纵向受拉钢筋应力;

d——纵向受拉钢筋直径;

ρ——纵向受拉钢筋截面配筋率。

由式(6.3-1)可以看出,《规范》(JTG D62—2004)的裂缝宽度计算公式反映了钢筋应力、钢筋直径和纵向钢筋配筋率的影响,没有反映混凝土保护层厚度的影响。研究表明,对于受弯、大偏心受拉钢筋混凝土构件,整个截面混凝土有受拉区和受压区,受拉钢筋只对受拉区且受拉钢筋周围一定范围的混凝土起约束作用,所以纵向钢筋配筋率按整个截面混凝土面积计算,不能合理地反映钢筋对受拉混凝土的约束作用。将钢筋对混凝土起约束作用的区域称为有效受拉区,对于矩形、T形、倒T形和I形截面的钢筋混凝土构件,有效受拉区的截面面积取为 $A_{te} = 2a_s b$(图6.3-1),其中 b 为构件腹板或下翼缘的宽度,a_s 为纵向受拉钢筋重心到构件下边缘的距离,按混凝土有效受拉区面积计算的配筋率 ρ_{te} 称为有效配筋率,按下式计算:

$$\rho_{te} = \frac{A_s}{A_{te}} \tag{6.3-2}$$

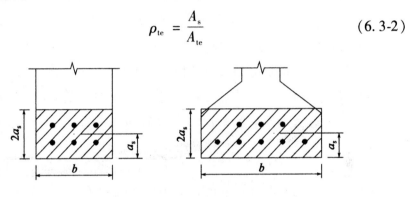

图6.3-1 有效受拉混凝土区

《规范》(JTG D62—2004)圆形截面钢筋混凝土偏心受压构件裂缝宽度的计算公式为:

$$W_{fk} = C_1 C_2 \left[0.03 + \frac{\sigma_{ss}}{E_s} \left(0.004 \frac{d}{\rho} + 1.52c \right) \right] \tag{6.3-3}$$

$$\sigma_{ss} = \left[59.42 \frac{N_s}{\pi r^2 f_{cu,k}} \left(2.80 \frac{\eta_s e_0}{r} - 1.0 \right) - 1.65 \right] \cdot \rho^{-\frac{2}{3}} \tag{6.3-4}$$

$$\rho = \frac{A_s}{\pi r^2} \tag{6.3-5}$$

由式(6.3-3)~式(6.3-5)可以看出,圆形截面构件裂缝宽度的计算公式考虑了混凝土保护层厚度的影响,但纵向钢筋配筋率采用也是全截面的钢筋配筋率而不是有效配筋率。另外,《规范》(JTG D62—2004)圆形截面构件钢筋应力计算包括了混凝土强度的影响。实际上,在正常使用阶段,构件一般处于弹性状态,混凝土变形性能对钢筋应力的影响反映在混凝土的弹性模量上,而混凝土弹性模量随混凝土强度的变化幅度很小,所以混凝土强度对钢筋应力的影响不大。矩形、T形、倒T形和I形截面构件的钢筋应力计算都不包含混凝土强度的影响。再有,式(6.3-1)是一个经验公式,矩形、T形、倒T形和I形截面构件的裂缝宽度都按该式进行计算,只是截面形式不同,钢筋应力的计算公式不同。如果圆形截面构件的裂缝宽度也采用式(6.3-1)(实际是下面修改后的式(6.3-6))进行计算,则从完备规范体系的角度考虑更为合适。

鉴于此,本次规范修订在裂缝计算方面做了两项工作。

1)修改了式(6.3-1),考虑了混凝土保护层厚度的影响,将纵向钢筋配筋率 ρ 改为有效钢筋配筋率 ρ_{te}。修改后的公式为:

$$W_{cr} = C_1 C_2 C_3 \frac{\sigma_{ss}}{E_s}\left(\frac{c+d}{0.36+1.7\rho_{te}}\right) \quad (6.3-6)$$

矩形、T形、倒T形、I形和圆形截面钢筋混凝土构件的裂缝宽度都采用该式进行计算;对于圆形截面构件 $C_3 = 0.75$。

2)修改了用于圆形截面钢筋混凝土偏心受压构件裂缝宽度计算的钢筋应力公式。

6.3.2 基本原理

前面已经说明了计算钢筋混凝土构件的裂缝宽度时考虑混凝土保护层厚度的影响和采用有效配筋率 ρ_{te} 的原因。本次规范修订直接采用了《水运工程混凝土结构设计规范》(JTS 151—2011)的公式,该规范早期版本的裂缝宽度计算公式与《规范》(JTG D62—2004)的公式是相同的。下面着重说明圆形截面钢筋混凝土偏心受压构件裂缝宽度计算时钢筋应力 σ_s 的计算和有效配筋率 ρ_{te} 的确定。

1)钢筋应力

图 6.3-2 所示为正常使用荷载下圆形截面钢筋混凝土构件混凝土和钢筋的应力分布,通过截面分析得到无量纲形式的轴力和弯矩公式:

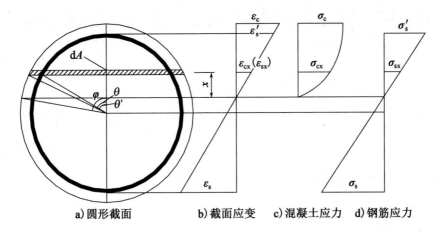

a) 圆形截面　　　b) 截面应变　　c) 混凝土应力　　d) 钢筋应力

图 6.3-2　圆形截面构件混凝土和钢筋的应变、应力分布

$$n = \frac{N}{f_c \pi r^2}$$

$$= \frac{1}{\frac{r_s}{r} + \cos\varphi} \cdot \frac{2V}{3\pi} \cdot \frac{\varepsilon_s}{\varepsilon_0} - \frac{1}{\left(\frac{r_s}{r} + \cos\varphi\right)^2} \cdot \frac{2R}{\pi} \cdot$$

$$\left(\frac{\varepsilon_s}{\varepsilon_0}\right)^2 - \frac{E_s}{E_0}\rho\cos\varphi \frac{1}{\frac{r_s}{r} + \cos\varphi} \cdot \frac{\varepsilon_s}{\varepsilon_0} \quad (6.3\text{-}7)$$

$$m = \frac{M}{f_c \pi r^3}$$

$$= \frac{1}{\frac{r_s}{r} + \cos\varphi} \cdot \frac{W}{24\pi} \cdot \frac{\varepsilon_s}{\varepsilon_0} - \frac{1}{\left(\frac{r_s}{r} + \cos\varphi\right)^2} \cdot \frac{2S}{\pi} \cdot$$

$$\left(\frac{\varepsilon_s}{\varepsilon_0}\right)^2 + \frac{\rho}{2}\frac{E_s}{E_0} \cdot \left(\frac{r_s}{r}\right)^2 \cdot \frac{1}{\frac{r_s}{r} + \cos\varphi} \cdot \frac{\varepsilon_s}{\varepsilon_0} \quad (6.3\text{-}8)$$

$$V = 2\sin^3\varphi - 3\varphi\cos\varphi + 3\cos^2\varphi\sin\varphi \quad (6.3\text{-}9)$$

$$R = \frac{1}{8}\varphi - \frac{1}{8}\sin\varphi\cos\varphi - \frac{5}{12}\sin^3\varphi\cos\varphi + \frac{1}{2}\varphi\cos^2\varphi - \frac{1}{2}\cos^3\varphi\sin\varphi$$

(6.3-10)

$$W = 12\varphi - 3\sin4\varphi - 32\cos\varphi \cdot \sin^3\varphi \qquad (6.3\text{-}11)$$

$$S = -\frac{1}{5}\sin^5\varphi - \frac{1}{6}\sin^3\varphi\cos^2\varphi + \frac{1}{3}\sin^3\varphi - \frac{1}{4}\varphi\cos\varphi + \frac{1}{4}\sin\varphi\cos^2\varphi$$

(6.3-12)

式中：ε_s——钢筋应变；

E_s——钢筋弹性模量；

$E_0 = f_c/\varepsilon_0$；

ε_0——混凝土应力-应变曲线上的峰值应力应变；

f_c——混凝土轴心抗压强度；

ρ——纵向钢筋配筋率。

给定无量纲的轴力 n 和弯矩 m（或 e_0/r），可通过数值方法由式(6.3-7)和式(6.3-8)求解得到钢筋应力 ε_s 和圆心角 φ，但计算比较复杂，为此给出计算钢筋应力的简化公式：

$$\sigma_{ss} = \frac{n^{1.35}\left(\frac{e_0}{r} - 0.1\right)^{3.25}}{0.127\sqrt{\alpha_{E0}\rho} + \left(0.184 + 0.36\frac{r_s}{r}\right)\alpha_{E0}\rho n^{0.3}\left(\frac{e_0}{r} + 0.1\right)^{2.2}}\varepsilon_0 E_s$$

(6.3-13)

式中：$\alpha_{E0} = E_s/E_0$。

简化式(6.3-13)与理论式(6.3-7)和式(6.3-8)计算结果的比较如图6.3-3所示。图中曲线上部的数值表示相对偏心距 e_0/r。由图6.3-3可以看出，简化公式与理论公式计算结果符合得很好，说明计算钢筋应力时，可用简化公式代替理论公式。

但简化式(6.3-13)计算的钢筋应力与理论公式计算结果符合得好，并不意味着使用简化公式计算钢筋应力就能够准确得到构件的裂缝宽度。计算的裂缝宽度是否与试验结果符合良好还与裂缝宽度公式的形式有关,式(6.3-13)只是提供了一个计算钢筋应力公式的形式。采用式(6.3-6)计算圆形截面构件的裂缝宽度,利用 8 根圆形截面钢筋混凝土大偏心受压构件和 12 根圆形截面钢筋混凝土受弯构件的钢筋应力和裂缝宽度实测结果进行校准,同时与《规范》(JTG D62—2004)协调,得到进一步的简化钢筋应力计算公式:

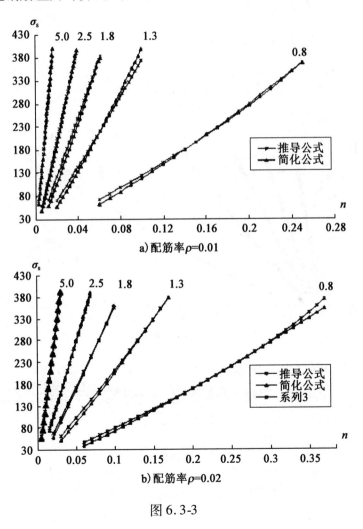

图 6.3-3

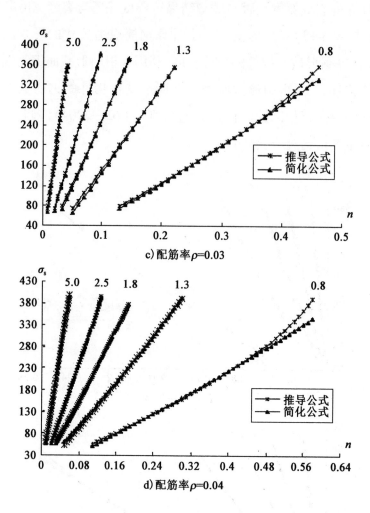

图 6.3-3 圆形截面偏心受压构件钢筋应力简化公式与理论公式计算结果的比较

$$\sigma_{ss} = \frac{n\left(\dfrac{e_0}{r} - 0.1\right)^3}{\left(0.75 + 0.43\dfrac{r_s}{r}\right)\alpha_{E0}\rho\left(\dfrac{e_0}{r} + 0.2\right)^2}\varepsilon_0 E_s$$

$$= \frac{\left(\dfrac{e_0}{r} - 0.1\right)^3}{\left(0.75 + 0.43 \dfrac{r_s}{r}\right)\left(\dfrac{e_0}{r} + 0.2\right)^2} \frac{N_s}{A_s} \qquad (6.3\text{-}14)$$

式中：N_s——正常使用荷载下构件的轴力；

A_s——构件的全部纵向钢筋截面面积。

当 $e_0/r \leqslant 0.55$ 时，构件接近于小偏心受压，不需计算裂缝宽度。当 $e_0/r \to \infty$ 时，构件趋于纯弯，式(6.3-14)变为：

$$\sigma_{ss} = \frac{\left(\dfrac{e_0}{r} - 0.1\right)}{\left(0.75 + 0.43 \dfrac{r_s}{r}\right)\left(1 + 0.2 / \dfrac{e_0}{r}\right)^2} \frac{N_s}{A_s}$$

$$= \frac{1}{\left(0.75 + 0.43 \dfrac{r_s}{r}\right)} \left(\dfrac{e_0}{r} - 0.1\right) \frac{N_s}{A_s} = \frac{1}{\left(0.75 + 0.43 \dfrac{r_s}{r}\right)} \frac{M_s}{A_s r}$$

$$(6.3\text{-}15)$$

式中：M_s——受弯构件的弯矩。

2）有效配筋率

如图 6.3-1 所示，对于矩形、T 形、倒 T 形和 I 形截面，纵向受拉钢筋集中在构件的下部，计算 ρ_{te} 时 A_{te} 取 $2a_s b$，其中 a_s 为受拉钢筋重心至受拉区边缘的距离。而对于圆形截面构件，纵向受拉钢筋是沿周边均匀分布的，对最大裂缝的约束程度不同，与最大裂缝距离近的钢筋起的约束作用大，远的钢筋起的约束作用小。根据平截面假定，可认为纵向受拉钢筋对裂缝的约束作用与钢筋到混凝土最大裂缝表面的距离成正比，这样可按下面方法确定对最大裂缝起约束作用的等效钢筋面积 A_{se}。

如图 6.3-4 所示，$l = r + r\cos\varphi$，$y = r\cos\varphi - r\cos\theta$，所以：

$$A_{se} = 2\int_{\varphi}^{\pi} \frac{y}{l} dA_s = \frac{A_s}{\pi(1 + \cos\varphi)} \int_{\varphi}^{\pi} (\cos\varphi - \cos\theta) d\theta$$

$$= \frac{A_s}{\pi(1 + \cos\varphi)} [(\pi - \varphi)\cos\varphi + \sin\varphi] \qquad (6.3\text{-}16)$$

有效受拉混凝土的面积(图6.3-4中阴影区域的面积)为：

$$A_{te} = \frac{2\pi - 2\varphi}{2\pi} \cdot \pi(r^2 - r_1^2) + 2r^2\sin\varphi\cos\varphi - 2r_1^2\sin\varphi_1\cos\varphi_1$$

$$= (\pi - \varphi)(r^2 - r_1^2) + r^2\sin(2\varphi) - r_1^2\sin(2\varphi_1)$$

(6.3-17)

在实际工程中，$r_1/r = 0.8 \sim 0.95$，可取 $\varphi_1 \approx \varphi$。则式(6.3-17)为：

$$A_{te} = (r^2 - r_1^2)[\pi - \varphi + \sin(2\varphi)] \quad (6.3\text{-}18)$$

所以，受拉钢筋有效配筋率为：

$$\rho_{te} = \frac{A_{se}}{A_{te}}$$

$$= \frac{A_s[(\pi - \varphi)\cos\varphi + \sin\varphi]}{\pi(1 + \cos\varphi)(r^2 - r_1^2)[\pi - \varphi + \sin(2\varphi)]}$$

$$= \frac{(\pi - \varphi)\cos\varphi + \sin\varphi}{(1 + \cos\varphi)[(\pi - \varphi) + \sin(2\varphi)]} \cdot \frac{A_s}{\pi(r^2 - r_1^2)}$$

$$= \frac{\beta A_s}{\pi(r^2 - r_1^2)} \quad (6.3\text{-}19)$$

其中

$$\beta = \frac{(\pi - \varphi)\cos\varphi + \sin\varphi}{(1 + \cos\varphi)[(\pi - \varphi) + \sin(2\varphi)]} \quad (6.3\text{-}20)$$

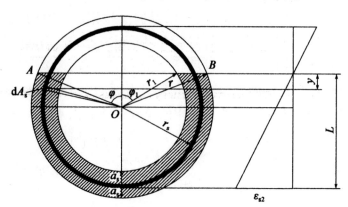

图6.3-4　圆形截面钢筋混凝土构件有效受拉混凝土区

对于给定无量纲的轴力 n、弯矩 m(或 e_0/r)和配筋率 ρ,即可通过数值方法由式(6.3-7)和式(6.3-8)求解得到钢筋应力 ε_s 和圆心角 φ,通过 φ 分析 ρ、e_0/r 与 β 的关系得到:

$$\beta = (0.4 + 2.5\rho)\left[1 + 0.353\left(\frac{e_0}{r}\right)^{-2}\right] \qquad (6.3\text{-}21)$$

6.3.3 应用示例

【例6-2】 某钢筋混凝土灌注桩桩长 $L = 1461\text{cm}$,截面直径 $D = 200\text{cm}$。频遇组合的轴力 $N_s = 1922\text{kN}$,频遇组合的弯矩 $M_s = 5332\text{kN·m}$,准永久组合的轴力 $N_l = 1408\text{kN}$,准永久组合的弯矩 $M_l = 3906\text{kN·m}$。混凝土强度等级采用C30,纵向受力钢筋采用41根HRB400,钢筋直径32mm,纵向钢筋保护层厚度 $c = 75\text{mm}$。计算桩的裂缝宽度。

解:钢筋表面形状系数 $C_1 = 1.0$

长期效应影响系数

$$C_2 = 1 + 0.5\frac{N_l}{N_s} = 1 + 0.5 \times \frac{1408}{1922} = 1.366$$

构件受力特征系数 $C_3 = 0.75$。

初始偏心距

$$e_0 = \frac{M_s}{N_s} = \frac{5332 \times 10^6}{1922 \times 10^3} = 2774\text{mm}$$

混凝土保护层厚度 $c = 75\text{mm} > 50\text{mm}$,取 $c = 50\text{mm}$。钢筋直径 $d = 32\text{mm}$,截面半径与钢筋中心到截面边缘2倍距离的差值 $r_1 = r - 2a_s = 818\text{mm}$;纵向钢筋配筋率 $\rho = 1.05\%$。

由于 $\dfrac{l_0}{2r} = \dfrac{14610}{2 \times 1000} = 7.305 < 14.0$,偏心距增大系数 $\eta_s = 1.0$。

纵向受拉钢筋对最大裂缝开展的贡献系数

$$\beta = (0.4 + 2.5\rho)\left[1 + 0.353\left(\frac{\eta_s e_0}{r}\right)^{-2}\right]$$

$$= (0.4 + 2.5 \times 0.0105) \times \left[1 + 0.353 \times \left(\frac{1.0 \times 2774}{1000}\right)^{-2}\right]$$

$$= 0.446$$

纵向受拉钢筋的有效配筋率

$$\rho_{te} = \frac{\beta A_s}{\pi(r^2 - r_1^2)} = \frac{0.446 \times 32972}{3.14 \times (1000^2 - 818^2)} = 0.0139$$

纵向受拉钢筋应力

$$\sigma_{ss} = \frac{\left(\frac{\eta_s e_0}{r}\right)^3 \left(\frac{\eta_s e_0}{r} - 0.1\right)^3}{\left(0.75 + 0.43 \frac{r_s}{r}\right)\left(\frac{\eta_s e_0}{r} + 0.2\right)^2} \frac{N_s}{A_s}$$

$$= \frac{\left(\frac{1.0 \times 2774}{1000}\right)^3 \left(\frac{1 \times 2774}{1000} - 0.1\right)^3}{\left(0.75 + 0.43 \times \frac{895}{1000}\right)\left(\frac{1.0 \times 2774}{1000} + 0.2\right)^2} \times \frac{1922 \times 10^3}{32972}$$

$$= 111.04 \text{MPa}$$

钢筋的弹性模量 $E_s = 2.0 \times 10^5 \text{N/mm}^2$。灌注桩最大裂缝宽度为

$$W_{cr} = C_1 C_2 C_3 \frac{\sigma_{ss}}{E_s} \left(\frac{c + d}{0.36 + 1.7\rho}\right)$$

$$= 1.0 \times 1.366 \times 0.75 \times \frac{111.04}{2 \times 10^5} \times \left(\frac{50 + 32}{0.36 + 1.7 \times 0.0139}\right)$$

$$= 0.122 \text{mm} < 0.2 \text{mm}$$

本章参考文献

[6-1] 徐栋,赵瑜,刘超.混凝土桥梁结构实用精细化分析与配筋设计[M].北京:人民交通出版社,2013

[6-2] 徐栋.对桥梁结构一些经典概念的探讨[J].桥梁,2012.2

[6-3] 徐栋,赵君黎.用结构的方法解决复杂构件的设计问题—宽桥和深梁[J].桥梁,2012.5

[6-4] 徐栋. 混凝土桥梁设计中的几个关键问题[J]. 桥梁, 2009.8

[6-5] Dong,X.,Yu,Z,Chao,L. & Turmo,J,Shear design of concrete beams reinforced with grid reinforcement[J]. Magazine of concrete research. 2013.65(2),pp93-107

[6-6] Chao,L. & Dong,X.,Influence of cracking on concrete box-girder bridge deflections[J]. The Baltic Journal of Road and Bridge Engineering. 2012. 7(2),pp104-111

[6-7] Chao,L. & Dong,X.,Space frame lattice model for stress analysis of bridge[J]. The Baltic Journal of Road and Bridge Engineering. 2010, 5(2),pp98-103

[6-8] 赵瑜. 混凝土结构抗剪配筋设计研究——"拉应力域"方法[D]. 上海:同济大学桥梁工程系,2011

[6-9] 柳磊. 大跨径预应力混凝土箱梁桥开裂与下挠成因分析[D]. 上海:同济大学桥梁工程系,2009

[6-10] 魏巍巍,贡金鑫,李龙. 使用荷载下圆形截面钢筋混凝土构件钢筋应力的计算[J]. 水利水运工程学报,2008,(6):29-37

[6-11] 魏巍巍,贡金鑫,李龙. 圆形截面钢筋混凝土构件裂缝宽度试验研究[J]. 水利水运工程学报,2007,(4):27-35

[6-12] 魏巍巍,贡金鑫,李龙. 圆形截面钢筋混凝土构件裂缝宽度的计算[J]. 水利水运工程学报,2008,(3):47-51

[6-13] 贡金鑫等. 水运工程钢筋混凝土结构裂缝宽度验算方法的研究(圆形截面构件).《港口工程混凝土结构设计规范》修订专题,大连理工大学,2008

[6-14] 中华人民共和国行业标准. JTS 151—2011. 水运工程混凝土结构设计规范[S]. 北京:人民交通出版社,2011

第7章 持久状况与短暂状况构件的应力验算

预应力混凝土构件由于施加预应力以后截面应力状态较为复杂,按照以往公路桥梁设计惯例,除了计算构件承载力外,还要计算弹性阶段的构件应力,详见《规范》第7.1节。这些应力包括正截面混凝土的法向压应力、钢筋的拉应力和斜截面混凝土的主压应力。构件应力计算实质上是构件的强度计算,是对构件承载力计算的补充。计算时作用取其标准值,汽车荷载应计入冲击系数,预加应力效应应考虑在内,所有荷载分项系数均取为1.0。

《规范》第7.2节关于构件短暂状况的应力计算,实属构件弹性阶段的强度计算,施工荷载采用标准值进行组合,但有特别规定者除外。短暂状况一般不进行正常使用极限状态计算,可以通过施工措施或构造布置来弥补,防止构件过大变形或出现不必要的裂缝。

《规范》第7章条文的主要修订情况见表7.1-1。

《规范》第7章主要修订条文　　　　　　表7.1-1

条文	修订情况说明
7.1.5	补充了体外预应力钢绞线在使用阶段的应力限值,降低了预应力螺纹钢筋在使用阶段的应力限值
7.2.3	参照《公路桥涵施工技术规范》(JTG/T F50—2011)第7.7.4条和第7.8.5条的规定,施加预应力时混凝土强度要求调整为80%,并补充了对弹性模量的要求

第8章 构件计算的规定

8.1 主要修订条文

《规范》第8章条文的主要修订情况见表8.1-1。

《规范》第8章主要修订条文　　　　表8.1-1

条　　文	修订情况说明
8.1.3	完善了对组合式受弯构件计算收缩徐变效应的技术要求
8.1.7	完善了对组合式受弯构件的结合面抗剪承载力及结合面抗剪钢筋的技术要求
8.2节	新增内容,解释详见本书第8.3节
8.3节	新增内容,解释详见本书第8.4节
8.4.1	完善了墩台盖梁和墩柱计算模型的技术要求
8.4.6	补充了盖梁短悬臂的配筋设计方法,解释详见本书第8.5节
8.4.7	补充了独柱式桥墩顶部的配筋设计方法,解释详见本书第8.5节
8.5.4	完善了混凝土压杆的等效抗压强度计算公式,解释详见本书第8.6节;调整了承台受拉钢筋的配筋率要求
8.7节	由《规范》(JTG D62—2004)的"橡胶支座"修改为"支座"
8.7.1	较《规范》(JTG D62—2004)第8.4.1条,完善了支座选用的技术要求
8.7.6	较《规范》(JTG D62—2004)第8.4.5条,补充了球型支座选用的技术要求

8.2 混凝土桥梁的应力扰动区设计方法

8.2.1 应力扰动区的概念及其设计方法

自20世纪80年代以来,国际工程界倡导将混凝土结构划分为B区和D区。B区是指截面应变分布符合平截面假定的区域,按"梁式体系"、采用《规范》第5、6、7章的规定进行分析计算;D区,即应力扰动区,指截面应变分布不符合平截面假定的构件或力流扩散明显的区域,一般位于集中力作用点附近或几何尺寸发生突变的部位,图8.2-1示意了混凝土梁桥中的典型应力扰动区。

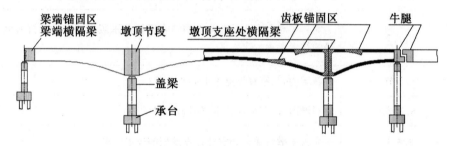

图8.2-1 混凝土桥梁的典型应力扰动区

从局部受力特征上,混凝土梁桥中常见的应力扰动区主要有:

1)剪跨比较小的区域,如桩基承台、盖梁的柱外悬臂部分,见图8.2-2a);

2)跨高比较小的深梁区域,如箱形截面的横隔梁、独柱墩顶部,见图8.2-2b);

3)后张预应力锚固区,如纵向预应力作用下的梁端锚固区及齿块锚固区,见图8.2-2c),横向预应力作用下箱梁翼缘悬臂,竖向预应力作用下箱梁腹板,见图8.2-d);

4)预应力转向引起的径向力作用区,如图8.2-2e);

5)构造上有几何突变的区域,如挂孔与牛腿附近区域,见图8.2-2f)。

混凝土桥梁应力扰动区常见的设计方法包括:拉压杆模型方法、实体有限元模型方法和某些特定情形下的解析计算方法（基于弹性力学或力流线模型理论）。

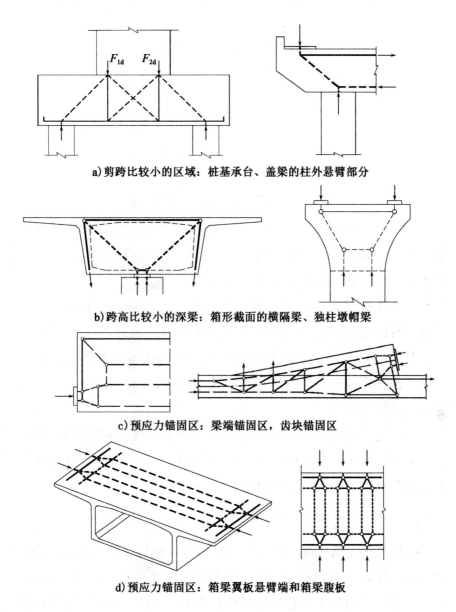

a) 剪跨比较小的区域：桩基承台、盖梁的柱外悬臂部分

b) 跨高比较小的深梁：箱形截面的横隔梁、独柱墩帽梁

c) 预应力锚固区：梁端锚固区，齿块锚固区

d) 预应力锚固区：箱梁翼板悬臂端和箱梁腹板

图 8.2-2

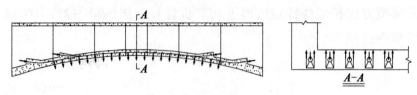

e) 预应力转向引起的径向力作用区

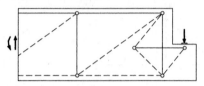

f) 构造上有几何突变的区域：挂孔的牛腿

图 8.2-2　混凝土梁桥的常见应力扰动区

（图中的实线为拉，虚线为压）

基于拉压杆模型的设计方法，已全面写入了《美国 AASHTO LRFD 规范》和《欧洲 Eurocode 规范》。在本次修订中，《规范》在国内率先引入应力扰动区的概念和拉压杆模型设计方法。

建立实体有限元模型也是辅助应力扰动区设计的一种实用分析方法，通过弹性应力分析，可以显示应力扰动区的应力分布规律，若对受拉区关键截面上的拉应力分布进行积分，所得到的拉力可用于配筋设计；若进一步考虑钢筋及混凝土材料的非线性本构关系，则可用于评估结构的抗裂性和极限承载力。

对于混凝土桥梁中的一些特定应力扰动区，《规范》根据弹性力学或力流线模型给出了一些简化计算公式，其计算结果等同于拉压杆模型计算得到的拉杆内力，可直接用于配筋设计。

8.2.2　拉压杆模型方法

拉压杆模型是从混凝土结构连续体内抽象出的一种简化力流分析模型，由压杆、拉杆和节点组成，用以反映结构内部的传力路径。图 8.2-3 示出了一种深梁内集中力传递的拉压杆模型，以及一种端部锚固区内集中力扩散的拉压杆模型。

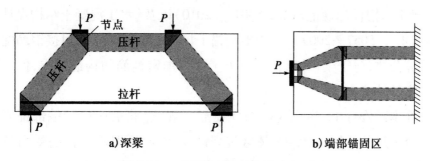

图 8.2-3 拉压杆模型的基本组成

拉压杆模型的理论基础是塑性下限定理,即模型只需满足平衡条件而无须受变形协调条件的限制,使得拉压杆模型的构形具有"非唯一性"。这一方面赋予构形较大的自由性,另一方面也造成构形上的困惑。所构建的拉压杆模型能否兼顾考虑结构极限强度和使用性能,最直接的标准是看模型是否能够较真实地反映应力扰动区内部力流的传递路径。尽管国际学术界对拉压杆模型的构形方法付出了巨大的努力,迄今仍没有普适性的简明方法。拉压杆模型的构形方法一般包括:荷载路径法、应力迹线法、力流线法、最小应变能准则、最大强度准则等。

国内外已对深梁、预应力锚固区、牛腿等典型应力扰动区开展了大量试验和理论研究,验证了拉压杆模型方法能够较好地反映这些区域的受力机制,并且其对应力扰动区极限承载力的计算是偏于安全的。

8.2.3 力流线模型方法

力流线模型由连续体内抽象出的等值力流线所构成,反映结构内部的荷载传递路径。结构中的力流可以形象地比拟为水槽中的水流,基于流管比拟,可以给出"力流线"的物理图像,通过力流大小及其路径的定量化表达和推演,可得到一些典型应力扰动区的拉力简化计算公式。

8.3 后张预应力构件的锚固区

8.3.1 技术现状

关于后张预应力混凝土构件的锚固区,《规范》(JTG D62—2004)、

《混凝土结构设计规范》(GB 50010—2010)以及《水工混凝土结构设计规范》(DL/T 5057—2009),均给出了锚下局部承压区尺寸和间接钢筋配筋的验算公式;对于梁端锚固区,给出了梁端加密箍筋的构造要求,但没有引入定量计算方法。

在本次修订中,参照 AASHTO 规范,《规范》将后张梁的端部锚固区设计分为局部承压设计和总体区抗裂设计,以便根据其各自的受力特点分别进行计算。总体区主要关切是预应力扩散引起的拉应力,包括劈裂应力、剥裂应力和边缘拉应力(图 8.3-1),应进行相关抗裂钢筋的设计。

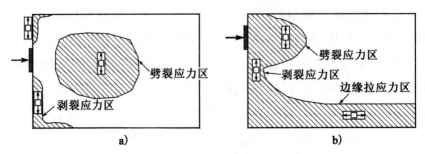

图 8.3-1 后张预应力混凝土端部锚固区内的受拉效应

对于预应力混凝土桥梁中常用的三角齿块锚固区,三维实体有限元分析表明,齿块内存在五种典型的受拉效应。欧、美、日相关规范也明确地指出了这五种受拉效应(图 8.3-2),并要求进行相应的普通钢筋配筋设计。如 AASHTO 规范要求在锚固块内要布置足够的钢筋来抵抗剪切摩擦、端面受拉、劈裂力、预应力筋转向引起的径向力和锚后牵拉力,并给出了钢筋布置的构造要求。在本次修订中,参照 AASHTO 规范和《规范》编写组的研究,给出了独立齿块内五种受拉效应的直接计算公式。

8.3.2 基本原理

对后张预应力混凝土梁的锚固区,应分别进行局部区的抗压承载力和总体区的抗拉承载力计算。其中局部区的锚下抗压承载力应符合《规范》第 5.7 节的规定。

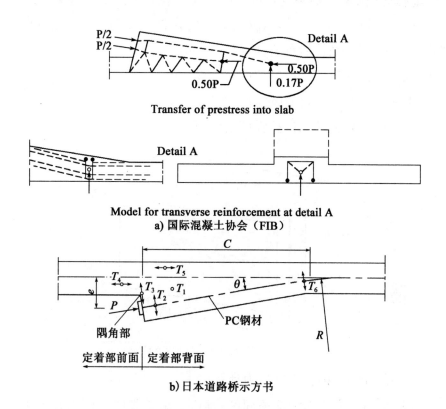

图 8.3-2 相关规范中关于齿块锚固区内受拉效应的规定

在后张预应力混凝土端部锚固区的总体区内,存在多个受拉区域(图 8.3-1)。锚固力从锚垫板向全截面扩散过程中,会产生横向拉应力(或称劈裂应力),其合力称为劈裂力;从力学原理上理解,端部锚固力可以用两条力流线反映其扩散传递路径,根据力的平衡条件,在压力流的转向区必然存在横向劈裂力。当锚固力作用在截面核心(使截面上只出现纵向压应力而无纵向拉应力的作用点范围)之外时,锚固区受拉侧边缘还存在纵向拉应力,其合力为边缘拉力。锚固面压陷和周边的变形协调要求,将在锚固面边缘产生剥裂应力,其合力称为剥裂力。同样,在后张预应力三角齿块锚固区中也存在 5 种拉力,见图 8.3-2b)。

205

总体区(图 8.3-3)各受拉部位的抗拉承载力应符合下式规定：

$$\gamma_0 T_{(\cdot),d} \leqslant f_{sd} A_s \qquad (8.3\text{-}1)$$

式中：γ_0——桥梁结构的重要性系数；

$T_{(\cdot),d}$——总体区各受拉部位的拉力设计值；

A_s——拉杆中的普通钢筋面积；

f_{sd}——拉杆钢筋的抗拉强度设计值。

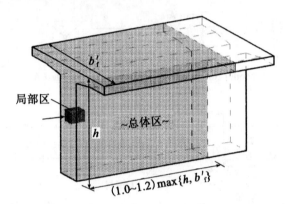

图 8.3-3 总体区和局部区的划分

1)端部锚固区的锚下劈裂力计算

在后张预应力梁的端部锚固区,预应力束首先将锚固力在各自主平面内传递。因此,可将锚固力在壁板内的传递作为基本问题加以研究。经有限元数值分析,壁板厚度方向力流的扩散对主平面内劈裂力的影响可以忽略不计,故在分析厚板锚固区内的劈裂力时,仍然可以将其简化为平面受力问题进行分析。如T梁(或箱梁)的端部锚固区,可将承受端面锚固力的腹板按矩形截面平板看待,偏心距的大小仍从原T形(或箱梁)截面形心起算。

对于单个集中锚固力 P 作用下的平板锚固区(矩形截面高宽比大于3),取平板纵向长度与截面高度相等的区域(平面 $ABCD$)为端部锚固区的范围,此区域为集中力的扩散区域(图 8.3-4)。为定量描述锚固力 P 的扩散,以锚固中心线 OO' 为横轴建立直角坐标系。在研究锚固力 P 的扩散路径时,可认为每一条力线传递相同等分的锚固力至远端截面。这样一来,锚固力在连续体内的扩散问题被抽象为:锚固力通过无数条假想的力流线,传至远端截面 CD。

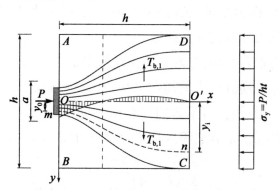

图 8.3-4　中心锚固区内的力流线数学模型

以力流线 mn 为例,假定锚固区力流线满足如下几何和物理边界条件:

①力流线在远端截面 CD 上的竖坐标记为 y_i,根据几何相似关系确定其在锚固截面 AB 上的竖坐标:

$$y|_{x=h} = y_i, y|_{x=0} = y_0 = \frac{a}{h}y_i \qquad (8.3\text{-}2)$$

式中:a——锚垫板宽度;

h——锚固端面高度。

②在截面 AB 上,力流线应与锚固力平行;在截面 CD 上,力流线应与该截面上作用的合力平行:

$$\left.\frac{dy}{dx}\right|_{x=0} = 0, \left.\frac{dy}{dx}\right|_{x=h} = 0 \qquad (8.3\text{-}3)$$

③截面 CD 为集中力扩散区与均匀受力区的交界面,此处力流线的曲率为零:

$$\left.\frac{d^2y}{dx^2}\right|_{x=0} = 0 \qquad (8.3\text{-}4)$$

其次,力流线为多项式抛物线,为满足以上三式所给出的 5 个边界条

件,得到力流线 mn 的几何方程为:

$$y = y_i \left[\frac{(h-a)x^2}{h^3} \left(\frac{3}{h^2}x^2 + \frac{8}{h}x + 6 \right) + \frac{a}{h} \right] \quad (8.3\text{-}5)$$

当竖坐标 y_i 作为变量、在 $[-h/2, h/2]$ 之间变动时,式(8.3-5)可表达锚固区内所有力流线的几何线形。

力流线的物理意义为:在两条力流线所围成的流管内(图8.3-5),为保证曲线力流在传递过程中的横向平衡,在流管侧面上必须存在沿程横向分布应力,其反作用使得平板内存在横向拉压应力。对所有流管产生的横向应力求积分,可得锚固区中心线 OO' 上横向应力的沿程分布函数为:

$$\sigma_{\text{trans}} = -\frac{3P(h-a)}{2h^4 t}(3x^2 - 4hx + h^2) \quad (8.3\text{-}6)$$

式中:t——锚固平板厚度。

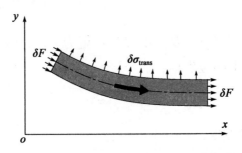

图 8.3-5　力流管壁上的内力平衡条件

对横向拉应力求积分,可得中心锚固情形的劈裂力 $T_{b,1}$ 为:

$$T_{b,1} = \frac{2P}{9}\left(1 - \frac{a}{h}\right) \quad (8.3\text{-}7)$$

类似于中心锚固区,得到偏心锚固(图8.3-6)情形的劈裂力 $T_{b,2}$,倾斜锚固(图8.3-7)情形的劈裂力 $T_{b,3}$。

$$T_{b,2} = \frac{2P}{9}(1+\gamma)^2 \left[(1-\gamma) - \frac{a}{h}\right] \quad (8.3\text{-}8)$$

$$T_{b,3} = T_{b,1} + 0.5P\sin\alpha(1 - a/h) \quad (8.3\text{-}9)$$

式中：e——锚固偏心，$\gamma = 2e/h$ 为锚固偏心率；
α——锚固倾角。

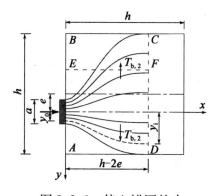

图 8.3-6　偏心锚固的力流线数学模型

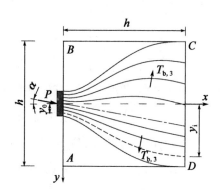

图 8.3-7　倾斜锚固的力流线数学模型

综上所述，得到平板端部锚固区在单个锚固力作用下，劈裂力的统一计算式为：

$$T_b = 0.22P(1+\gamma)^2\left[(1-\gamma) - \frac{a}{h}\right] + 0.5P|\sin\alpha|(1-a/h) \tag{8.3-10}$$

AASHTO 规范中锚固区劈裂力计算公式为：

$$T'_b = 0.25\sum P_u\left(1 - \frac{a}{h}\right) + 0.5|\sum(P_u\sin\alpha)| \tag{8.3-11}$$

式中：P_u——单个锚头的锚固力；

$\sum P_u$——一组锚头锚固力的总和。

《规范》采用的单个锚头引起的劈裂力计算公式是在 AASHTO 规范相关规定的基础上，进一步考虑锚固偏心距影响，按照上述力流模型得到的修正公式。端部锚固区的锚下劈裂力设计值按下列规定计算（图 8.3-8）：

①单个集中锚固力所引起的锚下劈裂力设计值

$$T_{b,d} = 0.25P_d(1+\gamma)^2\left[(1-\gamma) - \frac{a}{h}\right] + 0.5P_d|\sin\alpha| \tag{8.3-12}$$

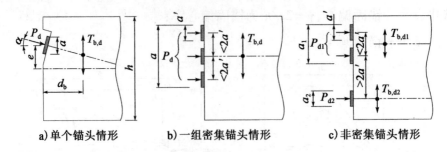

图 8.3-8 端部锚固区的锚下劈裂力计算

劈裂力的合力作用位置至锚固端面的水平距离

$$d_b = 0.5(h - 2e) + e \cdot \sin\alpha \qquad (8.3\text{-}13)$$

式中：P_d——预应力锚固力设计值，取 1.2 倍张拉控制力；

a——锚垫板宽度；

h——锚固端截面高度；

e——锚固力偏心距，取锚固力作用点距截面形心的距离；

γ——锚固力在截面上的偏心率，$\gamma = 2e/h$；

α——预应力钢筋的倾角，一般在 $-5° \sim +20°$ 之间。当锚固力作用线从起点指向截面形心时取正值，逐渐远离截面形心时取负值。

②当后张预应力构件端部锚固区内的相邻锚固点中心距小于 2 倍锚垫板宽度时，为密集锚头，可用一组锚固力等代为一个集中力 P_d 计算劈裂力设计值。计算时，总的垫板宽度 a 取该组锚头两个最外侧垫板外缘之间的间距。

③对于非密集锚头，可分别计算各锚固力（或各组密集锚头）产生的劈裂力，取其最大值作为劈裂力设计值。

2）端部锚固区的剥裂力计算

在端部锚固区内，由锚固力引起的局部压陷和周边变形协调，会产生表面剥裂应力，其应力峰值可能高达 0.5 倍该锚固力引起的全截面平均压应力，但由表及里迅速衰减。通过对剥裂拉应力在其分布面上的积分可以得到表面剥裂力(图 8.3-9),根据莱昂哈特等人针对多种典型情况的研究,剥裂力的量值一般不超过锚固力的 2%。AASHTO 规范建议根据 0.02 倍最大锚固力进行配筋,以控制表面裂缝的开展。

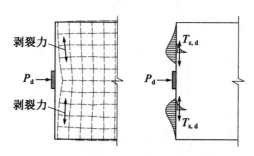

图 8.3-9 锚固面附近的变形与表面剥裂力

在端部锚固区内,大间距锚固力的扩散会引起端面剥裂力,如:T 梁梁端上下两组锚头间距较大时,会在锚固端面产生剥裂应力[图 8.3-10a)],可能引发剥裂裂缝;作用于箱梁腹板的锚固力,一部分力流向底板和顶板扩散,会在底板和顶板前端产生横向剥裂力[图 8.3-10b)],可能引发纵向开裂。

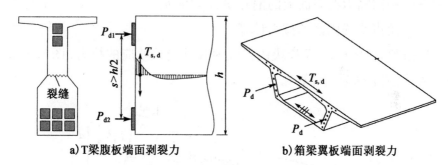

a) T 梁腹板端面剥裂力 b) 箱梁翼板端面剥裂力

图 8.3-10 大间距锚头间的端面剥裂力及可能产生的裂缝

根据力流线模型推导,当两个锚头的中心距大于 1/2 锚固端截面高度时,该大间距锚头间的端面剥裂力(图 8.3-11)可按下式计算:

$$T_{s,d} = 0.45 \overline{P}_d \cdot \left(\frac{2s}{h} - 1\right) \tag{8.3-14}$$

式中:$\overline{P}_d$——两锚头锚固力设计值的平均值,即 $\overline{P}_d = (P_{d1} + P_{d2})/2$;

s——两锚头中心距；
h——锚固端截面高度。

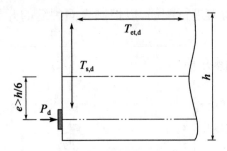

图 8.3-11　端部锚固区的锚固面边缘剥裂力

3) 端部锚固区的边缘拉力计算

对于端部截面作用有中心或小偏心锚固力情况（$\gamma<1/3$），不产生边缘拉力；而大偏心锚固情况（$1/3<\gamma<1$），边缘拉力设计值可按下式计算：

$$T_{et,d} = \frac{(3\gamma-1)^2}{12\gamma}P_d \quad (8.3\text{-}15)$$

式中：γ——锚固力在截面上的偏心率，$\gamma=2e/h$。

4) 三角齿块锚固区的拉力计算

后张预应力构件三角齿块锚固区内五种受拉效应的拉力（图 8.3-12）设计值，可按下列公式计算。

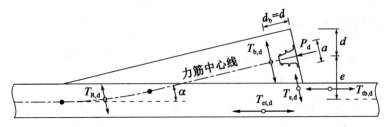

图 8.3-12　三角齿块锚固区内五个部位的拉力

① 对于锚下劈裂力的计算，可根据"对称棱柱体"的概念，按中心锚固情形求得，对称棱柱体的边长为 $2d/\cos\alpha$，锚垫板宽度为 a。考虑力筋弯起角 α 一般在 15° 范围之内，近似取 $\cos\alpha=1$，因此锚下劈裂力可简

化为:

$$T_{b,d} = 0.25P_d\left(1 - \frac{a}{2d}\right) \quad (8.3\text{-}16)$$

式中:d——锚固力中心至齿板上边缘的垂直距离。

②齿块端面根部区的拉力 $T_{s,d}$ 主要由锚具周边压陷及凹角处应力集中引起,有限元分析表明该值大于剥裂力,近似取为锚固力的4%:

$$T_{s,d} = 0.04P_d \quad (8.3\text{-}17)$$

③三角齿块锚后牵拉应力主要分布在齿块后方的内表面,其分布范围小,但合力值 $T_{tb,d}$ 较大,易产生锚后拉裂。AASHTO 规范建议锚后牵拉力取为张拉控制力的25%,本条以预应力锚固力设计值 P_d 表达(其值为张拉控制力的1.2倍),故取为 $0.2P_d$:

$$T_{tb,d} = 0.2P_d \quad (8.3\text{-}18)$$

④齿块的锚固偏心率为 $\gamma = e/(e+d)$,代入矩形截面锚固区边缘拉力计算式,可得齿块的局部弯曲区拉力计算式:

$$T_{et,d} = \frac{(2e-d)^2}{12e(e+d)}P_d \quad (8.3\text{-}19)$$

式中:e——锚固力作用点至壁板中心的垂直距离。

⑤根据预应力等效荷载的自平衡条件,可得径向力作用引起的拉力设计值:

$$T_{R,d} = P_d\alpha \quad (8.3\text{-}20)$$

式中:α——预应力钢筋转向前后的切线夹角(rad)。

8.3.3 应用示例

【例8-1】 某预应力混凝土简支 T 梁,标准跨径为30m,梁高为2.3m,梁端腹板内锚固 3 束 $12\phi^s15.2$ 的预应力筋,张拉控制应力为 1 395MPa,预应力筋的倾角分别为 8°、12°和15°,见图 8.3-13。在 T 梁端部锚固区,腹板厚度为550mm,矩形锚垫板尺寸为 270mm × 270mm,见图 8.3-14。

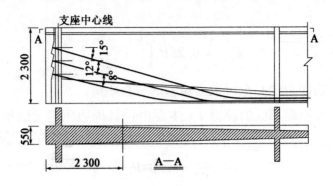

图 8.3-13 梁端总体布置(尺寸单位:mm)

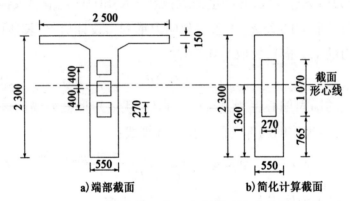

a)端部截面　　　　b)简化计算截面

图 8.3-14 梁端截面布置和尺寸(尺寸单位:mm)

1)计算模型与参数

按《规范》第 8.2.2 条的规定,T 梁腹板为受力主平面,将梁端锚固区简化为图 8.3-14b)的平板锚固区,等效矩形截面的形心取为原 T 形截面形心,其与截面下缘的距离取 1 360mm。

按《规范》第 8.2.2 条的规定,因相邻锚垫板中心间距 400mm 小于 2 倍的锚垫板宽度(540mm),属于密集间距锚头,将三个锚垫板等效为 270mm × 1 070mm 的大垫板,三个集中力简化为单一锚固力。因锚固力作用线逐渐远离截面形心,预应力筋的倾角为负值,按 3 束预应力筋倾角的平均值取 12°。

按《规范》第 8.2.2 条~第 8.2.5 条的规定,计算参数为:等效锚垫板

的竖向高度 $a = 1\,070\text{mm}$, $a/h = 1\,070/2\,300 = 0.465$; 偏心距 $e = 1\,360 - 765 - 1\,070/2 = 60\text{mm}$, 偏心率 $\gamma = 2e/h = (2 \times 60)/2\,300 = 0.052$, 总力筋倾角为 $-12°$。

最大单个锚头的锚固力设计值 $P_{\max} = 1.2 \times 1\,395 \times 12 \times 140 = 2\,812 \times 10^3\text{N} = 2\,812\text{kN}$, 总锚固力设计值 $P_d = 1.2 \times 1\,395 \times 36 \times 140 = 8\,437 \times 10^3\text{N} = 8\,437\text{kN}$。

2) 总体区内受拉效应

根据《规范》公式(8.2.2-1)计算,劈裂力:

$$\begin{aligned}T_{b,d} &= 0.25P_d(1+\gamma)^2[(1-\gamma) - a/h] + 0.5P_d|\sin\alpha| \\ &= 0.25 \times 8\,437 \times (1+0.052)^2 \times [(1-0.052) - 0.465] + \\ &\quad 0.5 \times 8\,437 \times \sin 12° = 2\,005\text{kN}\end{aligned}$$

劈裂力作用位置至锚固端面的水平距离按《规范》公式(8.2.2-2)计算:

$$\begin{aligned}d_b &= 0.5(h - 2e) + e\sin\alpha = 0.5 \times (2\,300 - 2 \times 60) + \\ &\quad 60 \times \sin(-12°) = 1\,077.5\text{mm}\end{aligned}$$

因偏心率 $\gamma = 0.052 < 1/3$, 故受拉侧边缘拉力为零, 剥裂力取最大单个锚固力的2%: $T_{s,d} = 0.02 \times 2\,812 = 56\text{kN}$。

3) 总体区配筋

普通钢筋采用HRB400级钢筋, $f_{sd} = 330\text{MPa}$, 则要求抗劈裂力钢筋的面积为:

$$A_s \geqslant \gamma_0 T_{b,d}/f_{sd} = 1.1 \times 2\,005 \times 10^3/330 = 6\,683\text{mm}^2$$

抗劈裂钢筋分布于梁端 $h = 2\,300\text{mm}$ 范围内, 配置23根Φ16的双肢箍筋、纵向间距取100mm, 钢筋面积为 $9\,244\text{mm}^2$, 可满足构造和数量要求。

抵抗剥裂力所需钢筋面积为: $A_s \geqslant \gamma_0 T_{s,d}/f_{sd} = 1.1 \times 56 \times 10^3/330 = 187.5\text{mm}^2$

在梁端布置一排Φ16的双肢箍筋, 箍筋面积为 402mm^2, 满足计算要求。同时, 锚固端还应配置横向构造钢筋, 因此钢筋布置如图8.3-15所示。

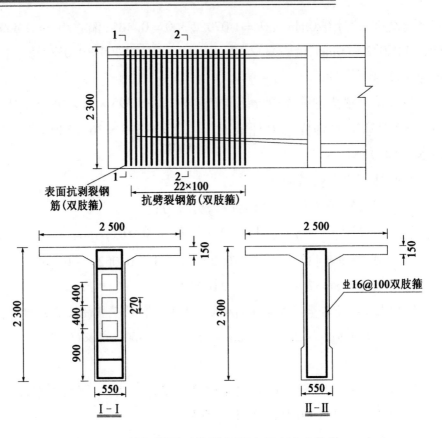

图 8.3-15 端部锚固区抗裂钢筋布置(尺寸单位:mm)

【例 8-2】 某预应力混凝土简支 T 梁(图 8.3-16),标准跨径为 30m,梁高为 2m,梁端腹板内锚固 5 束预应力筋,N1 为 $\phi^s 15.2-8$,N2 和 N3 为 $\phi^s 15.2-9$,N4 为 $\phi^s 15.2-6$,倾角分别为 7°、7°、7° 和 8°,预应力张拉控制应力为 1 395MPa。矩形锚垫板尺寸为 200mm×220mm。

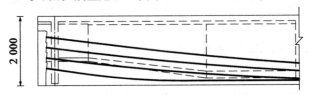

图 8.3-16 梁端总体布置(尺寸单位:mm)

1)计算模型与参数

按《规范》第8.2.2条的规定,T梁腹板为受力主平面,将梁端锚固区简化为图8.3-17b)的平板锚固区计算,等效矩形截面的形心取为原T形截面形心,其与截面下缘的距离取1 200mm。

按《规范》第8.2.2条的规定,因相邻锚垫板中心间距300mm小于2倍的锚垫板宽度(400mm),属于密集间距锚头,将5个锚垫板等效为220mm×1 100mm的大垫板,五个集中力简化为单一锚固力作用于合力中心。因锚固力作用线指向逐渐远离截面形心,预应力筋的倾角取负值,按5束预应力筋倾角的平均值取7°。

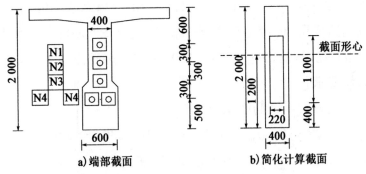

图8.3-17 梁端截面布置和尺寸(尺寸单位:mm)

按《规范》第8.2.2条~第8.2.5条的规定,计算参数为:等效锚垫板的竖向高度 $a=1\,100$mm, $a/h=0.55$;锚固力合力距底缘距离903mm,偏心距 $e=1\,200-903=297$mm,偏心率 $\gamma=2e/h=0.297$,总力筋倾角为 $-7°$。最大单个锚固力设计值 $P_{max}=1.2\times1\,395\times2\times6\times140=2\,812\times10^3$N = 2 812kN,总锚固力设计值 $P_d=1.2\times1\,395\times38\times140=8\,906\times10^3$N = 8 906kN。

2)总体区内受拉效应

根据《规范》公式(8.2.2-1)计算劈裂力:

$$T_{b,d} = 0.25P_d(1+\gamma)^2[(1-\gamma)-a/h]+0.5P_d|\sin\alpha|$$
$$= 0.25\times8\,906\times(1+0.297)^2\times[(1-0.297)-0.55]+$$

$$0.5 \times 8\,906 \times \sin 7° = 1\,116\text{kN}$$

劈裂力作用位置至锚固端面的水平距离按《规范》公式(8.2.2-2)计算：

$$d_b = 0.5(h - 2e) + e\sin\alpha$$
$$= 0.5 \times (2\,000 - 2 \times 297) + 297 \times \sin(-7°) = 667\text{mm}$$

因偏心率 $\gamma = 0.297 < 1/3$，故受拉侧边缘拉力为零。

剥裂力取最大单个锚固力的2%：$T_{s,d} = 0.02 \times 2\,812 = 56\text{kN}$

3) 总体区配筋

普通钢筋采用HRB400级钢筋，$f_{sd} = 330\text{MPa}$，则要求抗劈裂力钢筋的面积为：

$$A_s \geqslant \gamma_0 T_{b,d}/f_{sd} = 1.1 \times 1\,116 \times 10^3/330 = 3\,720\text{mm}^2$$

根据构造要求，抗劈裂钢筋应分布于梁端 $h = 2\,000\text{mm}$ 范围内。配置20根Φ12的双肢箍筋、纵向间距为100mm，钢筋面积为4 522mm²，可满足构造和数量要求。

抵抗剥裂力所需钢筋面积为：

$$A_s \geqslant \gamma_0 T_{s,d}/f_{sd} = 1.1 \times 56 \times 10^3/330 = 187\text{mm}^2$$

在梁端布置一排Φ12的双肢箍筋，箍筋面积为226mm²，满足计算要求。同时，还应配置横向构造钢筋，因此钢筋布置如图8.3-18所示。

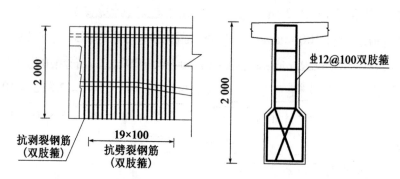

图8.3-18 端部锚固区抗裂钢筋布置(尺寸单位:mm)

【例8-3】 某预应力混凝土简支T梁桥(图8.3-19)，标准跨径为40m，梁高为2.5m。梁端腹板内锚固6束预应力筋，N1、N2和N4均为

$\phi^s15.2-8$,N3 为 $\phi^s15.2-9$,预应力筋的倾角均为 8°,预应力张拉控制应力为 1 395MPa。矩形锚垫板尺寸为 240mm×240mm。在 T 梁端部锚固区,腹板厚度为 600mm。

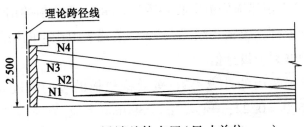

图 8.3-19 梁端总体布置(尺寸单位:mm)

1)计算模型与参数

按《规范》第 8.2.2 条的规定,T 梁腹板为受力主平面,将梁端锚固区简化为图 8.3-20b)的平板锚固区计算,等效矩形截面的形心取为原 T 形截面形心,其与截面下缘的距离取 761+0.5×710+250=1 366mm。

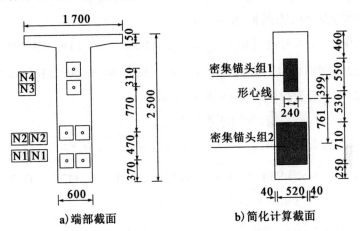

图 8.3-20 梁端截面布置和尺寸(尺寸单位:mm)

按《规范》第 8.2.2 条的规定,N3、N4 相邻锚垫板中心间距 310mm 小于 2 倍的锚垫板宽度(480mm),属于密集间距锚头,将两个锚垫板等效为 240mm×550mm 的大垫板,两个集中力简化为单一锚固力,因锚固力作用线从起点指向截面形心,预应力筋的倾角取 +8°。同理,将梁底 N1、N2

共 4 个锚垫板等效为 520mm × 710mm 的大垫板,4 个集中力简化为单一锚固力作用于等效垫板中心,因锚固力作用线逐渐远离截面形心,预应力筋的倾角取 $-8°$。

由于 N2、N3 相邻锚垫板中心间距 700mm 大于 2 倍的锚垫板宽度,故可分别计算梁上部密集锚头组、梁下部密集锚头组产生的劈裂力,取两者的较大值作为劈裂力设计值。

上部密集锚头组的计算参数:等效锚垫板的竖向高度 $a_1 = 550$mm,$a_1/h = 550/2\,500 = 0.22$;偏心距 $e_1 = 390$mm,偏心率 $\gamma_1 = 2e_1/h = (2 \times 390)/2\,500 = 0.312$,力筋倾角为 $8°$。最大单个锚固力设计值 $P_{\max 1} = 1.2 \times 1\,395 \times 9 \times 140 = 2\,109 \times 10^3$N $= 2\,109$kN,总锚固力设计值 $P_{d1} = 1.2 \times 1\,395 \times 17 \times 140 = 3\,984 \times 10^3$N $= 3\,984$kN。

下部密集锚头组的计算参数:等效锚垫板的竖向高度 $a_2 = 710$mm,$a_2/h = 710/2\,500 = 0.284$;偏心距 $e_2 = 761$mm,偏心率 $\gamma_2 = 2e_2/h = (2 \times 761)/2\,500 = 0.61$,力筋倾角为 $-8°$。

最大单个锚固力设计值 $P_{\max 2} = 1.2 \times 1\,395 \times 16 \times 140 = 3\,750 \times 10^3$N $= 3\,750$kN,总锚固力设计值 $P_{d2} = 1.2 \times 1\,395 \times 32 \times 140 = 7\,500 \times 10^3$N $= 7\,500$kN。

2)总体区内受拉效应——锚下劈裂力

梁上部密集锚头组产生的劈裂力:

$$T_{b,d1} = 0.25 P_{d1}(1 + \gamma_1)^2 [(1 - \gamma_1) - a_1/h] + 0.5 P_{d1} |\sin\alpha_1|$$
$$= 0.25 \times 3\,984 \times (1 + 0.312)^2 \times [(1 - 0.312) - 0.22] +$$
$$0.5 \times 3\,984 \times \sin 8° = 1\,080 \text{kN}$$

劈裂力位置为 $d_{b1} = 0.5(h - 2e_1) + e_1 \sin\alpha_1$
$$= 0.5 \times (2\,500 - 2 \times 390) + 390 \times \sin(8°) = 914 \text{mm}$$

梁下部密集锚头组产生的劈裂力

$$T_{b,d2} = 0.25 P_{d2}(1 + \gamma_2)^2 [(1 - \gamma_2) - a_2/h] + 0.5 P_{d2} |\sin\alpha_2|$$
$$= 0.25 \times 7\,500 \times (1 + 0.61)^2 [(1 - 0.61) - 0.284] +$$
$$0.5 \times 7\,500 \times \sin 8° = 1\,037 \text{kN}$$

劈裂力位置为

$$d_{b2} = 0.5(h - 2e_2) + e_2\sin\alpha_2$$
$$= 0.5 \times (2\,500 - 2 \times 761) + 761 \times \sin(-8°) = 383\text{mm}$$

综上，该锚固端总体区的劈裂力设计值为 $T_{b,d} = \max(T_{b,d1}, T_{b,d2}) = 1\,075\text{kN}$；劈裂力位置 $d_b = 906\text{mm}$。

3）总体区内受拉效应——受拉侧边缘拉力

对预应力进行分次分批张拉施工时，可能出现大偏心锚固的情形，此时需要进行受拉侧边缘最不利拉力的计算。若先张拉梁端下部 4 束预应力筋，引起的边缘拉力为：

$$T_{et,d2} = \frac{(3\gamma_2 - 1)^2}{12\gamma_2}P_{d2} = \frac{(3 \times 0.61 - 1)^2}{12 \times 0.61} \times 7\,500 = 705.8\text{kN}$$

因此，在实际施工中应尽量进行上下均衡对称张拉，以免边缘产生较大拉力。

4）总体区内受拉效应——剥裂力

两组预应力束中心距 $s = 390 + 761 = 1\,151\text{mm} < h/2$，则剥裂力取为最大单个锚固力的 2%：

$$T_{s,d} = 0.02\max(P_{max1}, P_{max2}) = 0.02 \times 3\,750 = 75\text{kN}$$

5）总体区配筋

普通钢筋采用 HRB400 级钢筋，$f_{sd} = 330\text{MPa}$，则要求抗劈裂力钢筋的面积为：

$$A_s \geq \gamma_0 T_{b,d}/f_{sd} = 1.1 \times 1\,080 \times 10^3/330 = 3\,600\text{mm}^2$$

抗劈裂钢筋分布于梁端 $h = 2\,500\text{mm}$ 范围内，配置 25 根Φ14 双肢箍筋、纵向间距为 100mm，钢筋面积为 7\,693mm^2，可满足构造和数量要求。

抵抗剥裂力所需钢筋面积为：

$$A_s \geq \gamma_0 T_{s,d}/f_{sd} = 1.1 \times 75 \times 10^3/330 = 250\text{mm}^2$$

在梁端布置一排Φ16 的双肢箍筋，箍筋面积为 402mm^2，满足计算要求。同时，锚固端还应配置横向构造钢筋，因此钢筋布置如图 8.3-21 所示。

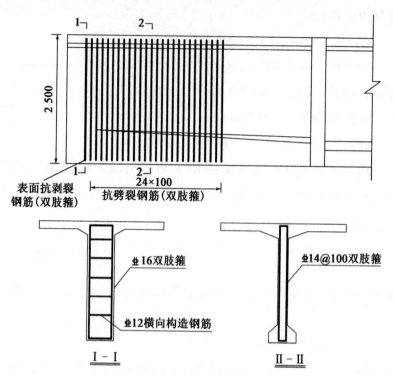

图 8.3-21 端部锚固区抗裂钢筋布置(尺寸单位:mm)

【例8-4】 某预应力混凝土简支 T 梁(图 8.3-22),标准跨径为 40m,梁高为2.5m。梁端腹板内锚固 6 束预应力筋,N1、N2、N3 和 N4 为 $\phi^s15.2-9$,N5 为 $\phi^s15.2-7$,倾角分别为 7°、7°、7°、7°和 6.5°,预应力张拉控制应力为 1 302MPa。矩形锚垫板尺寸为 240mm×240mm。

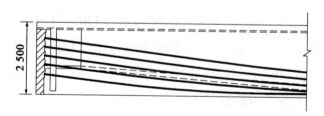

图 8.3-22 梁端总体布置(尺寸单位:mm)

1)计算模型与参数

按《规范》第 8.2.2 条的规定,取 T 梁腹板为受力主平面,将梁端锚固区简化为图8.3-23b)的平板锚固区计算,等效矩形截面的形心取为原T形截面形心,其与截面下缘的距离取1 445mm。

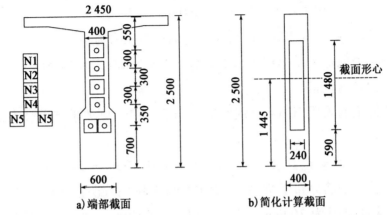

图8.3-23 梁端截面布置和尺寸(尺寸单位:mm)

按《规范》第8.2.2条的规定,因相邻锚垫板中心间距350mm小于2倍的锚垫板宽度(480mm),属于密集间距锚头,将6个锚垫板等效为240mm×1 480mm的大垫板,6个集中力简化为单一锚固力作用于等效垫板中心。因锚固力作用线逐渐远离截面形心,预应力筋的倾角取为负值,按6束预应力筋倾角的平均值取7°。

按《规范》第8.2.2条~第8.2.5条的规定,计算参数为:等效锚垫板的竖向高度 $a = 1\,480$mm,$a/h = 0.592$;锚固力合力距底缘距离 $1\,276$mm,偏心距 $e = 1\,445 - 1\,276 = 169$mm,偏心率 $\gamma = 2e/h = 0.135$,总力筋倾角为 $-7°$;总锚固力设计值 $P_d = 1.2 \times 1\,302\text{MPa} \times 50 \times 140\text{mm}^2 = 10\,937$kN,最大单个锚固力设计值 $P_{max} = 1.2 \times 1\,302\text{MPa} \times 2 \times 7 \times 140\text{mm}^2 = 3\,062$kN。

2)总体区内受拉效应

根据《规范》公式(8.2.2-1)计算劈裂力:

$$T_{b,d} = 0.25 P_d (1 + \gamma)^2 [(1 - \gamma) - a/h] + 0.5 P_d |\sin\alpha|$$
$$= 0.25 \times 10\,937 \times (1 + 0.135)^2 \times [(1 - 0.135) - 0.592] +$$
$$0.5 \times 10\,937 \times \sin 7° = 1\,628\text{kN}$$

劈裂力作用位置至锚固端面的水平距离按《规范》公式(8.2.2-2)计算：

$$d_b = 0.5(h - 2e) + e\sin\alpha = 0.5 \times (2\,500 - 2 \times 169) + 169 \times \sin(-7°) = 1\,060\,\text{mm}$$

因偏心率 $\gamma = 0.135 < 1/3$，故受拉侧边缘拉力为零。

剥裂力取最大单个锚固力的2%：$T_{s,d} = 0.02 \times 3\,062 = 61\,\text{kN}$

3）总体区配筋

普通钢筋采用HRB400级钢筋，$f_{sd} = 330\,\text{MPa}$，则要求抗劈裂力钢筋的面积为：

$$A_s \geq \gamma_0 T_{b,d} / f_{sd} = 1.1 \times 1\,628 \times 10^3 / 330 = 5\,427\,\text{mm}^2$$

抗劈裂钢筋分布于梁端 $h = 2\,500\,\text{mm}$ 范围内，配置25根⏀14的双肢箍筋，纵向间距为100mm，钢筋面积为 $7\,693\,\text{mm}^2$，可满足构造和数量要求。

抵抗剥裂力所需钢筋面积为：

$$A_s \geq \gamma_0 T_{s,d} / f_{sd} = 1.1 \times 61 \times 10^3 / 330 = 204\,\text{mm}^2$$

在梁端布置一排⏀14的双肢箍筋，箍筋面积为 $308\,\text{mm}^2$，满足计算要求。同时，还应配置横向构造钢筋，端部钢筋布置见图8.3-24。

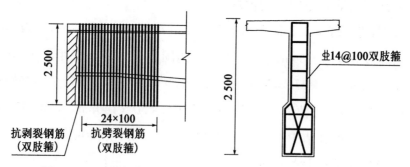

图8.3-24 端部锚固区抗劈裂钢筋布置（尺寸单位：mm）

【例8-5】 某预应力混凝土简支箱梁桥，标准跨径为30m，梁高1.6m。梁端腹板锚固4束$\phi^s 15.2 - 6$预应力筋、倾角为5°，底板锚固2束$\phi^s 15.2 - 5$预应力筋、无倾角，预应力张拉控制应力为1 395MPa，矩形锚垫板尺寸为160mm×160mm。

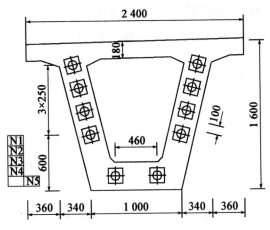

图 8.3-25　端部截面(尺寸单位:mm)

1)计算模型与参数

按《规范》第 8.2.2 条的规定,分别选取箱梁斜腹板和底板为受力主平面,腹板受力主平面的形心取为原箱形截面的形心,底板仍取其自身形心(图 8.3-26)。

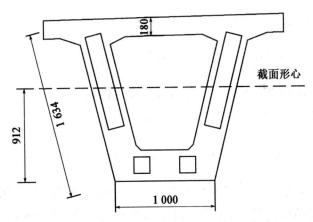

图 8.3-26　简化计算截面(尺寸单位:mm)

按《规范》第 8.2.2 条的规定,腹板相邻锚垫板中心间距 260mm 小于 2 倍的锚垫板宽度(320mm),属于密集间距锚头,将 4 个锚垫板等效为 260mm×940mm 的大垫板,4 个集中力简化为单一锚固力作用于等效垫板中心,因锚固力作用线逐渐靠近截面形心,预应力筋的倾角取为5°;底板邻锚垫板中心间距460mm大于2倍的锚垫板宽度(320mm),分别计算其劈裂力。

腹板等效锚垫板的计算参数为:竖向高度 $a_1 = 940$ mm,由于腹板倾斜,梁高为腹板中心斜向长度 $h_1 = 1\,634$ mm,偏心距亦为斜向长度 $e_1 = (750/2 + 600 - 912) \times 1\,634/1\,600 = 64$ mm,偏心率 $\gamma_1 = 2e_1/h_1 = 0.078$,总力筋倾角为5°,总锚固力 $P_{d1} = 1.2 \times 1\,395 \times 24 \times 140 = 5\,625 \times 10^3$ N = 5 625kN。

底板锚垫板的计算参数为:竖向高度 $a_2 = 160$ mm, $h_2 = 1\,000$ mm,偏心距 $e_2 = 230$ mm,偏心率 $\gamma_2 = 2e_2/h_2 = 0.46$,力筋倾角为0°,锚固力 $P_{d2} = 1.2 \times 1\,395 \times 5 \times 140 = 1\,172 \times 10^3$ N = 1 172kN。

2)腹板总体区受拉效应

根据《规范》公式(8.2.2-1)计算劈裂力:

$$T_{b,d1} = 0.25 P_{d1} (1 + \gamma_1)^2 [(1 - \gamma_1) - a_1/h_1] + 0.5 P_{d1} |\sin\alpha_1|$$

$$= 0.25 \times 5\,625 \times (1 + 0.078)^2 \times [(1 - 0.078) - 0.575] +$$

$$0.5 \times 5\,625 \times \sin 5° = 812 \text{kN}$$

劈裂力位置按《规范》公式(8.2.2-2)计算:

$$d_b = 0.5(h_1 - 2e_1) + e_1 \sin\alpha_1$$

$$= 0.5 \times (1\,634 - 2 \times 64) + 64 \times \sin 5° = 759 \text{mm}$$

因偏心率 $\gamma_1 = 0.078 < 1/3$,故属于小偏心锚固,受拉侧边缘拉力为零,剥裂力取最大锚固力的2%: $T_{s,d1} = 0.02 \times 1.2 \times 1\,395 \times 6 \times 140 = 28 \times 10^3$ N = 28kN。

3)底板总体区受拉效应

根据《规范》公式(8.2.2-1)计算劈裂力:

$$T_{b,d2} = 0.25 P_{d2} (1 + \gamma_2)^2 [(1 - \gamma_2) - a_2/h_2] + 0.5 P_{d2} |\sin\alpha_2|$$

$$= 0.25 \times 1\,172 \times (1 + 0.46)^2 \times [(1 - 0.46) - 0.16] = 237\text{kN}$$

劈裂力位置按《规范》公式(8.2.2-2)计算：

$$d_b = 0.5(h_2 - 2e_2) + e_2\sin\alpha_2 = 0.5 \times (1\,000 - 2 \times 230) = 270\text{mm}$$

两组预应力束中心距 $s = 460\text{mm} < h/2$，则剥裂力取为最大单个锚固力的2%：

$$T_{s,d2} = 0.02 \times 1.2 \times 1\,395 \times 5 \times 140 = 23 \times 10^3\text{N} = 23\text{kN}$$

4) 腹板总体区配筋

普通钢筋采用HRB400级钢筋，$f_{sd} = 330\text{MPa}$，则要求抗劈裂力钢筋的面积：

$$A_{s1} \geqslant \gamma_0 T_{b,d1}/f_{sd} = 1.1 \times 812 \times 10^3/330 = 2\,707\text{mm}^2$$

抗劈裂钢筋分布于梁端 $h = 1\,600\text{mm}$ 范围内，配置16根⊈12的双肢箍筋、纵向间距为100mm，箍筋面积为3 617mm²，满足要求。

抵抗剥裂力的钢筋采用HRB400级钢筋，所需钢筋面积为：

$$A_{s1} \geqslant \gamma_0 T_{s,d1}/f_{sd} = 1.1 \times 28 \times 10^3/330 = 93\text{mm}^2$$

在梁端布置一排⊈12的双肢箍筋，箍筋面积为226mm²，满足计算要求。同时，锚固端还应配置横向构造钢筋，故钢筋布置如图8.3-27所示。

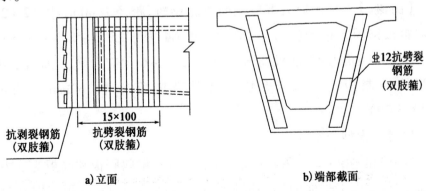

图 8.3-27　端部腹板抗劈裂钢筋布置(尺寸单位:mm)

5)底板总体区配筋

普通钢筋采用 HRB400 级钢筋,$f_{sd}=330\mathrm{MPa}$,则要求抗劈裂力钢筋的面积:

$$A_{s2} \geq \gamma_0 T_{b,d2}/f_{sd} = 1.1 \times 237 \times 10^3/330 = 790 \mathrm{mm}^2$$

抗劈裂钢筋分布于梁端 $h=1\,000\mathrm{mm}$ 范围内,上下层各配置 10 根 ⊥12 的横向钢筋、纵向间距为 100mm,钢筋面积为 $2\,261\mathrm{mm}^2$,满足要求。

抵抗剥裂力的钢筋采用 HRB400 级钢筋,所需钢筋面积为:

$$A_{s2} \geq \gamma_0 T_{s,d2}/f_{sd} = 1.1 \times 23 \times 10^3/330 = 77 \mathrm{mm}^2$$

在梁端上下各布置一根 ⊥12 的横向钢筋,钢筋面积为 $226\mathrm{mm}^2$,满足计算要求。同时,锚固端还应配置横向构造钢筋,故钢筋布置如图 8.3-28 所示。

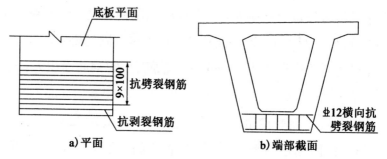

图 8.3-28 底板抗劈裂钢筋布置(尺寸单位:mm)

【例 8-6】 某预应力混凝土简支箱梁桥,跨径为 40m,梁高 2.02m。梁端腹板锚固 5 束预应力筋,N1、N2 和 N4 为 $\phi^s 15.2-6$,N3 和 N5 为 $\phi^s 15.2-7$、倾角为 4°,底板锚固 2 束 $\phi^s 15.2-6$ 预应力筋、无倾角,预应力张拉控制应力为 $1\,395\mathrm{MPa}$,矩形锚垫板尺寸 $160\mathrm{mm} \times 160\mathrm{mm}$(图 8.3-29)。

1)计算模型与参数

按《规范》第 8.2.2 条的规定,分别选取箱梁斜腹板和底板为受力主平面,腹板受力主平面的形心取为原箱形截面的形心,底板仍取其自身形心。

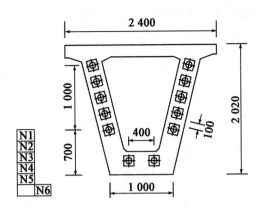

图 8.3-29 端部截面(尺寸单位:mm)

按《规范》第 8.2.2 条的规定,腹板相邻锚垫板中心间距 260mm 小于 2 倍的锚垫板宽度(320mm),属于密集间距锚头,将 5 个锚垫板等效为 260mm×1 200mm 的大垫板,5 个集中力简化为单一锚固力作用于等效垫板中心,因锚固力作用线逐渐靠近截面形心,预应力筋的倾角取为 4°;底板邻锚垫板中心间距 400mm 大于 2 倍的锚垫板宽度(320mm),分别计算其劈裂力(图 8.3-30)。

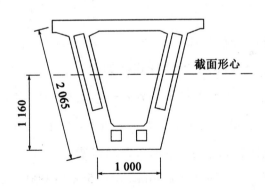

图 8.3-30 简化计算截面(尺寸单位:mm)

腹板等效锚垫板的计算参数为:竖向高度 a_1 = 1 200mm,锚固力合力距底缘距离 1 184mm,由于腹板倾斜,梁高为腹板中心斜向长度 h_1 = 2 065mm,偏心距亦为斜向长度 e_1 = (1 184 − 1 160)×2 065/2 020 =

25mm,偏心率 $\gamma_1 = 2e_1/h_1 = 0.024$,总力筋倾角为4°,总锚固力 $P_{d1} = 1.2 \times 1\,395 \times 32 \times 140 = 7\,500 \times 10^3 \text{N} = 7\,500 \text{kN}$。

底板上的锚垫板计算参数为:竖向高度 $a_2 = 160\text{mm}, h_2 = 1\,000\text{mm}$,偏心距 $e_2 = 200\text{mm}$,偏心率 $\gamma_2 = 2e_2/h_2 = 0.4$,力筋倾角为0°,锚固力 $P_{d2} = 1.2 \times 1\,395 \times 6 \times 140 = 1\,406 \times 10^3 \text{N} = 1\,406 \text{kN}$。

2) 腹板总体区受拉效应

根据《规范》公式(8.2.2-1)计算劈裂力:

$$T_{b,d1} = 0.25 P_{d1}(1 + \gamma_1)^2 [(1 - \gamma_1) - a_1/h_1] + 0.5 P_{d1}|\sin\alpha_1|$$
$$= 0.25 \times 7\,500 \times (1 + 0.024)^2 \times [(1 - 0.024) - 0.581] +$$
$$0.5 \times 7\,500 \times \sin 4° = 1\,038 \text{kN}$$

劈裂力位置按《规范》公式(8.2.2-2)计算:

$$d_{b1} = 0.5(h_1 - 2e_1) + e_1 \sin\alpha_1 = 0.5 \times (2\,065 - 2 \times 25) + 25 \times \sin 4°$$
$$= 1\,009 \text{mm}$$

因偏心率 $\gamma = 0.024 < 1/3$,故属于小偏心锚固,受拉侧边缘拉力为零,剥裂力取最大锚固力的2%:$T_{s,d1} = 0.02 \times 1.2 \times 1\,395 \times 7 \times 140 = 33 \times 10^3 \text{N} = 33 \text{kN}$。

3) 底板总体区受拉效应

根据《规范》公式(8.2.2-1)计算劈裂力:

$$T_{b,d2} = 0.25 P_{d2}(1 + \gamma_2)^2 [(1 - \gamma_2) - a_2/h_2] + 0.5 P_{d2}|\sin\alpha_2|$$
$$= 0.25 \times 1\,406 \times (1 + 0.4)^2 \times [(1 - 0.4) - 0.16] = 303 \text{kN}$$

劈裂力位置按《规范》公式(8.2.2-2)计算:

$$d_{b2} = 0.5(h_2 - 2e_2) + e_2 \sin\alpha_2 = 0.5 \times (1\,000 - 2 \times 200)$$
$$= 300 \text{mm}$$

两组预应力束中心距 $s = 400\text{mm} < h/2$,则剥裂力取为最大单个锚固力的2%:

$$T_{s,d2} = 0.02 \times 1.2 \times 1\,395 \times 6 \times 140 = 28 \times 10^3 \text{N} = 28 \text{kN}$$

4）腹板总体区配筋

普通钢筋采用 HRB400 级钢筋，$f_{sd}=330\text{MPa}$，则要求抗劈裂力钢筋的面积：

$$A_{s1} \geq \gamma_0 T_{b,d1}/f_{sd} = 1.1 \times 1\,038 \times 10^3/330 = 3\,460\text{mm}^2$$

抗劈裂钢筋分布于梁端 $h=2\,020\text{mm}$ 范围内，配置 20 根 ⊥12 的双肢箍筋、纵向间距为 100mm，箍筋面积为 $4\,521\text{mm}^2$，满足要求。

抵抗剥裂力的钢筋采用 HRB400 级钢筋，所需钢筋面积为：

$$A_{s1} \geq \gamma_0 T_{s,d1}/f_{sd} = 1.1 \times 33 \times 10^3/330 = 110\text{mm}^2$$

在梁端布置一排 ⊥12 的双肢箍筋，箍筋面积为 226mm^2，满足计算要求。同时，锚固端还应配置横向构造钢筋，故钢筋布置如图 8.3-31 所示。

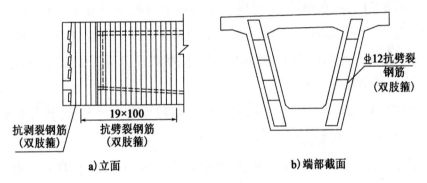

a）立面　　　　　　　　　　　　b）端部截面

图 8.3-31　端部腹板抗劈裂钢筋布置（尺寸单位：mm）

5）底板总体区配筋

普通钢筋采用 HRB400 级钢筋，$f_{sd}=330\text{MPa}$，则要求抗劈裂力钢筋的面积：

$$A_{s2} \geq \gamma_0 T_{b,d2}/f_{sd} = 1.1 \times 303 \times 10^3/330 = 1\,010\text{mm}^2$$

抗劈裂钢筋分布于梁端 $h=1\,000\text{mm}$ 范围内，上下层各配置 10 根 ⊥12 的横向钢筋，其纵向间距为 100mm，钢筋面积为 $2\,261\text{mm}^2$，满足要求。

抵抗剥裂力的钢筋采用 HRB400 级钢筋，所需钢筋面积为：

$$A_{s2} \geq \gamma_0 T_{s,d2}/f_{sd} = 1.1 \times 28 \times 10^3/330 = 93\text{mm}^2$$

在梁端上下各布置一根 ⊥12 的横向钢筋，钢筋面积为 226mm^2，满足计算要求。同时,锚固端还应配置横向构造钢筋,故钢筋布置如图 8.3-32 所示。

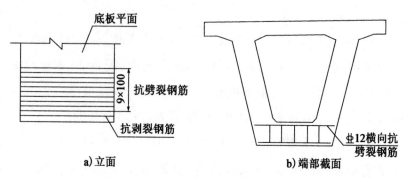

图 8.3-32 底板抗劈裂钢筋布置(尺寸单位:mm)

【例 8-7】 南京地铁 12 号线上某预应力混凝土简支箱梁桥,跨度为 20m,梁高 1.8m,梁宽 5m,梁端锚固 3 束 $\phi^s 15.2 - 12$ 预应力筋,倾角为 8°,预应力张拉控制应力 1 395MPa,矩形锚垫板尺寸为 231mm × 231mm。

1)计算模型与参数

按《规范》第 8.2.2 条的规定,取箱梁腹板为受力主平面,受力主平面的形心取为原箱形截面的形心。

按《规范》第 8.2.2 条的规定,因相邻锚垫板中心间距 400mm 小于 2 倍的锚垫板宽度(462mm),属于密集间距锚头,将三个锚垫板等效为 231mm × 1031mm 的大垫板,三个集中力简化为单一锚固力作用于等效垫板中心(图 8.3-33、图 8.3-34)。因锚固力作用线从起点指向截面形心,预应力筋的倾角取为 8°。

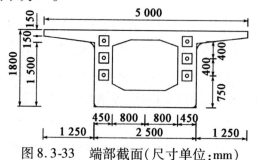

图 8.3-33 端部截面(尺寸单位:mm)

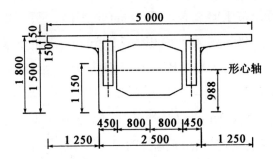

图 8.3-34 简化计算截面(尺寸单位:mm)

按《规范》第 8.2.2 条~第 8.2.5 条的规定,计算参数为:

等效锚垫板的竖向高度 $a=1\,031\,\text{mm}$,偏心距 $e=162\,\text{mm}$,偏心率 $\gamma=2e/h=0.18$,总力筋倾角为 8°,总锚固力 $P_d=1.2\times1\,395\,\text{MPa}\times36\times140\,\text{mm}^2=8\,437\,\text{kN}$。

2)总体区受拉效应

根据《规范》公式(8.2.2-1)计算劈裂力:

$$T_{b,d}=0.25P_d(1+\gamma)^2[(1-\gamma)-a/h]+0.5P_d|\sin\alpha|$$

$$=0.25\times8\,437\times(1+0.18)^2\times[(1-0.18)-1\,031/1\,800]+$$

$$0.5\times8\,437\times\sin8°=1\,313\,\text{kN}$$

劈裂力位置按公式(8.2.2-2)计算:

$$d_b=0.5(h-2e)+e\sin\alpha=0.5\times(1\,800-2\times162)+$$

$$162\times\sin8°=761\,\text{mm}$$

因偏心率 $\gamma=0.18<1/3$,故属于小偏心锚固,受拉侧边缘拉力为零,剥裂力取总锚固力的 2%:$T_{s,d}=0.02\times1.2\times1\,395\times12\times140=56.2\times10^3\,\text{N}=56.2\,\text{kN}$

3)总体区配筋

普通钢筋采用 HRB400 级钢筋,$f_{sd}=330\,\text{MPa}$,则要求抗劈裂力钢筋的面积:

$$A_s\geqslant\gamma_0T_{b,d}/f_{sd}=1.1\times1\,313\times10^3/330=4\,377\,\text{mm}^2$$

抗劈裂钢筋分布于梁端 $h = 1\,800$mm 范围内,配置 18 根Φ16 的双肢箍筋、纵向间距为 100mm,箍筋面积为 7 235mm²,满足要求。

抵抗剥裂力的钢筋采用 HRB400 级钢筋,所需钢筋面积为:

$$A_s \geq \gamma_0 T_{s,d}/f_{sd} = 1.1 \times 56.2 \times 10^3/330 = 187\text{mm}^2$$

在梁端布置一排Φ16 的双肢箍筋,箍筋面积为 402mm²,满足计算要求。同时,锚固端还应配置横向构造钢筋,故钢筋布置如图 8.3-35 所示。

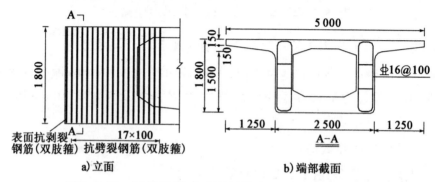

图 8.3-35 梁端抗锚下劈裂钢筋布置(尺寸单位:mm)

【例 8-8】 某预应力混凝土现浇箱梁桥,标准跨径为 25m + 25m,梁高 1.35m。梁端锚固 3 束 $\phi^s 15.2 - 17$ 预应力筋、倾角为 3°,预应力张拉控制应力为 1 395MPa,矩形锚垫板尺寸为 300mm×300mm。

1)计算模型与参数

按《规范》第 8.2.2 条的规定,取箱梁斜腹板为受力主平面,受力主平面的形心取为原箱形截面的形心。

按《规范》第 8.2.2 条的规定,因相邻锚垫板中心间距 450mm 小于 2 倍的锚垫板宽度(600mm),属于密集间距锚头,将三个锚垫板等效为 300mm × 1215mm 的大垫板,三个集中力简化为单一锚固力作用于等效垫板中心(图 8.3-36、图 8.3-37)。因锚固力作用线逐渐远离截面形心,预应力筋的倾角取 −3°。

按《规范》第 8.2.2 条~第 8.2.5 条的规定,计算参数为:

等效锚垫板的竖向高度 $a = 1\,215$mm,由于腹板倾斜,梁高为腹板中

心斜向长度 $h = 1\ 414$mm，偏心距亦为斜向长度 $e = (754 - 686) \times 1\ 414 / 1\ 350 = 71$mm，偏心率 $\gamma = 2e/h = 0.101$，总力筋倾角为 $-3°$，总锚固力 $P_d = 1.2 \times 1\ 395 \times 140 \times 51 = 11\ 952 \times 10^3\text{N} = 11\ 952$kN。

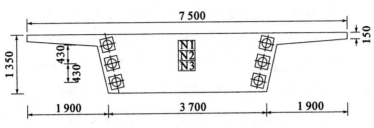

图 8.3-36　端部截面（尺寸单位：mm）

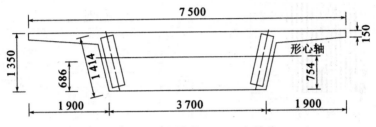

图 8.3-37　简化计算截面（尺寸单位：mm）

2）总体区受拉效应

根据《规范》公式（8.2.2-1）计算劈裂力：

$$T_{b,d} = 0.25 P_d (1 + \gamma)^2 [(1 - \gamma) - a/h] + 0.5 P_d |\sin\alpha|$$
$$= 0.25 \times 11\ 952 \times (1 + 0.101)^2 \times [(1 - 0.101) - 0.86] +$$
$$0.5 \times 11\ 952 \times \sin 3° = 454\text{kN}$$

劈裂力位置按《规范》公式（8.2.2-2）计算：

$$d_b = 0.5(h - 2e) + e\sin\alpha$$
$$= 0.5 \times (1\ 414 - 2 \times 71) + 71 \times \sin(-3°) = 632\text{mm}$$

因偏心率 $\gamma = 0.101 < 1/3$，故属于小偏心锚固，受拉侧边缘拉力为零，剥裂力取总锚固力的2%：$T_{s,d} = 0.02 \times 140 \times 1\ 395 \times 17 = 66 \times 10^3\text{N} = 66$kN。

3）总体区配筋

普通钢筋采用 HRB400 级钢筋，$f_{sd} = 330$MPa，则要求抗劈裂力钢筋的

面积:

$$A_s \geqslant \gamma_0 T_{b,d}/f_{sd} = 1.1 \times 454 \times 10^3/330 = 1\,513\,\text{mm}^2$$

抗劈裂钢筋分布于梁端 $h = 1\,350\,\text{mm}$ 范围内,配置13根⊈12的双肢箍筋、纵向间距为100mm,箍筋面积为 $2\,939\,\text{mm}^2$,满足要求。

抵抗剥裂力的钢筋采用HRB400级钢筋,所需钢筋面积为:

$$A_s \geqslant \gamma_0 T_{s,d}/f_{sd} = 1.1 \times 66 \times 10^3/330 = 220\,\text{mm}^2$$

在梁端布置一排⊈14的双肢箍筋,箍筋面积为 $308\,\text{mm}^2$,满足计算要求。同时,锚固端还应配置横向构造钢筋,故钢筋布置如图8.3-38所示。

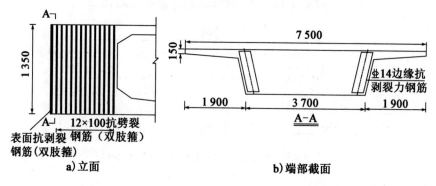

图8.3-38 抗劈裂钢筋布置图(尺寸单位:mm)

【例8-9】 某独立三角齿块(图8.3-39)高 $h = 0.7\,\text{m}$,水平投影长度

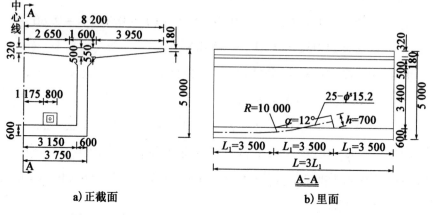

图8.3-39 独立三角齿块的布置(尺寸单位:mm)

为 $L_1=3.5\text{m}$,齿板倾角 $\alpha=12°$,预应力孔道弯曲段的曲率半径 $R=10\text{m}$,其上锚固 $\phi^s15.2-25$ 钢绞线束,预应力张拉控制应力为 $1\,395\text{MPa}$,矩形锚垫板采用 $400\text{mm}\times400\text{mm}$。齿块内普通钢筋强度等级为 HRB400。

锚固集中力设计值为:$P_\text{d}=1.2A_\text{p}\sigma_\text{con}=1.2\times1\,395\times140\times25=5\,859\times10^3\text{N}=5\,859\text{kN}$。

根据规范第 8.2.6 条的规定,计算出三角齿板内 5 个拉力效应的设计值 T_d,再按公式 $A_\text{s}\geqslant\gamma_0 T_\text{d}/f_\text{sd}$ 计算配筋量,计算结果列于表 8.3-1。

独立三角齿块的配筋量计算　　　　表 8.3-1

项目	锚下劈裂效应拉力 $T_{\text{b,d}}$	端面根部拉力 $T_{\text{s,d}}$	锚后牵拉效应拉力 $T_{\text{tb,d}}$	局部弯曲效应拉力 $T_{\text{et,d}}$	径向力效应拉力 $T_{\text{R,d}}$
拉力设计值(kN)	609.0	234.36	1 171.8	685.4	1 227.1
钢筋强度设计值(MPa)	330	330	330	330	330
计算配筋量(mm²)	2 030	710	3 906	2 285	4 090
实际配筋量(mm²)	3 216	804	7 855	7 855	6 432

同时,根据三角齿块锚固区配筋的构造要求,实际配筋情况如图 8.3-40 所示。

【例 8-10】　某角隅三角齿块(图 8.3-41)高 $h=0.7\text{m}$,水平投影长度为 $L_1=3.5\text{m}$,齿板倾角 $\alpha=12°$,预应力孔道弯曲段的曲率半径 $R=10\text{m}$,其上锚固 $\phi^s15.2-31$ 钢绞线束,预应力张拉控制应力为 $1\,395\text{MPa}$,矩形锚垫板采用 $400\text{mm}\times400\text{mm}$。齿块内抗裂钢筋采用 HRB400 级钢筋。

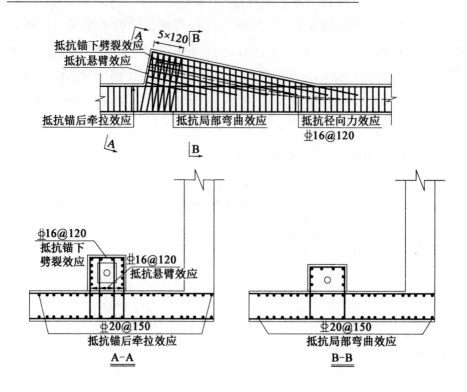

图 8.3-40　独立三角齿块的钢筋布置(尺寸单位:mm)

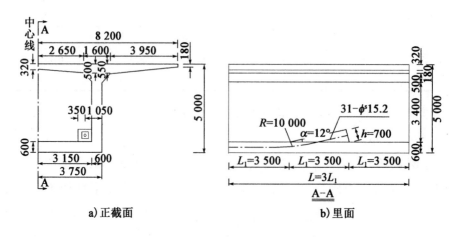

a) 正截面　　　　　b) 里面

图 8.3-41　角隅三角齿块的布置(尺寸单位:mm)

锚固集中力设计值为：$P_d = 1.2 A_p \sigma_{con} = 1.2 \times 1\,395 \times 31 \times 140 = 7\,256 \times 10^3 \text{N} = 7\,256\text{kN}$。

对于角隅三角齿块，可以偏于安全地分别在底板、腹板两个方向将其视为独立三角齿块进行计算。根据《规范》第8.2.6条的规定，计算出三角齿板内5个拉力效应的设计值T_d，再按公式$A_s \geq \gamma_0 T_d / f_{sd}$计算配筋量，计算结果列于表8.3-2。

角隅三角齿块的配筋量计算　　　　表8.3-2

项目	锚下劈裂效应拉力 $T_{b,d}$	端面根部拉力 $T_{s,d}$	锚后牵拉效应拉力 $T_{tb,d}$	局部弯曲效应拉力 $T_{et,d}$	径向力效应拉力 $T_{R,d}$
拉力设计值(kN)	755.4	290.4	1453	849.9	1520.8
钢筋强度设计值(MPa)	330	330	330	330	330
计算配筋量(mm²)	2518	880	4843	2833	5069
实际配筋量(mm²)	3216	1005	7855	7855	6432

同时，根据配筋构造要求，三角齿块锚固区配筋情况如图8.3-42所示。

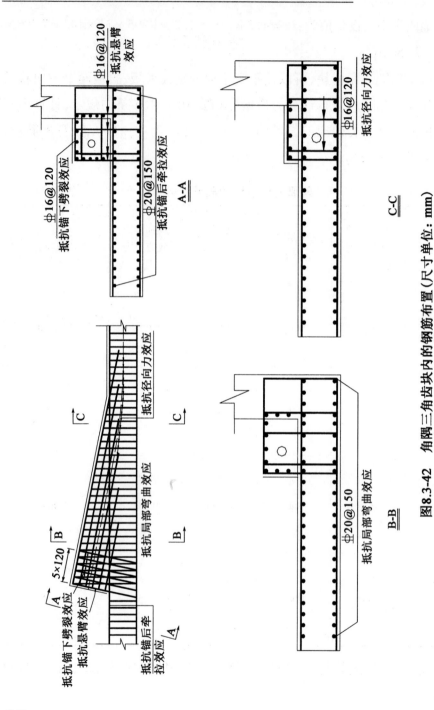

图8.3-42 角隅三角齿块内的钢筋布置(尺寸单位: mm)

8.4 支座处横隔梁

8.4.1 技术现状

支座处横隔梁的结构设计一般由横桥向受力控制。对于单箱室横隔梁(图8.4-1),当横隔梁的支座中线与腹板中线在横桥向重合时,可认为跨内荷载不经由横隔板而由腹板直接传递至支座,故可按构造要求进行横隔梁配筋设计。当支座支承中线与腹板中线有一定偏离时,应通过计算进行横隔梁配筋设计。在 AASHTO 规范和 EUROCODE 规范,建议采用拉压杆模型进行横隔梁的设计,但仅给出了拉压杆模型的示意,未提供定量化的计算模型。

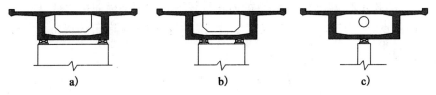

图 8.4-1　横隔梁的典型支承情况

8.4.2 基本原理

支座处横隔梁可采用隔离体简化模型进行横桥向受力计算,假定跨内荷载由腹板传递至横隔梁。当横隔梁的宽高比 $B_w/h > 2$ 时,可按第5章～第7章钢筋混凝土受弯构件进行横隔梁横向受力计算;当横隔梁的宽高比 $B_w/h \leqslant 2$ 时,可按应力扰动区进行横隔梁横向受力计算。B_w 为横隔梁外腹板中心线的距离,h 为横隔梁的高度。

宽高比 $0.5 \leqslant B_w/h \leqslant 2$ 的单箱室横隔梁在工程上十分常见,应重点关注其顶部抗裂钢筋或横向预应力的设计。当采用隔离体简化模型对横隔梁进行横向分析时,可假定桥梁的跨内荷载首先通过腹板上的分布剪力传递至横隔梁,然后再传至支座。进一步忽略箱梁翼缘的作用,可得到图8.4-2所示的平面简化模型:侧边均布剪力作用深梁。

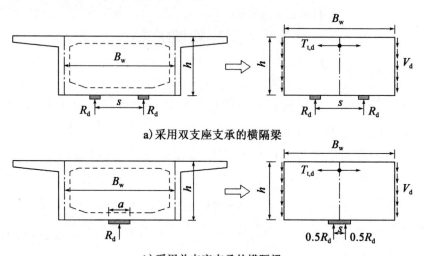

图8.4-2 支座处横隔梁的简化计算图式和顶部横向拉力计算

研究表明,当宽高比 $B_w/h=2$ 时,该类深梁中央截面的横向拉力可按浅梁计算:

$$T_{t,d} = 1.5V_d(1-s/B_w) \quad (8.4\text{-}1)$$

当宽高比 $B_w/h \leqslant 0.5$ 时,横向拉力趋于定值 $0.2V_d$,即有:

$$T_{t,d} = 0.2V_d \quad (8.4\text{-}2)$$

当宽高比 $0.5 \leqslant B_w/h \leqslant 2$ 时,横向拉力近似呈线性变化,利用上述两式的线性内插,顶部横向拉力可按公式(8.4-3)计算:

$$T_{t,d} = [0.20 + (B_w/h - 0.5)(0.87 - s/B_w)] \cdot V_d \quad (8.4\text{-}3)$$

其承载力符合下式规定:

$$\gamma_0 T_{t,d} \leqslant f_{sd}A_s + f_{pd}A_p \quad (8.4\text{-}4)$$

式中:γ_0——桥梁结构的重要性系数;

$T_{t,d}$——横隔梁顶部横向拉杆的内力设计值;

A_s、A_p——拉杆内普通钢筋和横向预应力钢筋的面积,按横隔梁及其两侧纵桥向各1倍横隔梁厚度范围内的钢筋计算;

f_{sd}、f_{pd}——拉杆普通钢筋和预应力钢筋的抗拉强度设计值;

V_d——由单侧腹板传递至横隔梁的竖向剪力设计值,按基本组合取用。当横隔梁采用双支座支承时,V_d 为单个支座传递的竖向力设计值 R_d;当横隔梁采用单支座支承时,V_d 取支座传递竖向力设计值的 0.5 倍,即 $V_d = R_d/2$;

s——支座中心的间距,当横隔梁采用单支座支承时,取支座垫板宽度 a 的 0.5 倍;

h——横隔梁的高度,取支座处箱梁梁高;

B_w——腹板中心线之间的间距,当箱梁采用斜腹板时,取腹板中心线中点的距离。

三维实体有限元分析表明,支反力在墩顶区域具有空间扩散的特征。除横隔梁厚度范围内存在横向受拉效应外,在其两侧一定范围的箱梁顶板内也存在同样的横向受拉效应。在日本道路桥示方书中,对横隔梁区域加强配筋的范围如图 8.4-3 所示。从纵桥向看,图 8.4-4 中墩顶区域 $3b$ 范围内(b 为横隔板厚度)的顶部普通钢筋和横向预应力筋均对抵抗横向拉力 $T_{t,d}$ 有效。

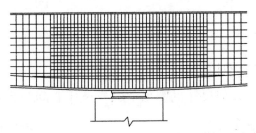

图 8.4-3 日本规范中对横隔梁区域加强配筋范围的示意

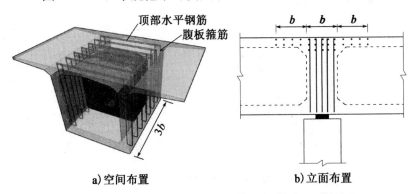

a) 空间布置　　　　b) 立面布置

图 8.4-4 支座处横隔梁的普通钢筋布置范围

8.4.3 应用示例

【例8-11】 某三跨变高度预应力混凝土连续箱梁,跨径布置为 67.25m+104.5m+67.25m,如图8.4-5所示。截面为单箱单室构造,箱底宽8m,翼缘悬臂长4.45m,全宽16.9m。箱梁顶面设2%单向横坡。中支点处箱梁中心高度6.2m,跨中处箱梁中心高度2.7m,箱梁底板以二次抛物线变化。顶板厚0.28m,悬臂板端部厚0.18m,根部厚0.73m;腹板厚0.50~0.80m,底板厚0.30~0.771m。中支墩及边支墩处的横隔梁厚度分别为2m和1.7m,横隔梁中均设置了人孔。通过结构总体计算,中支墩处每个支座的支反力 $R_d = 19\ 900\text{kN}$。

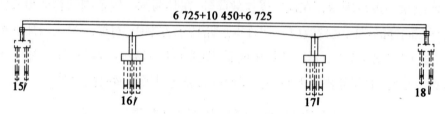

图8.4-5 连续梁立面布置(尺寸单位:cm)

1)横隔梁的简化计算图示

横隔梁的截面几何尺寸见图8.4-6,支座中心间距为 $s = 6\text{m}$,梁高 $h = $

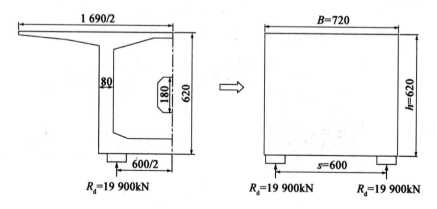

图8.4-6 中支墩处横隔板(尺寸单位:cm)

6.2m,腹板中心线之间的间距 $B_w = 7.2$m。

2)根据《规范》第8.3.2条的规定,计算横隔梁顶部的横向拉力

$$T_{t,d} = [0.20 + (B_w/h - 0.5)(0.87 - s/B_w)] \cdot V_d$$

$$= [0.2 + (720/620 - 0.5) \times (0.87 - 600/720)] \times 19\,900$$

$$= 4\,462.5\text{kN}$$

3)依据横向拉力,进行配筋设计

仅考虑普通钢筋抵抗横向拉力,横隔梁顶部需配置的HRB400钢筋面积为:

$$A_s = \gamma_0 T_{t,d}/f_{sd} = 1.1 \times 4\,462.5/330 \times 1\,000$$

$$= 14\,875\text{mm}^2$$

在纵桥向 $3b = 3 \times 2 = 6$m 范围内,选配 60 根 ⊈18 钢筋,$A_s = 15\,268\text{mm}^2$。配筋布置如图 8.4-7 所示。

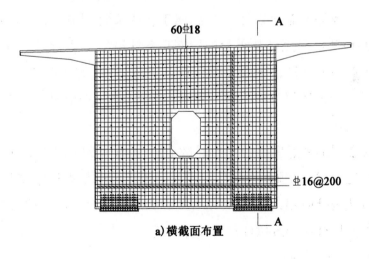

a)横截面布置

图 8.4-7

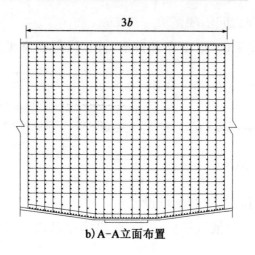

b) A-A立面布置

图 8.4-7 支座处横隔梁配筋示意

8.5 墩台盖梁

8.5.1 技术现状

当墩柱盖梁的外悬臂部分承受支座反力作用时,若作用点至柱边缘的距离小于或等于盖梁截面高度时,属于悬臂深梁(牛腿)。《规范》(JTG D62—2004)建议参照桩基承台的"撑杆-系杆模型",进行悬臂部分正截面抗弯承载力的计算;《混凝土结构设计规范》(GB 50010—2010)和《水工混凝土结构设计规范》(DL/T 5057—2009)也分别给出了牛腿抗裂和配筋设计要求。

墩柱盖梁的外悬臂部分和独柱墩盖梁,是桥梁结构中比较常见的一类小剪跨比 D 区,其顶部边缘存在的横向受拉效应是设计中应关注的重点。为方便设计应用,本次修订结合几种典型的墩台盖梁结构形式,给出了具体的拉压杆模型或拉杆内力计算公式。

8.5.2 基本原理

钢筋混凝土盖梁位于柱外的悬臂部分承受竖向支座反力作用,当支座反力作用点至柱边缘的距离小于或等于盖梁截面高度时,属于悬臂深梁,可利用拉压杆模型按以下规定计算盖梁悬臂部分的承载力(图8.5-1)。

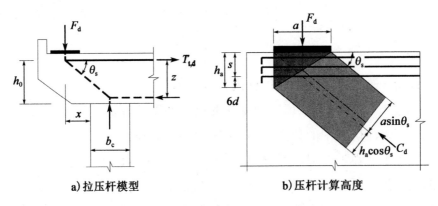

a)拉压杆模型　　　　b)压杆计算高度

图8.5-1　盖梁悬臂部分的拉压杆模型

1)斜压杆承载力可按下列规定计算:

$$\gamma_0 C_d \leq A_{cs} f_{ce,d} \quad (8.5\text{-}1)$$

$$A_{cs} = (a\sin\theta_s + h_a\cos\theta_s)b_s \quad (8.5\text{-}2)$$

式中:C_d——压杆轴向力设计值,$C_d = F_d/\sin\theta_s$,其中 F_d 为盖梁悬臂部分的竖向力设计值,按基本组合取用;

$f_{ce,d}$——混凝土压杆的等效抗压强度设计值;

A_{cs}——混凝土压杆的有效横截面积;

a——支座垫板宽度;

b_s——盖梁截面宽度;

h_a——拉杆钢筋锚固高度,$h_a = s + 6d$,其中 s 为拉杆钢筋的底层钢筋中心至盖梁顶面的距离;d 为拉杆钢筋直径,当采用不同直径的钢筋时,d 取加权平均值;

θ_s——斜压杆与拉杆之间的夹角,$\theta_s = \tan^{-1}\dfrac{z}{x + b_c/2}$,其中 z 为盖梁的内力臂,可取为盖梁有效高度 h_0 的 0.9 倍;x 为支座反力作用点至(换算)方形截面柱边缘的距离;b_c 为柱的有效支承宽度,方形截面柱取截面边长、圆形截面柱取 0.8 倍直径。

2)拉杆承载力可按下列规定计算:

$$\gamma_0 T_{t,d} \leq f_{sd} A_s + f_{pd} A_p \tag{8.5-3}$$

$$T_{t,d} = \frac{x + b_c/2}{z} F_d \tag{8.5-4}$$

式中:$T_{t,d}$——盖梁顶部横向拉杆内力设计值;

f_{sd}、f_{pd}——普通钢筋、预应力钢筋的抗拉强度设计值;

A_s、A_p——拉杆中的普通钢筋、预应力钢筋面积。

工程上常见的三种独柱式盖梁如图 8.5-2 所示,在受力分析时均可以倒立的深梁看待。欧洲 FIP99 对深梁(长高比为 1)的内力臂(横向拉杆与压杆之间的距离)做了规定,大约取为 0.6 倍梁高。进一步研究表明,当内力臂(横向拉杆与压杆之间的距离)取为 5/9 倍梁高时,拉压杆模型内力计算结果更为精确。

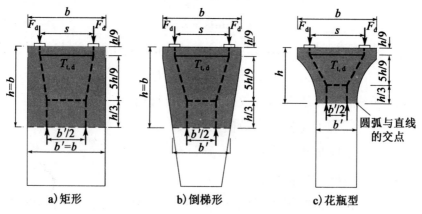

图 8.5-2 典型独柱式墩帽(顶部)的拉压杆模型

对此三种独柱式盖梁,在确定各自的应力扰动区高度 h 后,内力臂可参照深梁统一取 $5h/9$。根据拉压杆模型的内力平衡条件,得到横向拉杆内力的计算公式:

$$T_{t,d} = 0.45 F_d \left(\frac{2s - b'}{h} \right) \tag{8.5-5}$$

式中：F_d——墩帽的竖向力设计值，按基本组合取用；

s——双支座的中心距；

h——墩帽横向变宽区段的高度，当 $h > b$ 时取 $h = b$，b 为墩顶横向宽度；

b'——距离墩顶高度为 h 的位置处，墩帽或墩身的横向宽度。

8.5.3 应用示例

【例8-12】 某跨径30m混凝土简支梁桥，桥面宽12m，上部结构为5片横向装配式T梁，T梁间距为2.4m。双柱墩的构造如图8.5-3所示，桥墩间距6.9m，盖梁宽11m，高1.6m，墩柱直径1.3m，支座垫板的尺寸为800mm×2 000mm。上部结构每片T梁的竖向荷载设计值（自重＋活载），$P_d = 500$kN，混凝土强度等级为C40，采用HRB400钢筋。对此盖梁的悬臂部分进行承载力验算。

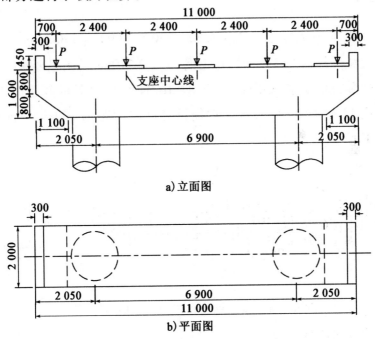

图 8.5-3 混凝土T梁截面总体布置图（尺寸单位：mm）

1）盖梁悬臂部分的简化计算图示

支座反力作用点至柱边缘的距离（圆形截面柱换算为边长等于0.8倍直径的方形截面柱）$x = 2\,050 - 700 - 0.8 \times 1\,300/2 = 830$mm $< 1\,600$mm，故根据《规范》第8.4.7条的规定，按拉压杆模型方法进行设计。

计算参数：柱的支承宽度 $b_c = 0.8 \times 1\,300 = 1\,040$mm；假设拉杆钢筋重心到盖梁顶面的距离为100mm，盖梁的有效高度 $h_0 = 1\,600 - 100 = 1\,500$mm；盖梁的内力臂 $z = 0.9 h_0 = 1\,350$mm。

2）悬臂部分顶部横向拉力

$$T_{t,d} = \frac{x + b_c/2}{z} F_d = \frac{830 + 1\,040/2}{1\,350} \times 500 = 500 \text{kN}$$

3）依据横向拉力，进行配筋设计

普通钢筋采用HRB400级钢筋，$f_{sd} = 330$MPa，则要求抗拉钢筋的截面积：

$$A_s = \gamma_0 T_{t,d} / f_{sd} = 1.1 \times 500/330 \times 1\,000 = 1\,833 \text{mm}^2$$

在盖梁顶层选用11根Φ16钢筋，$A_s = 2\,210 \text{mm}^2$，满足要求。另根据盖梁抗弯和抗剪要求：竖向钢筋选用Φ16钢筋，沿全长的间距为200mm；底层选用11根C18钢筋，水平钢筋沿高度的间距为200mm。配筋图如图8.5-4所示。

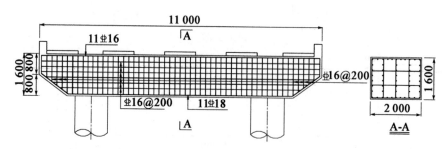

图8.5-4　盖梁钢筋布置图（尺寸单位：mm）

4）验算斜压杆承载力

无配筋压杆的承载力设计值：$R_{S,d} = f_{ce,d} A_{cs}$

其中，压杆有效抗压强度设计值 $f_{ce,d} = \dfrac{\beta_c f_{cd}}{0.8 + 170\varepsilon_1} \leqslant 0.85\beta_c f_{cd}$，混凝土压杆的有效横截面积为 A_{cs}。

根据《规范》附录 B，C40 混凝土的 $\beta_c = 1.3$。

计算压杆和拉杆间的角度：

$$\alpha_s = \arctan\left(\dfrac{x + b_c/2}{z}\right) = 45°$$

压杆中垂直于压杆方向的钢筋横向拉应变：

$$\varepsilon_1 = \varepsilon_s + (\varepsilon_s + 0.002)\cot^2\alpha_s$$

$$= T_{t,d}/(A_s E_s) + [T_{t,d}/(A_s E_s) + 0.002]\cot^2 45°$$

$$= 0.0043$$

混凝土轴心抗压强度设计值 $f_{cd} = 18.4\text{MPa}$。

根据上述参数，计算得到：$f_{ce,d} = 15.6\text{MPa}$。

A_{cs} 的计算参数：支座垫板的宽度 $L_b = 800\text{mm}$，钢筋锚固面的高度 $h_a = 100 + 6 \times 16 = 196\text{mm}$。根据图 8.5-5 中的几何关系可得斜压杆端部的宽度：$L = L_b\sin 45° + h_a\cos 45° = 704\text{mm}$，压杆的厚度即盖梁的厚度 2 000mm。因此混凝土压杆的有效横截面积：$A_{cs} = 704 \times 2\,000 = 1\,408\,000\text{mm}^2$。

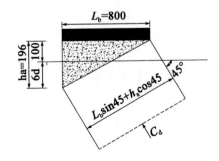

图 8.5-5　钢筋和支座共同约束的压杆有效横截面积(尺寸单位:mm)

由上可得 $R_{s,d} = f_{ce,d} A_{cs} = 25.6 \times 1\,408\,000 = 21\,965 \times 10^3 \text{N} = 21\,965\text{kN}$,大于斜压杆轴向压力 $C_d = F_d/\sin 46° = 554\text{kN}$,满足极限承载能力验算要求。

【例8-13】 某桥有三种独柱式桥墩构造,分别为矩形[图8.5-6a)]、倒梯形[图8.5-6b)]和宽口花瓶形桥墩[图8.5-6c)]。矩形桥墩墩高10m,宽5.8m,桥墩厚2m。倒梯形桥墩宽由5.8m线性渐变至宽3m,宽口花瓶形桥墩采用曲线变宽,变宽高度为3m。三种桥墩的支座中心距均为4m。上部结构传递至桥墩的竖向荷载设计值 $P = 3\,000\text{kN}$,混凝土强度等级为C40,采用HRB400钢筋。

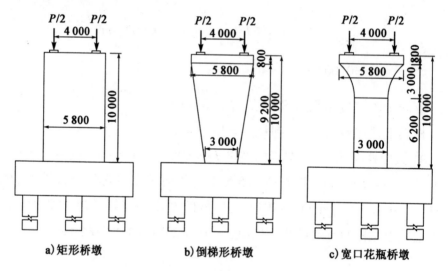

a) 矩形桥墩 b) 倒梯形桥墩 c) 宽口花瓶桥墩

图8.5-6 三类典型独柱式桥墩构造(尺寸单位:mm)

1)按《规范》公式(8.4.8),计算盖梁顶部横向拉力 $T_{t,d}$

①矩形桥墩

计算参数:$F_d = P/2 = 1\,500\text{kN}$,支座中心距 $s = 4\,000\text{mm}$,$h = b' = b = 5\,800\text{mm}$。

横向拉力:$T_{t,d} = 0.45 F_d \left(\dfrac{2s - b'}{h}\right) = 0.45 \times 1\,500 \times \left(\dfrac{2 \times 4\,000 - 5\,800}{5\,800}\right) = 256\text{kN}$

②倒梯形桥墩

计算参数：$F_d = P/2 = 1\,500\text{kN}$，支座中心距 $s = 4\,000\text{mm}$，$h = b = 5\,800\text{mm}$，$b' = 4\,278\text{mm}$。

横向拉力：$T_{t,d} = 0.45 F_d \left(\dfrac{2s - b'}{h}\right) = 0.45 \times 1\,500 \times \left(\dfrac{2 \times 4\,000 - 4\,278}{5\,800}\right) = 433\text{kN}$

③宽口花瓶桥墩

计算参数：$F_d = P/2 = 1\,500\text{kN}$，支座中心距 $s = 4\,000\text{mm}$，$h = 3\,800\text{mm}$，$b' = 3\,000\text{mm}$。

横向拉力：$T_{t,d} = 0.45 F_d \left(\dfrac{2s - b'}{h}\right) = 0.45 \times 1\,500 \times \left(\dfrac{2 \times 4\,000 - 3\,000}{3\,800}\right) = 888\text{kN}$

2）盖梁顶部横向配筋设计

按公式 $A_s \geq \gamma_0 T_{t,d}/f_{sd}$ 计算需配置的充当拉杆的钢筋面积，本例结构重要性系数取 $\gamma_0 = 1.1$。拉杆配筋设计见表 8.5-1、图 8.5-7。

盖梁顶部横向配筋表　　表 8.5-1

桥墩形式	拉杆内力 $T_{t,d}$ (kN)	计算配筋量 A_s (mm²)	钢筋布置	实际配筋量 (mm²)
矩形桥墩	256	853	11Φ16	2 212
倒梯形桥墩	433	1 443	11Φ16	2 212
宽口花瓶桥墩	888	2 960	11Φ20	3 454

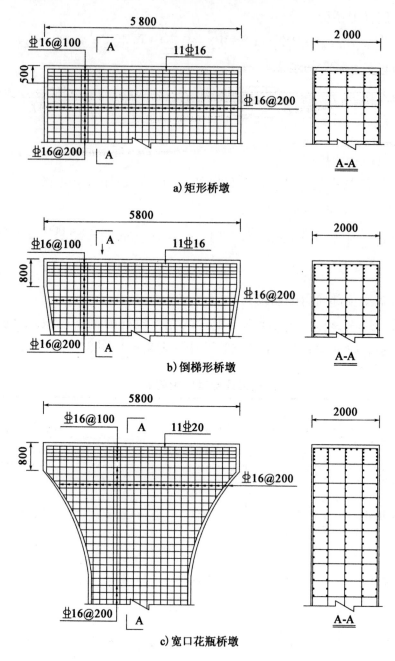

图 8.5-7 桥墩顶部的抗裂钢筋布置

8.6 桩基承台

8.6.1 技术现状

本次修订,《规范》在维持原条文的基础上,作了两点修改:

1)原条文中 ε_1 计算式存在漏项。根据 AASHTO 规范,ε_1 应写为:

$$\varepsilon_1 = \frac{T_{id}}{A_s E_s} + \left(\frac{T_{id}}{A_s E_s} + 0.002\right)\cot^2\theta_i$$

2)参照《混凝土结构设计规范》(GB 50010—2010)第 8.5.2 条,适当降低了承台受拉钢筋的最小配筋率要求,由原规范的 0.20% 改为 0.15%。

8.6.2 基本原理

公路桥梁桩基承台较厚,尤其当承台下面外排桩中心与墩台身边缘的距离小于或等于承台高度时,承台的极限承载力可按拉压杆模型方法进行设计(图 8.6-1)。

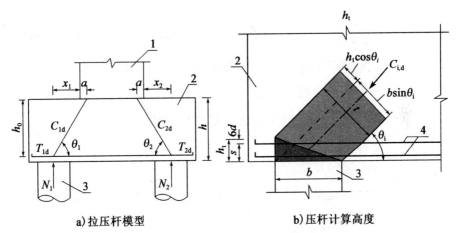

图 8.6-1 承台的拉压杆模型

1-墩台身;2-承台;3-桩;4-拉杆钢筋

斜压杆承载力符合下列规定:

$$\gamma_0 C_{i,d} \leqslant t b_s f_{ce,d} \tag{8.6-1}$$

$$f_{ce,d} = \frac{\beta_a f_{cd}}{0.8 + 170\varepsilon_1} \leq 0.85\beta_a f_{cd} \quad (8.6\text{-}2)$$

$$\varepsilon_1 = \frac{T_{i,d}}{A_s E_s} + \left(\frac{T_{i,d}}{A_s E_s} + 0.002\right)\cot^2\theta_i \quad (8.6\text{-}3)$$

$$t = b\sin\theta_i + h_t\cos\theta_i \quad (8.6\text{-}4)$$

$$h_t = s + 6d \quad (8.6\text{-}5)$$

拉杆承载力符合下列规定：

$$\gamma_0 T_{i,d} \leq f_{sd} A_s \quad (8.6\text{-}6)$$

式中：$C_{i,d}$——压杆的内力设计值，取 $C_{1,d}$ 和 $C_{2,d}$ 两者中较大者，$C_{i,d} = N_{i,d}/\sin\theta_i$；

$N_{i,d}$——桩基的竖向力设计值，其中 N_{1d} 和 N_{2d} 分别为承台悬臂下面"1"排桩和"2"排桩内该排桩的根数乘以该排桩中最大单桩竖向力设计值；

θ_i——斜压杆与拉杆之间的夹角，其中 $\theta_1 = \tan^{-1}\frac{h_0}{a+x_1}$，$\theta_2 = \tan^{-1}\frac{h_0}{a+x_2}$，其中 h_0 为承台有效高度；a 为压杆中线与承台顶面的交点至墩台边缘的距离，取 $a = 0.15h_0$；x_1 和 x_2 为桩中心至墩台边缘的距离；

$f_{ce,d}$——混凝土压杆的等效抗压强度设计值；

h_t——压杆计算高度；

b_s——压杆计算宽度；

b——桩的支撑面计算宽度，方形截面取截面边长，圆形截面取直径的 0.8 倍；

A_s——在压杆计算宽度 b_s（拉杆计算宽度）范围内拉杆钢筋截面面积；

s——拉杆钢筋的顶层钢筋中心至承台底的距离；

d——拉杆钢筋直径，当采用不同直径的钢筋时，d 取加权平

均值;

$T_{i,d}$——拉杆内力设计值,取 $T_{1,d}$ 与 $T_{2,d}$ 两者中较大者,其中 $T_{1,d} = N_{1d}/\tan\theta_1$,$T_{2,d} = N_{2d}/\tan\theta_2$;

f_{sd}——拉杆钢筋抗拉强度设计值。

8.6.3 应用示例

【例8-14】 某两桩承台的几何尺寸如图 8.6-2 所示,两根桩的竖向力设计值均为 5 500kN。承台采用 C30 混凝土,抗压强度设计值为 13.8MPa。钢筋采用 HRB400 钢筋,抗拉强度设计值取 330MPa。

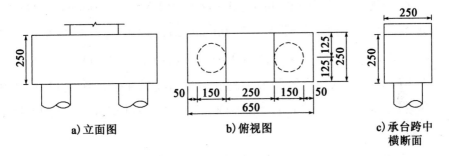

图 8.6-2　承台一般构造(尺寸单位:cm)

承台下面外排桩中心与墩台身边缘的距离 75cm,小于承台高度 250cm,可按拉压杆模型方法进行承台的极限承载力设计。

1)拉压杆模型的构形

该承台两根桩的竖向荷载设计值相等,可将其视为处于桥墩的轴压荷载作用下,承台的拉压杆构形如图 8.6-1 所示。

计算参数为:每根桩的反力 N_{id} 取为桩的竖向荷载设计值,即 $N_{1d} = N_{2d} = 5\ 500$kN;桩中心至墩台边缘的距离为 $x_1 = x_2 = 750$mm;假设拉杆钢筋重心到承台底面的距离为 $a_s = 100$mm,承台的有效高度为 $h_0 = h - a_s = 2\ 500 - 100 = 2\ 400$mm;$a = 0.15h_0 = 0.15 \times 2\ 400 = 360$mm,$\theta_1 = \theta_2 = \tan^{-1}\dfrac{h_0}{a+x_1} = \tan^{-1}\dfrac{2\ 400}{360+750} = 65.18°$。

2）拉压杆模型的杆件内力

依据静力平衡即可算出斜压杆和底部拉杆的内力分别为：

$C_{1,d} = C_{2,d} = N_{1d}/\sin\theta_1 = 5\,500/\sin 65.18° = 6\,058.6\text{kN}(压)$；

$T_{1,d} = T_{2,d} = N_{1d}/\tan\theta_1 = 5\,500/\tan 65.18° = 2\,541.1\text{kN}(拉)$。

3）拉杆配筋设计

拉杆所需钢筋的面积为 $A_s = 2\,541.1 \times 1\,000/330 = 7\,700\text{mm}^2$。

《规范》规定：拉杆计算宽度 b_s 内受拉钢筋最小配筋率不应小于 0.15%。

本算例的桩中距为 $4\,000\text{mm} < 3 \times D = 3 \times 1\,500 = 4\,500\text{mm}$，拉杆的计算宽度取为承台的宽度，即 $b_s = 2\,500\text{mm}$，即截面的最小配筋面积应为 $A_s = 0.15\% b_s h_0 = 0.15\% \times 2\,500 \times 2\,400 = 9\,000\text{mm}^2 > 7\,700\text{mm}^2$。

所以，本算例承台应按照最小配筋率进行受拉主筋的配筋设计，采用 25 根⌀25 钢筋（$A_s = 12\,265\text{mm}^2 > 9\,000\text{mm}^2$），按一排布置，承台配筋图如 8.6-3 所示。

取受拉主筋到承台底面的混凝土保护层厚度为 $c = 110\text{mm}$，平行于计算截面的两侧面混凝土保护层厚度取为 110mm。钢筋间的净距为 $S_n = (2\,500 - 2 \times 110 - 25 \times 25)/24 = 69\text{mm}$，满足 $S_n \geqslant 30\text{mm}$ 及 $d = 25\text{mm}$ 的要求。

至此，初步完成了承台受拉主筋的配筋设计，现要根据实际的配筋布置，重新计算全部受拉钢筋的重心距承台底面的距离 a_s，确定对应于实际配筋下拉压杆模型的高度 h_0，进而确定实际配筋下承台的拉压杆构形及各杆件内力，用于后面腹部竖向抗剪钢筋设计及压杆和节点区的承载力验算。

$a_s = 25/2 + 110 = 122.5\text{mm}$，$h_0 = h - a_s = 2\,500 - 122.5 = 2\,377.5\text{mm}$，$a = 0.15 h_0 = 0.15 \times 2\,377.5 = 356.6\text{mm}$，斜压杆和拉杆间的夹角为 $\theta_1 = \theta_2 = \tan^{-1}\dfrac{h_0}{a + x_1} = \tan^{-1}\dfrac{2\,377.5}{356.6 + 750} = 65.04°$。

根据拉压杆模型的内力平衡条件,可计算出拉杆、压杆的内力分别为:

$C_{1,d} = C_{2,d} = N_{1d}/\sin\theta_1 = 5\,500/\sin 65.04° = 6\,067.1\text{kN}(压)$;

$T_{1,d} = T_{2,d} = N_{1d}/\tan\theta_1 = 5\,500/\tan 65.04° = 2\,561.1\text{kN}(拉)$。

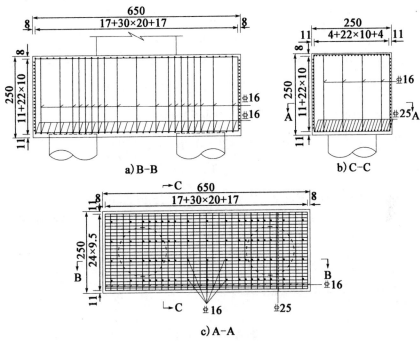

图 8.6-3 承台钢筋布置(尺寸单位:cm)

4)验算压杆承载力

压杆截面的相关计算参数为:压杆的计算宽度 $b_s = 2\,500\text{mm}$,压杆的计算高度 $t = b\sin\theta_1 + h_a\cos\theta_1 = 0.8 \times 1.5 \times \sin 65.04° + (0.122\,5 + 6 \times 0.025) \times \cos 65.04° = 1.203\text{m}$。

压杆中混凝土有效抗压强度设计值的相关计算参数为:垂直于压杆方向的横向拉应变:$\varepsilon_1 = \dfrac{T_{1,d}}{A_s E_s} + \left(\dfrac{T_{1,d}}{A_s E_s} + 0.002\right)\cot^2\theta_1 = 0.001\,7$,压杆混凝土有效抗压强度设计值为 $f_{ce,d} = \dfrac{\beta_a f_{cd}}{0.8 + 170\varepsilon_1} = \dfrac{1.30 \times 13.8}{0.8 + 170 \times 0.001\,7} =$

$16.47\text{MPa} > 0.85\beta_a f_{cd} = 15.25\text{MPa}$。

压杆的承载力为:$tb_s f_{ce,d} = 1.203 \times 2.5 \times 15.25 \times 1\,000 = 45\,864\text{kN} > 6\,067.1\text{kN}$,满足要求。

5)斜截面抗剪承载力验算(第8.5.3条)

$$\gamma_0 V_d \leqslant \frac{0.9 \times 10^{-4}(2 + 0.6P)\sqrt{f_{cu,k}}}{m} b_s h_0$$

由以上分析可知:$V_d = 5\,500\text{kN}, f_{cu,k} = 30\text{MPa}, m = 0.5, b_s = 2\,500\text{mm}, h_0 = 2\,377.5\text{mm}, P = 100 \times 12\,265/2\,500/2\,377.5 = 0.21$。代入上式:

$$\gamma_0 V_d = 1.1 \times 5\,500 = 6\,050\text{kN}$$

$$\frac{0.9 \times 10^{-4}(2 + 0.6P)\sqrt{f_{cu,k}}}{m} b_s h_0 =$$

$$\frac{0.9 \times 10^{-4}(2 + 0.6 \times 0.21)\sqrt{30}}{0.5} \times 2\,500 \times 2\,377.5$$

$$= 12\,458\text{kN}$$

由此可知,斜截面承载力抗剪满足要求。

本章参考文献

[8-1] AASHTO LRFD Bridge Design Specifications (5th Edition) [S]. Washington: American Association of State Highway and Transportation Officials, 2010

[8-2] Building Code Requirements for Structural Concrete (ACI 318-08) and Commentary (318R-08) [S]. American Concrete Institute, 2008

[8-3] CEB-FIP Model Code 1990 [S]. Comité Euro-International du Béton (CEB), Thomas Telford Services, Ltd., London, UK, 1993

[8-4] Design of Concrete Structures—Part 2: Concrete Bridges-Design and Detailing Rules [S]. BS EN 1992-2: 2004, The European Committee

for Standardization (CEN),London,UK,2004

[8-5] 道路桥示方书·同解说[S].日本道路协会,2002

[8-6] 中华人民共和国行业标准.JTG D62—2004 公路钢筋混凝土及预应力混凝土桥涵设计规范[S].北京:人民交通出版社,2004

[8-7] 中华人民共和国行业标准.GB 50010—2010 混凝土结构设计规范[S].北京:中国建筑工业出版社,2010

[8-8] 中华人民共和国行业标准.SL 191—2008 水工混凝土结构设计规范[S].北京:中国水利水电出版社,2008

[8-9] 中国建筑科学研究院结构研究所,清华大学建筑工程系.大吨位预应力锚固区混凝土局部承压问题的研究[C].见:钢筋混凝土结构研究报告选集.北京:中国建筑工业出版社,1981

[8-10] F.莱昂哈特,E.门尼尔.特殊钢筋混凝土构件设计[M].(程积高译).北京:水利电力出版社,1986

[8-11] Schlaich J,Schäfer K,Jennewein M. Toward a consistent design of structural concrete [J]. Journal of the Prestressed Concrete Institute,1987,32(3):74-150

[8-12] Sanders D H,Breen J E. Post-tensioned anchorage zones with single straight concentric anchorages [J]. ACI Structural Journal,1997,94(2):146-158

[8-13] Wollmann G P,Roberts C L. Anchorage zone design [R]. Post-Tensioning Institute (PTI),USA,2000

[8-14] 刘钊,吕志涛,惠卓,等.拉压杆模型在混凝土梁桥中应用与研究进展[J].中国工程科学,2008,10(10):14-21

[8-15] 孙莉.体内-体外混合配束节段预制拼装桥梁设计方法研究[D].东南大学硕士学位论文,2009

[8-16] 郑和晖.混凝土箱梁桥典型D区拉压杆模型及配筋设计方法研究[D].东南大学硕士学位论文,2010

[8-17] 林波.拉压杆模型及其在预应力混凝土梁桥 D 区设计中的应用[D].东南大学博士学位论文,2011

[8-18] 陈志文.混凝土箱梁桥横隔梁的拉压杆模型及配筋设计研究[D].东南大学硕士学位论文,2012

[8-19] 黄华琪.基于拉压杆模型的后张端部锚固区配筋设计研究[D].东南大学硕士学位论文,2012

[8-20] 贺志启.混凝土桥梁 D 区的力流传递机制及参数化设计理论[D].东南大学博士学位论文,2013

[8-21] 贺志启,刘钊.独柱式桥墩帽梁的力流线模型设计方法[J].桥梁建设,2013,43(5):106-110

[8-22] 洪浩.预应力混凝土梁端部锚固力的空间扩散及锚固区设计[D].东南大学硕士学位论文,2014

[8-23] 郑建超.混凝土桥梁预应力锚固区的力流模型及抗裂设计方法研究[D].东南大学硕士学位论文,2017

[8-24] He Z Q, Liu Z. Optimal three-dimensional strut-and-tie models for anchorage diaphragms in externally prestressed bridges [J]. Engineering Structures,2010,32(8):2057-2064

[8-25] He Z Q, Liu Z. Stresses in external and internal unbonded tendons: unified methodology and design equations [J]. Journal of Structural Engineering,ASCE,2010,136(9):1055-1065

[8-26] He Z Q, Liu Z. Investigation of bursting forces in anchorage zones: compression-dispersion models and unified design equation [J]. Journal of Bridge Engineering,ASCE,2011,16(6):820-827

[8-27] Zhou L Y, Liu Z, He Z Q. Further investigation of transverse stresses and bursting forces in post-tensioned anchorage zones [J], fib-Structural Concrete,2015,16(1):84-92

第9章 构造规定

9.1 主要修订条文

《规范》第9章条文的主要修订情况见表9.1-1。

《规范》第9章主要修订条文　　　　表9.1-1

条　　文	修订情况说明
9.1.1	完善了对混凝土保护层的技术要求
9.1.2	完善了保护层厚度大于50mm时的构造要求
9.1.4～9.1.6 9.1.9～9.1.10	根据《规范》第3.2节钢筋等级调整情况,调整了对锚固长度、末端弯钩或中间弯折、搭接长度等技术要求
9.3.2	适当增大了T形、I形和箱形截面梁的腹板厚度要求;参照《规范》(JTG D62—2004)第4.2.5条,补充了纵桥向承托的构造要求
9.3.12、 9.3.13	根据《规范》第3.2节钢筋等级调整情况,修改了箍筋的最小配筋率
9.3.14	参照《混凝土结构设计规范》(GB 50010—2010),要求交叉处的纵向受力钢筋延伸并锚固在受压区
9.4.1	调整了预应力混凝土梁的箍筋配设要求
9.4.3、9.4.4	根据《规范》第3.2节钢筋等级调整情况,修改了先张法预应力钢筋的技术要求
9.4.11	补充了钢丝、钢绞线的锚下最小直线段长度要求
9.4.12	修改了管道压浆材料的材料性能要求
9.4.17	补充了对节段预制梁的构造要求
9.4.18～9.4.20	补充了对端部锚固区和齿块锚固区的配筋要求
9.4.21～9.4.27	补充了体外预应力体系的防腐构造、转向构造、锚固构造、索体自由长度、维修更换要求等方面的技术要求

续上表

条 文	修订情况说明
9.5.1	修改了拱的矢跨比范围
9.5.13	补充了对柔性吊杆拱桥的桥面系纵向结构体系要求
9.6.1	补充了柱内复合箍筋+系筋的布置要求
9.6.7、9.6.8	参照《混凝土结构设计规范》(GB 50010—2010),补充了梁柱节点的配筋要求
9.6.9	补充了用于防治箱梁桥倾覆的构造要求
9.6.10	完善了承台的配筋要求
9.7节	由《规范》(JTG D62—2004)的"支座"修改为"支座和伸缩装置",完善了支座的布置要求和相关构造要求,补充了伸缩装置的布置要求
9.8.2	参照《混凝土结构设计规范》(GB 50010—2010),调整了预制构件吊环的钢筋等级和拉应力限值

9.2 基本构造规定

9.2.1 混凝土保护层

钢筋混凝土结构中钢筋能够受力是因为其在混凝土中的锚固。通过周边混凝土对钢筋的握裹作用,钢筋才能建立起设计所需要的应力。已有研究表明:钢筋的黏结锚固受力与混凝土保护层的厚度有关;只有一定厚度的混凝土保护层,才能实现钢筋与混凝土两种材料界面的传力及变形协调。

钢筋混凝土结构中受力钢筋的有效高度与保护层厚度有关,保护层厚度加大,截面的有效高度就会减小,直接影响到构件的承载能力。同时,较大的保护层厚度还会造成裂缝宽度加大,不容易满足计算裂缝宽度限值的要求。此外,太厚的混凝土保护层在开裂、破碎的情况下还容易坠落,导致伤人。

钢筋混凝土结构中混凝土保护层能够阻止水、氧气、酸性介质、氯离子等的入侵,在钢筋表面形成钝化膜,起到了防锈的效果,对防止钢筋锈蚀的保护作用很大,并且保护层越厚,对耐久性就越有利。

为平衡钢筋锚固要求、结构受力要求和耐久性要求,混凝土保护层厚度需选取适当的数值,不宜过大或过小。影响混凝土保护层厚度的因素有:环境类别、钢筋直径、混凝土强度、结构部位、构件暴露情况、使用年限、施工质量等。这些影响因素中绝大多数的不确定性都很大,难以用定量的方法进行计算。《规范》沿用定性的设计方法,以构造措施的形式和查表的方法解决,并进行了必要的调整。

1)以耐久性极限状态来定义混凝土保护层。保护层厚度不再以纵向受力钢筋计算,而以最外层钢筋至构件表面的距离取值。因此,保护层厚度普遍增加,一般情况下加大一个辅助钢筋的直径。

2)为满足纵向受力钢筋锚固、搭接传力的要求,混凝土保护层的厚度仍不小于纵向受力钢筋的直径。

3)最小保护层厚度的数值根据试验研究、调查统计并参考国外标准后确定,与"不小于纵向受力钢筋直径",对混凝土保护层提出了双控要求。

9.2.2 钢筋的锚固

钢筋混凝土结构中钢筋承受全部拉力,其受力的前提条件是端部有可靠的锚固,否则无法持力。锚固实现了钢筋与混凝土之间的传力及变形协调,是两种材料共同承载受力的基础。受力钢筋一旦失去锚固,将无法承载,构件就会解体、倒塌。

钢筋与混凝土之间的锚固作用由四部分构成:界面上的胶结力、摩阻力、横肋与混凝土的咬合力,以及端部弯钩或锚板的机械挤压力。胶结力很小,一旦滑移即消失。摩阻力也很小,且随滑移发展而逐渐减小。只有钢筋与混凝土的咬合才是锚固作用的主力。钢筋端部的机械挤压虽具有很大的锚固力,但只有在相对滑移较大时才起作用。

锚固承载能力要求:锚固破坏强度不低于钢筋的屈服强度,界面相对滑移(锚固变形)不能过大、以控制裂缝的宽度。影响锚固抗力的因素很多,试验研究已确定的主要因素有:钢筋的外形和强度、混凝土强度、锚固长度、保护层厚度、配箍状态、锚固位置、侧向压力等。在其他因素基本确定后,确定锚固长度是设计的首要任务。《规范》第9.1.4条参照工程经验和相关规范,给出了最小锚固长度值。

9.2.3 钢筋的连接

受制造、运输等条件限制,钢筋的供货长度有限,在工程结构中钢筋的连接难以避免。从结构受力角度,钢筋的连接接头应具有不亚于整体钢筋的传力性能,才能维持结构应有的力学性能。在结构设计中,需要关注两类因素:一类是接头的位置;一类是接头的连接长度和面积百分率。

目前,部分钢筋连接的研究成果声称:其连接形式完全不影响构件的结构性能,可以"不受限制地应用于结构的任何部位"。对于该类成果,需要进行翔实客观的验证分析。《规范》第9.1.7条规定:钢筋连接宜设在受力较小区段,并宜错开布置。主要技术要求包括:

1)钢筋的连接宜设置在受力较小处,对结构性能影响小,如构件反弯点附近。

2)避开结构的关键受力部位,如地震作用下由于反复作用而形成的潜在塑性铰。

3)我国钢筋连接主要有绑扎搭接、机械连接和焊接三类,与整体钢筋在传力性能上的对比见图9.2-1,根据传力性能、施工质量等因素各自适用一定的工程条件(表9.2-1)。为保障传力可靠性,钢筋宜按表9.2-1中连接长度和接头面积百分率错开布置,避免接头传力集中于同一区域而造成的应力集中。

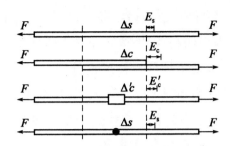

图 9.2-1　钢筋连接接头的传力性能对比

钢筋连接的技术特点　　　表 9.2-1

连接类型	适用条件	技术特点	连接长度	接头面积百分率
绑扎搭接	受拉钢筋不超过28mm，受压钢筋不超过32mm	施工便捷、钢筋滑移使变形性能蜕化	$1.3l_s$	受拉钢筋不超过25%、受压钢筋不超过50%
机械连接	使用于直径较粗的钢筋	工艺简单、传力可靠	$35d$	受拉钢筋不超过50%、受压钢筋及预制构件不受限
焊接	大直径钢筋难以施焊	施工条件难保证、质量检测缺乏可靠手段	$35d$	受拉钢筋不超过50%、受压钢筋及预制构件不受限

注：l_s-绑扎接头的搭接长度；d-钢筋的公称直径。

9.2.4　钢筋的最小配筋率

受力钢筋的最小配筋率是区分钢筋混凝土构件与素混凝土构件的标准。低于最小配筋率的配筋不能按受力钢筋考虑，只能视为构造钢筋。最小配筋率以保证构件的延性破坏和结构的安全为基本原则，考虑混凝土作为脆性材料，构件中的延性全由钢筋维持。

1）受拉钢筋的最小配筋率

受弯及轴拉、偏拉构件中受拉钢筋的最小配筋率，是根据"开裂即破坏"的概念来确定的，与《规范》第 9.1.13 条预应力混凝土受弯构件最小配筋率的原则相同。开裂前受拉区混凝土已呈塑性,中性轴下降,受拉区高度约为 $0.45h$(h 为截面高度),拉应力呈矩形分布,其拉力为 $0.45bhf_{td}$(b 为截面宽度,f_{td} 为混凝土的抗拉强度设计值);开裂后全部拉力由受拉钢筋承担,如果钢筋达到强度设计值,其拉力为 A_sf_{sd}(A_s 为受拉钢筋面积,f_{sd} 为钢筋的抗拉强度设计值)。根据开裂即破坏的平衡条件,两部分拉力相等,得出最小配筋百分率要求 $45f_{td}/f_{sd}$。另外,从结构构造的角度,《规范》还要求受拉钢筋的最小配筋率不应小于 0.2%。在实际设计中,取两者的较大值。

2)受压钢筋的最小配筋率

轴心受压构件和偏心受压构件中,混凝土将承担绝大多数的压力,但截面中必须配置一定比例的钢筋,以保证构件的抗力具有一定的延性,避免由混凝土压溃引发的非延性破坏。此外,混凝土长期受压时产生由徐变引起的软化,会引起压力由混凝土向钢筋转移,过少的配筋不能保证安全。为了保证必要的延性和安全,受压构件也有最小配筋率的要求。相关研究表明,该最小配筋率受混凝土强度等级影响。参照相关规范,《规范》规定:"轴心受压构件、偏心受压构件全部纵向钢筋的配筋百分率不应小于 0.5,当混凝土强度等级 C50 及以上时不应小于 0.6"。

受力钢筋的最小配筋率不仅是一个技术问题,也带有一定的社会性,其间接反映了当时的经济技术状况。另外,还有两点需要说明:

1)计算受力钢筋最小配筋率时,底面积取构件的全截面积。

2)桩基承台由于使用功能和构造要求,截面高度大而内力相对较小。为避免不必要的浪费,《规范》第 8.5.4 条参照《混凝土结构设计规范》(GB 50010—2010),适当降低了其纵向受力钢筋的最小配筋率。

9.3 装配式桥梁的技术现状

现阶段中国桥梁面临三大历史挑战:一是要支撑"一带一路"、长江经济带、京津冀协同发展等国家经济发展战略、"中国制造 2025"国家工业重大发展战略、"创新驱动发展"国家科技发展战略和交通强国战略；二是要保障庞大已建和新建桥梁的安全长寿；三是要解决工程建设与资源消耗过大、劳动力短缺等突出矛盾。

面对三大历史挑战，需要进一步提升中国桥梁技术创新水平，实现桥梁建设的创新驱动和转型升级。要以整体技术进步和产业化带动桥梁建设持续发展、由传统的建造业升级为先进的制造业，这就需要转变发展方式，走资源利用少、环境负荷低、科技含量高、生态良性循环的可持续发展之路。2014年，交通运输部颁布《公路水路交通运输主要技术政策》，其中明确指出："推广应用新的技术和工艺来提高桥梁施工水平，鼓励采用预制拼装的建造方式，将预制构件的生产工厂化"。2016年，交通运输部颁布《交通运输"十三五"发展规划》，将"装配式施工和整体化受力的中小跨径桥梁"列为重点研发方向。装配式桥梁采用预制构件施工，是加快施工速度、减少现场污染、实现低碳化建设的有效手段，符合交通行业的发展趋势，也满足现代社会对环保、节能、高效、耐久等要求，是未来桥梁发展的主要方向。

装配式桥梁采用先"化整为零"再"化零为整"的思想，将桥梁上部和下部结构的主要构件采用标准化设计，在预制场工厂化集中预制后运输至桥位，经机械化现场拼装，由各种连接构造形成可承载受力的整体结构。主梁采用纵向竖缝划分桥宽、全跨节段或整体预制，或采用横向竖缝划分桥跨、全宽节段预制，桥面护栏等节段预制；桥墩的盖梁、墩柱、基桩，以及桥台的台身、挡墙等作为基本构件，根据其尺寸采用整体预制或节段预制。

目前，我国装配式桥梁(图9.3-1)已形成初步的工业化体系，基本实现了结构设计标准化、构件预制工厂化、装配施工机械化、组织管理信息化，主要体现在：

1) 在传统的简支或简支变连续装配式梁桥上，采用通用构造图的形式已构建成熟的技术体系。

2）在节段预制拼装混凝土箱梁桥上，通过苏通大桥引桥、集美大桥引桥、嘉绍大桥引桥、南京四桥引桥等项目的实践，基本实现了成套技术的国产化。

3）在长大跨整体预制吊装结构上，伴随重型起重吊装设备的发展，相继在杭州湾大桥、崇启大桥和港珠澳大桥上成功应用。

4）在中小跨径装配式钢桥和组合梁桥上，按交通运输部相关指导意见要求，开展典型地区的标准化试应用。

5）在预制桥墩上，通过跨海桥梁和城市桥梁的建设实践形成了包含高性能材料、关键连接构造、设计理论、质量控制和验收要求等在内的系统化成果。

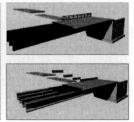

图9.3-1 采用全预制构件的装配式桥梁

9.3.1 传统装配式板梁、T梁和组合箱梁

目前高速公路桥梁普遍采用的装配式板梁、T梁和组合箱梁，主要采用编制通用构造图实现结构标准化。目前，我国已编制完成部颁标准图100余项。最新版本的桥涵结构通用图为交通运输部专家委员会编制的2008版《桥梁上部结构通用构造图》，涵盖6~20m板梁、20~40mT梁和20~40m组合箱梁。该通用图编制时，重点对板式桥梁的合理结构形式、板端结构受力，T梁结构体系空间与平面杆系分析的对比和横隔板设置的分析比较，以及装配式预应力混凝土箱形连续梁桥设计的相关技术进行了全面的研究，并提出了解决的技术方案。

近期的桥梁施工和检测表明,这类桥梁主要存在如下问题:板梁桥铰缝普遍开裂、填缝料脱落,T梁负弯矩段预应力布置形式不统一,组合箱梁桥跨中横隔板布置形式不统一,支座局部脱空或偏位等(图9.3-2、图9.3-3)。

图9.3-2　铰缝开裂病害示意　　图9.3-3　支座局部脱空病害示意

《广东省高速公路标准化设计指南》对该类桥梁进行了结构优化:

1)装配式板梁和组合箱梁的支座布置由横向双支座改为横向单支座,避免由于结构构造、施工精度等因素造成的支座局部脱空或整体脱空病害。

2)对于板梁,加厚整体化层厚度,并设置双层钢筋,提高结构整体性。

3)对于T梁,优化跨中隔板布置,20m设置1道,25m及以上设置3道;优化负弯矩钢束锚固形式,由锚固于T梁加腋处改为锚固于T梁顶板增设的齿板。

4)对于组合箱梁,优化跨中隔板布置,跨径30m以下时取消跨中横隔板,负弯矩钢束锚具由扁锚改为圆锚。

9.3.2　节段预制拼装箱梁

节段预制拼装混凝土箱梁(表9.3-1)广泛应用于我国越江跨海通道非通航孔桥和城市桥梁建设,施工速度快,控制精度高,对周边环境的影响小,资源利用率高,有利于环境保护和节约资源,符合现代桥梁工厂化、大型化、机械化、标准化的发展趋势。

我国节段预制拼装桥梁一览表　　　　　表 9.3-1

序号	桥　　梁	建成时间(年)	最大跨径(m)	预制方法	拼装方法
1	上海浏河大桥	2000	42	长线法	整孔吊装
2	上海沪闵高架	2002	35		整孔吊装
3	苏通大桥引桥	2008	75		悬臂吊装
4	厦门集美大桥	2008	100		悬臂吊装
5	上海长江大桥引桥	2009	60	短线法	悬臂吊装
					整孔吊装
6	江苏崇启大桥引桥	2011	50		整孔吊装
					悬臂吊装
7	南京四桥引桥	2012	50		悬臂吊装
8	厦漳大桥引桥	2013	70		
9	嘉绍大桥引桥	2013	70		

箱梁按标准节段、转向节段、锚固节段、合龙节段、墩顶节段和端部节段分类。节段的尺寸差异、质量差异控制在 30% 以内,以便于工厂化生产以及设备配置。当采用整跨拼装施工时,节段布置如图 9.3-4 所示;当采用悬臂拼装施工时,节段布置如图 9.3-5 所示。节段长度应根据施工设备的运输和吊装能力确定,已建短线法箱梁的节段长度见表 9.3-2。

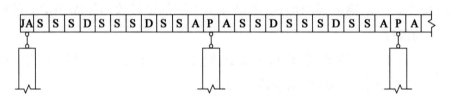

图 9.3-4　整跨拼装施工的箱梁节段布置示意图
JA-端部节段;S-标准节段;D-转向节段;A-锚固节段;P-墩顶节段

箱梁的截面高度见表 9.3-3。跨径小于 80m 时,可采用等高度截面;等高度箱梁的截面高度一般取跨径的 1/20～1/16。跨径大于 80m 时,宜采用变高度截面;考虑便于预制和吊装及经济美观要求,箱梁宜采用结构构造趋于标准化的形梁底曲线,一般在支点 -1/4 跨间设置梁高变化,1/4 跨~3/4 跨的中间部分按等高度箱梁布置,其截面高度在跨中宜取跨径的 1/28~1/22,在支点宜取跨径的 1/20~1/16。

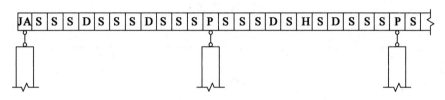

图 9.3-5　悬臂拼装施工的箱梁节段布置示意图

JA-端部节段；S-标准节段；D-转向节段；H-合龙节段；P-墩顶节段

已建节段预制拼装箱梁的节段长度　　　表 9.3-2

箱　　梁	节段长度(m)	箱　　梁	节段长度(m)
苏通大桥引桥	3.0~4.0	南京四桥引桥	2.0~4.0
厦门集美大桥	2.6~3.5	厦漳大桥引桥	3.1~4.0
上海长江大桥引桥	3.0~4.0	嘉绍大桥引桥	3.5~4.2
江苏崇启大桥引桥	2.6~3.4		

已建节段预制拼装箱梁的截面高度　　　表 9.3-3

序号	箱　　梁	箱梁形式	箱梁高度(m)	高　跨　比
1	苏通大桥引桥	等高度	4.0	1/18.75
2	厦门集美大桥	变高度	3.6(中)、5.8(支)	1/27.78(中)、1/17.24(支)
3	上海长江大桥引桥	等高度	3.6	1/16.67
4	江苏崇启大桥引桥	等高度	3.0	1/16.67
5	南京四桥引桥	等高度	3.0	1/16.67
6	厦漳大桥引桥	等高度	3.8	1/18.42
7	嘉绍大桥引桥	等高度	4.0	1/17.50

箱梁的节段间需设置接缝,我国干接缝应用极少,多采用胶接缝和湿接缝。其中,湿接缝(图 9.3-6)设置在箱梁合龙时预留的接缝或逐跨拼装中的误差调整缝,湿接缝的宽度应满足合龙节段拼装操作空间、体内预

应力管道连接和混凝土浇筑振捣等要求,宜取 20～30cm。

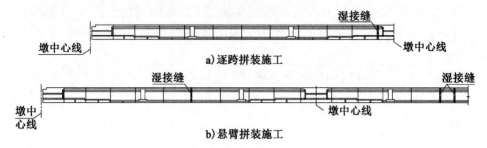

图 9.3-6　湿接缝设置示意

胶接缝和湿接缝处需设置剪力键或凿露粗骨料三分之一。剪力键主要包含四种类型(图 9.3-7):

1)腹板剪力键:由矩形键块(槽)组成,主要承受正常使用阶段接缝截面剪力。

2)顶板剪力键:由长条形键块(槽)组成,主要用于节段拼装时对接定位。

3)底板剪力键:由长条形键块(槽)组成,主要用于节段拼装时对接定位。

4)加腋区剪力键:设置在腹板与顶板结合区或腹板与底板结合区,主要用于节段拼装时对接定位。

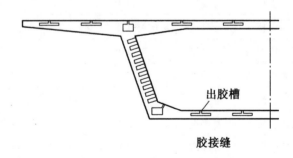

图 9.3-7　剪力键布置示意

胶接缝的键槽宜设置出胶槽;出胶槽在腹板剪力键处设置于腹板内侧,在顶板底板剪力键处设置于板顶面,在其余位置的剪力键设置于箱梁内侧。

体外预应力的转向构造可根据受力要求,按下列规定选取:

1)块式转向构造[图9.3-8a)]:用于转向钢束数量较少的情况,或用于两个转向构造之间钢束的定位;

2)横肋式转向构造[图9.3-8b)]:用于横向转向力较大的情况,或两个转向构造之间钢束的定位;

3)竖肋式转向构造[图9.3-8c)]:用于竖向转向力较大的情况;

4)横梁式转向构造[图9.3-8d)]:用于横梁位置。

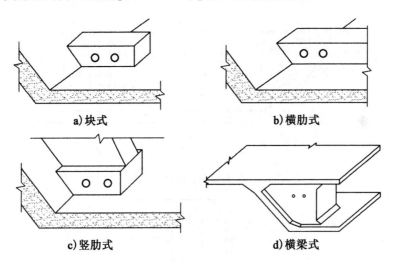

图9.3-8 转向构造示意

其中,块式转向构造应设置内环箍筋和外环箍筋(图9.3-9)。前者围住单个转向器,后者沿转向构造周边围住所有转向器。外环箍筋应明确箍住梁体腹板、顶底板纵向外侧主筋,对于锚固面倾斜的锚固块外缘应布置不少于3排双肢平行于锚固面的内环箍筋。内环箍筋离转向器上缘的最小距离宜为25mm,直径不宜小于20mm;内环箍筋和外环箍筋沿转向器纵向布置,纵向间距不宜小于100mm。

体外预应力的锚固构造分为两类:锚固横梁和锚固齿块。锚固横梁和锚固齿块应按整体和局部受力的要求配筋,按整体受力要求的配筋如

图 9.3-10 和图 9.3-11 所示。

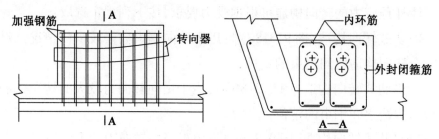

图 9.3-9 块式转向构造配筋示意

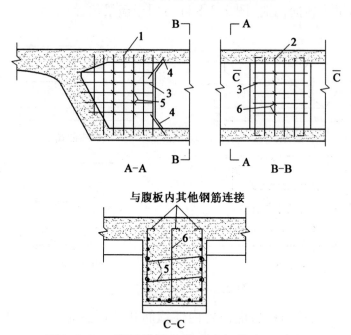

图 9.3-10 锚固横梁整体受力钢筋布置示意

1、2-竖向钢筋；3-水平环形钢筋；4-角部斜筋；5-水平扣筋；6-竖向扣筋

9.3.3 装配式桥墩

1971年，美国得克萨斯州约翰肯尼迪堤道桥首次使用了节段预制拼装桥墩，此后的佛罗里达州七英里大桥、得克萨斯州183高速公路高架桥以及新泽西州胜利大桥都采用了装配式桥墩。1997年建成的加拿大联邦大桥以及2000年建成的丹麦-瑞典厄勒海峡大桥采用节段预制拼装

桥墩。中国较早开始在下部结构中使用预制构件的桥梁包括北京积水潭桥和东海大桥,随后在一些重要的跨江跨海桥梁,如杭州湾大桥、上海长江大桥以及港珠澳大桥中也开始使用节段预制拼装桥墩。

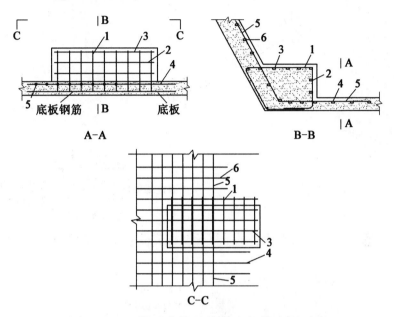

图9.3-11 锚固齿块整体受力钢筋布置示意

1-环形钢筋;2、3-水平向钢筋;4-底板纵筋;5-箱梁箍筋;6-腹板纵筋

国内的预制拼装桥墩主要是薄壁式单柱墩,其接缝类型可以分为两类(图9.3-12~图9.3-14):

a) 东海大桥　　　b) 杭州湾大桥　　　c) 港珠澳大桥

图9.3-12 采用预制拼装桥墩的典型工程

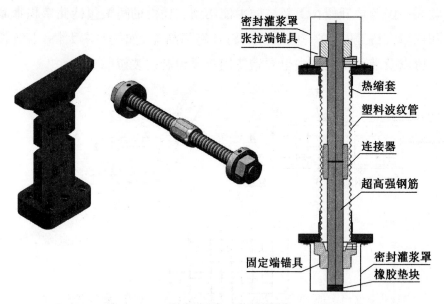

图9.3-13 港珠澳大桥的节段预制拼装桥墩及预应力螺纹钢筋

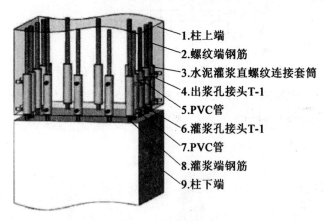

图9.3-14 灌浆套筒连接

一类是接缝处预留纵向钢筋,纵向钢筋采用搭接、焊接或机械连接,然后施工后浇混凝土的湿接缝。桥墩力学特性可等效为没有接缝的现浇桥墩,但需考虑接缝区钢筋的连接以及不同龄期混凝土的存在对桥墩整体性能的影响。北京积水潭桥、东海大桥、杭州湾大桥、上海长江大桥使用的节段预制拼装桥墩都属于这一类。

另一类是纵向受力钢筋在接缝处断开,节段之间采用砂浆垫层或环氧胶接缝,然后施加后张预应力的方式将节段连接成整体,称为预应力节段预制拼装桥墩。此类桥墩参照摇摆体系设计,与整体式桥墩相比,呈现无后浇混凝土、施工速度快、具有自复位功能、震后残余变形小的优势,约翰肯尼迪堤道桥、七英里大桥、183高速公路高架桥、加拿大联邦大桥、厄勒海峡大桥以及我国的港珠澳大桥都属于这类。

《预制拼装桥墩技术规程》(DG/TJ 08-2160—2015)根据上海市在桩柱式桥墩的预制拼装技术的工程经验和科研成果,对灌浆连接套筒、波纹管——高强无收缩压浆料快速两种典型连接形式,规定了材料性能、计算方法、构造安全和施工质量等技术要求,保证了墩柱、盖梁的快速安全拼装(图9.3-15)。

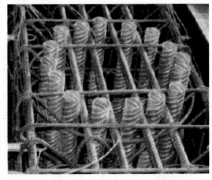

图9.3-15　灌浆波纹管连接

9.4　大跨径预应力混凝土梁桥的开裂下挠防治技术

自1988年主跨180m的广东洛溪大桥建成,我国的连续刚构桥数量不断增加、跨径不断刷新。据统计,国内跨径超过150m的连续刚构桥达到50多座。随着这类桥梁的持续运营,箱梁开裂和跨中下挠的典型病害逐渐显现:梁体混凝土开裂,主要表现为腹板斜裂缝、顶底板纵向裂缝和顶底板横向裂缝;跨中竖向挠度随时间呈发展态势,持续增大,并逐步超过设计预期。这两类病害不仅影响桥梁的外观,也严重影响桥梁的使用安全。

9.4.1 大跨径预应力混凝土梁桥持续下挠的基本特征及影响因素

国内外大跨径连续刚构桥面临的持续下挠问题,具有广泛的普遍性,典型桥梁见表9.4-1。某主跨270m连续刚构桥连续7年的观测数据表明:主跨跨中挠度逐年增长,如图9.4-1a)所示;2003年左幅桥和右幅桥的跨中下挠值分别达到22.2cm和20.7cm,大大超过了设计预期值。已有的实测数据表明:随主跨跨径的增大,持续下挠的年平均速率提高,如图9.4-1b)所示。

国内外典型连续刚构桥的长期变形数据　　　表9.4-1

桥 名	主跨(m)	下挠值(cm)	运营时间	桥 名	主跨(m)	下挠值(cm)	运营时间
黄石长江大桥	245	33.5	7年	中国台湾圆山大桥	150	63.0	—
虎门大桥辅航道桥	270	22.2	7年	挪威 Stovset 桥	220	20.0	8年
江津长江大桥	240	31.7	9年	帕劳 K-B 桥	241	120.0	12年
三门峡黄河大桥	160	22.0	9年	英 Kingston 桥	143.3	30.0	28年
广东南海金沙大桥	120	23.8	7年	美 Parrotts Ferry 桥	195	63.5	12年
广东丫髻沙大桥辅航道桥	160	23.0	9年	加 Grand-mere 桥	181.4	30.0	9年

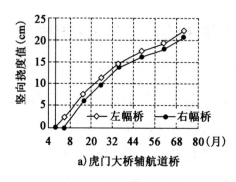
a) 虎门大桥辅航道桥

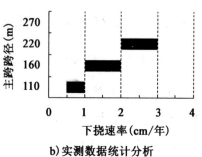
b) 实测数据统计分析

图 9.4-1　典型桥梁的下挠值实测数据

从受力机理来看,连续刚构主梁变形是两类效应叠加的结果,即产生下挠变形的恒载、活载作用及产生上挠变形的预应力作用,可表示为:

$$\delta = (\delta_G - \delta_P)(1 + \phi(t,t_0)) + \delta_Q$$

$$= \left(\iint_L \frac{M_G}{EI} dxdx - \iint_L \frac{\sigma_P A_P e_P}{EI} dxdx \right)(1 + \phi(t,t_0)) + \delta_Q$$

式中: δ——总变形;

δ_G——恒载作用变形;

δ_P——预应力效应变形;

$\phi(t,t_0)$——加载龄期为 t_0、计算龄期为 t 的徐变系数;

δ_Q——活载作用变形。

主梁持续下挠的主要原因是恒载弯矩 M_G、预应力有效应力 σ_P、徐变系数 $\phi(t,t_0)$ 和主梁刚度 EI 与设计假定不一致,直接影响因素体现为恒载超重、预应力有效性降低、混凝土徐变特性离散性过大、混凝土开裂导致主梁刚度退化等。

1) 恒载超重

施工监控数据表明,采用悬臂浇筑施工的大跨径连续刚构桥,在结构自重上存在一定误差,主要原因为:模板变形引起混凝土超方约 2% ~ 3%;桥面不平顺而采用混凝土现浇层找平引起额外超重。

2) 预应力有效性降低

预应力损失的准确估计比较困难,这使得在成桥阶段预应力有效应力较设计理想状况有所降低:在张拉阶段,前期预应力损失受管道摩阻损失影响;在成桥阶段,后期预应力损失受混凝土收缩徐变特性影响。管道摩阻损失主要受摩擦系数 μ 和偏差系数 k 影响,相关工程的实测数据表明,摩擦系数 μ 和偏差系数 k 均大于规范假定值,见表9.4-2。某连续刚构桥的实测数据表明,在 8 年内预应力的长期损失较成桥时的有效预应力可达 16%。某主跨245m 的连续刚构桥变形分析表明,主梁正、负弯矩区纵向有效预应力降低使跨中产生下挠:底板束有效预应力降低30%

时,跨中下挠增加 5.3cm;顶板束有效预应力降低 10% 时,次边跨跨中下挠量增加 13.3cm,中跨跨中下挠量增加 13.7cm。

典型工程的 μ 和 k 实测数据　　　表 9.4-2

项目	南昌洪都大桥	惠州下角东江大桥	长安大学数据	颖河大桥	东南大学数据	JTG D62—2004
μ	0.163	0.120	0.310	0.294	0.35	0.14 ~ 0.17
k	0.003 3	0.005 2	0.009 9	0.004 1	0.003 0	0.001 5

3)混凝土徐变特性离散性过大

徐变是混凝土各项参数中离散性最大的参数,涉及配合比、龄期、混凝土应力大小等诸多因素。徐变随时间增长的规律曲线也有众多不同的拟合公式,影响徐变的因素都是随机变量、其变异系数约为 15%,目前理论模型预测的徐变量,其变异系数最好的可达 20%。当条件相当时(C50 混凝土、湿度 70%、理论厚度 $h=100mm$、加载龄期 10d),对于成桥 10 年后的徐变系数,《规范》(JTJ 023—85)约为《规范》(JTG D62—2004)的 1.32 倍。徐变效应作用于连续刚构桥的施工及运营期,显著增加了主梁的长期变形。因此混凝土徐变的不确定性,成为影响大跨径连续刚构桥的主梁长期挠度预测准确性的最大障碍。

4)混凝土开裂导致主梁刚度退化

当预应力效应不能抵消外荷载产生的拉应力、混凝土达到抗裂限值时,主梁将产生混凝土开裂。180 余座连续刚构桥的统计资料表明:约 34% 的桥梁呈轻度开裂,约 21% 的桥梁呈中度开裂,约 45% 的桥梁呈重度开裂;腹板斜裂缝、顶底板纵向裂缝和横向裂缝是主要的开裂形式。梁体开裂对下挠变形产生不良影响:开裂后主梁的抗弯惯性矩降低,刚度降低、下挠值增大;裂缝开展会使裂缝两端的梁体发生刚体转动,进一步增大变形;主梁的应力发生重分布,进而影响主梁的徐变变形。典型桥梁观测数据表明:跨中下挠呈现"快速-缓和-加速"特点,未呈现收敛趋势;箱梁裂缝出现后,实际挠度值大于理论计算值,且随着时间增长,其差距有加大趋势。

实际上,这四类因素的影响是相互耦合的(图9.4-2):桥面现浇层超厚、前期预应力损失超过设计值,使成桥初期的预拱度和预应力度不协调;预应力水平下降,引起附加弹性挠度,弹性挠度在徐变作用下进一步增大,同时徐变变形引起新预应力损失,形成预应力损失-附加弹性挠度-徐变挠度-预应力损失的恶性循环;当预应力水平不足以抵抗外荷载产生的拉应力时,混凝土产生裂缝,裂缝使截面应力重分布,增大混凝土的压应力,从而增大徐变效应,进一步增大了挠度;裂缝开展,主梁刚度降低,且裂缝开展引起的梁段刚体位移联合作用使挠度明显增大。

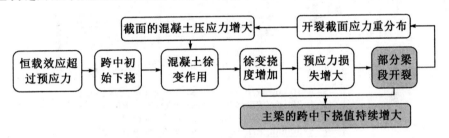

图9.4-2 大跨径连续刚构桥持续下挠过程

9.4.2 大跨径预应力混凝土梁桥开裂下挠的综合防治措施

目前,大跨径预应力混凝土连续梁桥在开裂下挠上的防治措施,包括优化材料、精细计算、改进结构、严控施工等措施。如,优化混凝土配合比,以减小混凝土徐变的影响;精细化分析箱梁的空间效应,避免遗漏关键部位的抗裂性验算;改进预应力体系,保证运营期预应力的有效性;严格控制节段超方,采用顶推或预压合拢改进受力状态等。

在恒载超重、预应力有效性降低、混凝土徐变特性离散性过大、混凝土开裂导致主梁刚度退化四类影响因素中,恒载超重可通过施工质量进行严格控制,混凝土开裂可按照本书第4.3节和第6.2节进行精细化抗裂验算予以控制,混凝土徐变的离散性和预应力的有效性,在设计阶段应考虑合理的主动性防治措施予以控制。

在混凝土徐变特性的影响因素中,加载龄期是一个重要因素。将加载龄期适当延后,可显著降低混凝土的徐变系数(图9.4-3),以减少跨中下挠的徐变变形。《大跨径预应力混凝土梁桥设计施工技术指南》(张喜刚,2012)建议:在悬臂浇筑阶段,应适当延长节段悬臂施工的时间,牺牲一部分建设速度,来降低徐变对结构的影响;综合考虑弹性模量增长等因素,纵向预应力的张拉龄期不少于7d,混凝土主梁悬臂浇筑工期不少于30d,合龙时大部分节段龄期不少于60d。

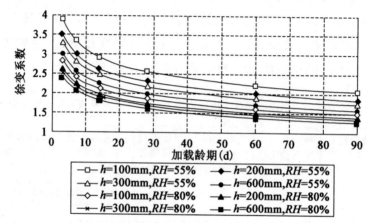

图9.4-3 徐变系数-加载龄期关系曲线(h为理论厚度,RH为相对湿度)

在预应力有效性上,需要考虑两点:一是预应力布置合理性的判断标准,二是预应力有效性的主动性控制措施。

在预应力布置合理性判断标准上,林同炎教授在20世纪50年代提出了预应力荷载平衡设计方法,其基本观点是:"预应力等效荷载"与"恒载+k倍活载"(k为活载比例系数,取0~1)相平衡。范立础院士认为该方法能够减少由混凝土徐变引起次效应:通过预加力抵消建造过程中恒载产生的弯矩,消除结构的初始挠度,理想状态下可消除徐变对结构的影响。《大跨度混凝土梁桥的合理成桥状态设计方法》(刘钊,2010)考虑连续刚构桥预应力效应的影响因素多、离散性大,难以"精确"平衡恒载和活载,提出了更具普适性的"合理成桥状态":对于弯曲状态,主梁根部区域储备一定量的正弯矩,跨中部位储备一定量的负弯矩,以抵抗在运营中活载效应;对于应力状态,主梁全截面保持一定的压应力,在主梁根部截面上缘压应力大于下缘压应力,在跨中部位截面下缘压应力大于上缘压应力,避免混凝土开裂;对于挠曲状态,要求跨中区段的初始曲率向上凸起。根据合理成桥状态原理,有效预应力的弯矩与其他荷载的弯矩存在如下关系:

$$M_{预应力} \xrightarrow{平衡} K_{恒} M_{恒} + K_{汽车} M_{汽车} + K_{温度} M_{温度} + \cdots + K_{其他} M_{其他}$$

考虑结构自重误差、混凝土收缩徐变、活载分布等因素,建议各控制截面的荷载平衡系数 K 按受力性质取用,推荐值见表9.4-3。

荷载平衡系数 K 推荐值　　　　表9.4-3

项目	$K_{一期恒载}$	$K_{二期恒载}$	$K_{汽车}$	$K_{温度}$
根部截面	1.1~1.2	1.0~1.2	0.2~0.5	0.2~0.5(梯度降温)
跨中截面	1.0	1.0~1.2	0.5~0.8	0.5~0.8(梯度升温)

在预应力有效性的主动性控制措施上,《大跨径预应力混凝土梁桥设计施工技术指南》(张喜刚,2012)建议:设置可分批张拉的跨中合拢束和通长体外束,实现调整线形和应力的双重功能配置。苏通大桥副航道桥、石板坡长江大桥(复线)均采用该主动控制措施,一方面增加梁体预应力度、优化梁体受力,在施工阶段完成体系转换后、张拉体外索主动控制梁体的内力和下挠;另一方面在运营期主梁下挠到一定程度后,张拉体外索主动抑制主梁过度下挠。典型桥梁的监测资料显示:该措施能够有效防治箱梁开裂和持续下挠。

此外,《大跨径预应力混凝土梁式桥设计施工技术指南》(张喜刚,2012)建议重视腹板的抗剪配筋,当按图9.4-4设置纵横向钢筋网格配置

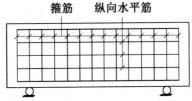

图9.4-4　纵横向钢筋网格的腹板配筋形式

腹板钢筋时,按照"基于应力的剪切配筋理论",该钢筋网格能够承担混凝土开裂传递的主拉应力,形成可靠的抗剪承载力,从而抑制主梁的持续下挠。

本章参考文献

[9-1] 广东省交通运输厅.广东省高速公路工程设计标准化指南[M].北京:人民交通出版社股份有限公司,2017

[9-2] 云南省地方标准.DB 53/T 827.1—2017 山区高速公路建设技术指南 第1部分:滇东北[S].北京:人民交通出版社股份有限公司,2017

[9-3] 徐栋.桥梁体外预应力设计技术[M].北京:人民交通出版社,2008

[9-4] 李游.城市桥梁墩柱预制拼装关键技术研究[J].上海建设科技,2016(1):00261-00261

[9-5] 上海市工程建设规范.DG/TJ 08-2160—2015 预制拼装桥墩技术规程[S].上海:同济大学出版社,2015

[9-6] 谢峻,王国亮,郑晓华.大跨径预应力混凝土箱梁桥长期下挠问题的研究现状[J].公路交通科技,2007,(01):47-50

[9-7] 薛兴伟.大跨PC梁桥跨中下挠及裂缝控制研究[D].暨南大学,2013

[9-8] 杨志平,朱桂新,李卫.预应力混凝土连续刚构桥挠度长期观测[J].公路,2004,(08):285-289

[9-9] 石雪飞,杨琪,阮欣.已建大跨径PC梁桥过量下挠及开裂处治技术[M].北京:人民交通出版社,2010

[9-10] 杨永清,郭凡,刘国军,李晓斌.大跨预应力混凝土连续梁式桥长期下挠研究中的问题[J].铁道建筑,2010,(09):1-4

[9-11] VLADIMIR KRISTEK, et al. Box Girder Bridge Deflections [J].

ACI Concrete International，2006,28(1)：55-63

[9-12] 张世辉,李友明.预应力损失对大跨连续刚构桥挠度的影响[J].科技资讯,2009,(01):122-123

[9-13] PETER F TAKACS. Deformations in Concrete Cantilever Bridges: Observations and Theoretical Modeling[D]. Norway: The Norwegian University of Science and Technology,2002

[9-14] 王国亮,谢峻,傅宇方.在用大跨度预应力混凝土箱梁桥裂缝调查研究[J].公路交通科技,2008,(08):52-56

[9-15] 牛艳伟,石雪飞,阮欣.大跨径混凝土梁桥的长期挠度实测分析[J].工程力学,2008,(S1):116-119

[9-16] 邓小红,唐雪松,蔡耀.大跨连续-刚构组合体系桥梁长期下挠影响因素分析与防治措施[J].公路与汽运,2014,(03):180-183

[9-17] 王艳,陈淮,李杰.大跨径PC连续刚构桥长期下挠影响因素分析[J].中外公路,2014,(04):215-219

[9-18] 颜东煌,陈久长,袁明.大跨连续刚构桥跨中下挠的影响因素分析及对策研究[J].公路与汽运,2014,(05):156-159

[9-19] 赵颖超,姚丝思,贺攀.在役大跨径连续刚构桥梁下挠影响因素敏感性分析[J].佳木斯大学学报(自然科学版),2016,(05):692-695

[9-20] 宋随弟,祝兵.预应力混凝土连续刚构桥腹板斜裂缝发生机理研究[J].桥梁建设,2008,(03):71-74

[9-21] 张喜刚.大跨径预应力混凝土梁桥设计施工技术指南[M].北京:人民交通出版社,2012

[9-22] 范立础.预应力混凝土连续梁[M].北京:人民交通出版社,1989

[9-23] 薛兴伟,包龙生.大跨度PC梁式桥下挠机理分析及钢束配置[J].辽宁工程技术大学学报(自然科学版),2016,(10):1095-1099

[9-24] 刘钊,戴玮,贺志启等.大跨度混凝土梁桥的合理成桥状态设计方法[J].桥梁建设,2010,(01):40-44

[9-25] 邓文中,代彤.重庆石板坡长江大桥复线桥总体设计[J].桥梁建设,2006,(06):28-32

[9-26] 马振栋,刘雪山等.重庆石板坡长江大桥复线桥主跨体外索的应用[J].桥梁建设,2007,(04):42-45

[9-27] 马振栋,刘安双.控制大跨连续刚构桥梁过度下挠的技术措施[J].桥梁建设,2015,(02):71-76

后 记

一、修订背景

混凝土和钢材是现代桥梁工程两大主要的结构材料。混凝土结构具有易于就地取材、造价相对较低、工艺成熟稳定等优点,长期以来在公路桥梁建设中被广泛应用。截至2017年底,我国已建公路桥梁约83万余座,约90%为混凝土结构。

《公路钢筋混凝土及预应力混凝土桥涵设计规范》(JTG D62—2004)(以下简称"原《规范》")1996年开始修订、2004年颁布实施,一方面以"公路桥梁可靠度"研究为基础,通过调查统计分析,由经验极限状态设计法转变为概率极限状态设计法,使设计理论和设计方法更具科学性;另一方面根据所处的环境条件增加了进行耐久性设计的技术要求,依据竖向预应力钢筋施工质量不理想的调研情况引入了效应折减系数。修订后的设计要求更加全面合理;在颁布实施的十多年时间里,对规范我国公路混凝土桥涵的结构设计发挥了巨大的作用。

随着公路桥涵设计理念不断提升和设计技术的不断发展,公路混凝土桥涵在结构方案、分析计算、性能要求、构造措施等方面的要求逐步提升、成果日趋完善,原《规范》的部分技术要求已不能完全满足公路混凝土桥涵设计、建设、养护、管理中出现的新需求,迫切需要总结实践经验、吸纳创新成果、贯彻新的理念,以规范和引导公路混凝土桥涵设计水平的提升。

为此,交通运输部在2011年启动了对原《规范》的修订工作。

《公路钢筋混凝土及预应力混凝土桥涵设计规范》(JTG 3362—2018)(以下简称"新《规范》")编制组以规范和引导混凝土桥涵设计技术为目标,以问题和需求为导向,在原《规范》的基础上开拓思路、兼容并蓄,立足于国内公路混凝土桥涵建设的工程经验、事故教训、科研成果,同时适当吸取国外经验及成果,开展了全面修订工作。

需要指出的是,修订过程中恰逢公路工程标准体系调整。按《公路工程标准体系》(JTG 1001—2017)的规定,新《规范》编号修改为JTG 3362,其中,第一个"3"代表"公路建设"板块,第二个"3"代表"设计"模块,"62"代表新《规范》在该模块下的序号。修订后的新《规范》仍作为行业强制性标准施行。

二、修订原则

本次修订力求贯彻"方案合理、分析精确、性能全面、构造合理"的设计原则,按"结构方案、效应分析、性能验算、构造措施"四个过程进行系统的总结提升。其中,结构方案强调根据建设条件和功能要求确定结构体系、构件布置、材料选用,效应分析按照承受的各种作用求解结构的内力、应力和位移,性能验算关注两个极限状态下构件的承载力、抗裂性、裂缝宽度以及耐久性设计要求,最后通过构造措施使各个构件及构件连接达到假定的极限状态,保证结构的传力途径。

三、修订亮点

(一)引入了空间效应分析模型

弯曲、变宽或分岔等复杂桥梁在我国应用较普遍,具有显著的空间效应,如剪力滞效应、薄壁效应和各腹板受力分布不均等。设计人员以往通常基于工程经验,采用简化模型和相关参数进行分析,如横向分布系数、有效分布宽度和偏载放大系数等。实践表明,这类复杂桥梁采用简化分析方法设计时,容易造成作用效应的缺项,容易忽略结构的重要受力部位,导致一些诸如顶底板斜向裂缝等典型病害,而这些病害又无法从简化分析中得到完整解释,成为制约混凝土桥涵发展的一个关键问题。为此,新《规范》补充了包含9项指标的箱梁验算要求,引入了空间网格模型、折面梁格模型和7自由度梁模型,提供了完整的验算指标和实用的分析模型。

(二)引入了应力扰动区设计方法

应力扰动区是指截面应变分布不符合平截面假定或呈现明显非线性的区域,如桩基承台、盖梁的短悬臂、支座处横梁和预应力锚固区等。目前,应力扰动区设计一般采用基于经验的构造配筋方法或基于实体有限元模型的配筋方法。锚固区的混凝土开裂病害表明,现有配筋方法存在一定的局限性。新《规范》引入了拉压杆模型分析方法和基于力流线模型的典型区域计算公式。拉压杆模型是反映应力扰动区力流传递路径的虚拟桁架模型,新《规范》从分析范围、构建方法、验算要求等方面规定了完善的技术要求;力流线模型由从连续体内抽象出的等值力流线所构成,力流线的几何信息能够定量表达结构关键截面的弹性应力分布,根据定量化的力流线模型即可得到典型应力扰动区的拉力简化计算公式,如端部锚固区、齿块锚固区、支座处横梁、盖梁短悬臂、独柱墩顶部等。该方法基于严密理论推导、大量数值计算、必要模型试验等基础性科研成果建立,前期研究和部分工程应用结果表明,该设计方法能够有效控制应力扰动区的开裂病害。

(三)补充了体外预应力梁设计方法

与体内预应力技术相比,体外预应力技术在桥梁结构施工质量、预应力水平可靠性和结构耐久性等方面具有优势,这些优越性给现代预应力混凝土桥梁带来了巨大的发展空间。近年来,体外预应力技术得到了广泛的应用。为固化研究成果和实践经验,新《规范》从计算参数、承载力计算和构造措施等方面提出了具体规定。

(1)计算参数:体外预应力钢绞线的张拉控制应力不超过 $0.70f_{pk}$;参照 VSL 和 OVM 产品标准,规定了体外预应力钢绞线与管道壁之间的摩擦系数;后张法体内体外混合预应力构件的截面特性,按体内预应力管道是否压浆考虑,压浆前采用净截面,压浆后采用换算截面。

(2)承载力计算:偏于保守地考虑,极限状态下体外预应力钢筋的应力取使用阶段体外预应力钢筋扣除预应力损失后的有效应力。

(3)构造措施:包括体外钢束的布置原则、节段拼装混凝土箱梁的接缝构造、体外预应力体系的转向构造和锚固构造、体外钢束的自由长度限值。

(四)补充了箱梁抗倾覆设计方法

自 2007 年以来,国内相继发生 6 起箱梁匝道桥倾覆垮塌事故,事故中结构破坏无明显预兆、猝然发生、危害极大。为控制箱梁匝道桥的倾覆破坏风险,新《规范》编制组采用考虑非线性影响的实体有限元模型,以天津津晋高速和广东粤赣高速事故桥梁为研究对象,分析了倾覆机理和影响因素。结果表明,仅支座支承的简支梁桥和连续梁桥,由于抗扭跨径过长、双支座横向间距过小、偏载作用远超设计预期等问题,单向受压支座依次脱离受压状态,支承体系不再提供有效约束,箱梁扭转变形趋于发散、失稳垮塌;设置墩梁固结、优化跨中独柱单支承体系、增大梁端双支座横向间距、设置限位构造能够有效预防倾覆事故的发生。结合各地实践经验，新《规范》补充了验算方法、构造要求、加固方式等系列化措施；经广东省多个工程应用验证，该套措施效果显著。

四、重点修订内容

（一）推广应用高性能材料

淘汰了 HPB235 钢筋、HRB335 钢筋和刻痕钢丝，推荐采用 HRB400 钢筋作为受力钢筋，补充了 HRB500 钢筋，与国外规范采用 $400\sim600$ MPa 钢筋作为受力钢筋基本持平；引入了 1 960 MPa 预应力钢绞线，体现高强化、高性能化的发展趋势。按照交通运输部《关于做好淘汰低强度钢筋过渡期相关技术措施研究工作的通知》（交公便字[2013]70号）的要求，组织 8 家单位以 11 类典型工程为样本，论证了钢筋等级调整对工程经济性的影响：钢筋等级调整对工程造价影响约为 $1\%\sim2\%$。

（二）强调结构方案重要性

混凝土桥涵设计要考虑结构和构件两个层次，包括结构方案、受力分析、极限状态验算、耐久性及工程的特殊功能设计、连接构造等环节。相关结构事故和灾害调查分析表明：上述环节对结构安全的影响依次递降。新《规范》为有效保证桥涵结构的安全耐久，强调了结构方案的重要性，要求根据建设条件和使用功能的要求，遵循安全、适用、耐久、经济、易于养护、利于环保的原则，结合施工和管养，选择结构形式，确定结构体系，布置结构构件。采用统计分析和专家经验调研相结合的方式，新《规范》给出典型结构体系的适用范围。

(三)强化耐久性设计要求

按照混凝土结构腐蚀机理以及行业经验,将我国公路混凝土桥涵所处的环境划分为七类:一般环境、冻融环境(无盐酸碱等作用)、海洋氯化物环境、除冰盐等其他氯化物环境、盐结晶环境、化学腐蚀环境和磨蚀环境。考虑相关规范对混凝土的水胶比、强度等级、氯离子含量、碱含量、抗渗等级和抗冻等级等材料耐久性要求有较详细的规定,新《规范》仅规定与结构设计直接相关的技术要求:强度等级、结构构造、最大裂缝宽度、最小混凝土保护层厚度等。其中,最小保护层厚度,取最外层钢筋边缘到构件表面间的距离;根据鄂东大桥、杭州湾大桥和青岛海湾大桥等典型工程的建设经验,完善了混凝土强度和保护层厚度等技术指标。

(四)完善构件极限状态验算方法

原《规范》计算配置箍筋和竖向预应力钢筋的受弯构件抗剪承载力时,对箍筋与混凝土共同抗剪承载力 V_{cs} 的规定有待商榷。新《规范》考虑竖向预应力钢筋的有效性,假定极限状态下竖向预应力钢筋的应力为其抗拉强度设计值 f_{pv} 的 0.6 倍,V_{cs} 计算公式中 $\rho_{sv}f_{sv}$ 替换为 $(\rho_{sv}f_{sv}+0.6\rho_{pv}f_{pv})$,$\rho_{sv}$ 和 ρ_{pv} 分别为箍筋和竖向预应力钢筋的配筋率。

混凝土桥墩呈现偏心受压的特点,其边界条件与原《规范》的 4 类理想边界条件存在差异。新《规范》以受压构件的受力平衡和变形协调为基础,建立偏微分方程,分析两种典型边界条件下的偏微分方程计算结果,提出了受压构件计算长度系数的计算公式。

原《规范》未规定不需要进行裂缝宽度验算的条件,且受拉钢筋配筋率的定义容易导致 I 形截面的裂缝宽度计算值偏小(宽度和高度相同的矩形截面和I形截面,当采用相同的受拉配筋时,工字形截面的配筋率较高,导致其裂缝宽度计算值较小)。新《规范》对这两方面进行了完善:

(1)对于$e_0/h \leq 0.55$的矩形截面、T形截面、I形截面偏心受压构件(e_0为构件初始偏心距,h为截面高度),和$e_0/r \leq 0.55$的圆形截面偏心受压构件(r为截面半径),可不进行裂缝宽度验算。

(2)裂缝宽度计算公式考虑混凝土保护层厚度、截面纵向受拉钢筋配筋率改为纵向受拉钢筋的有效配筋率,其中配筋率对应的有效受拉混凝土截面面积,对于轴心受拉构件取构件截面面积,受弯、偏心受拉、偏心受压构件取$2a_s b$,其中a_s为受拉钢筋重心至受拉区边缘的距离,b为截面宽度或翼缘宽度。

五、新《规范》的作用

(一)保障公路桥梁的质量安全

新《规范》以问题和需求为导向,深入调研剖析了混凝土桥涵存在的典型病害,如箱梁桥倾覆、大跨径梁桥开裂下挠、混凝土桥涵局部裂缝等,制订了病害防治的有效技术措施,从指导新建桥梁设计、保障设计质量,分析评估在役桥梁、控制运营风险两个方面,为保障公路桥梁的质量安全提供有力的技术支撑。

(二)引导公路桥梁的技术发展

新《规范》作为指导量大面广混凝土桥涵设计的重要技术标准,积极践行了"绿色交通"战略举措下节能环保的理念,系统提升了混凝土桥涵设计的原则方法和技术要求,客观反映了我国混凝土桥涵领域多年积累的经验和成果,易于理解操作、便于推广应用、利于高质高效,对引导公路桥梁的技术发展具有重要意义。

(三)助力公路行业的高质量发展

新《规范》作为一部重要的公路桥涵设计规范,是交通行业标准规范体系的一个重要组成部分,以标准为抓手推进公路行业品质工程建设,夯实建设交通强国的技术基础;新《规范》基本实现了"理念先进、内容全面、技术成熟"的修订目标,与国际同类标准相比,更具适用性、可操作性和适当引领性,有利于提升我国行业技术的国际认可度,服务一带一路,支撑我国公路工程建设"走出去"战略全面实施。